GREEN BOOK

权威 · 前沿 · 原创

农村经济绿皮书

GREEN BOOK
OF CHINA'S RURAL ECONOMY

中国农村经济形势分析与预测
（2009~2010）

RURAL ECONOMY
OF CHINA ANALYSIS AND FORECAST
(2009-2010)

中国社会科学院农村发展研究所
国家统计局农村社会经济调查司 ／著

社会科学文献出版社
SOCIAL SCIENCES ACADEMIC PRESS (CHINA)

法 律 声 明

　　"皮书系列"（含蓝皮书、绿皮书、黄皮书）为社会科学文献出版社按年份出版的品牌图书。社会科学文献出版社拥有该系列图书的专有出版权和网络传播权，其 LOGO（ ▤ ）与"经济蓝皮书"、"社会蓝皮书"等皮书名称已在中华人民共和国工商行政管理总局商标局登记注册，社会科学文献出版社合法拥有其商标专用权，任何复制、模仿或以其他方式侵害（ ▤ ）和"经济蓝皮书"、"社会蓝皮书"等皮书名称商标专有权及其外观设计的行为均属于侵权行为，社会科学文献出版社将采取法律手段追究其法律责任，维护合法权益。

　　欢迎社会各界人士对侵犯社会科学文献出版社上述权利的违法行为进行举报。电话：010 - 59367121。

社会科学文献出版社

法律顾问：北京市大成律师事务所

本 书 作 者

第一章　李国祥

第二章　党国英

第三章　张元红

第四章　柏先红

第五章　张明梅

第六章　朱险峰

第七章　翁　鸣

第八章　唐　平

第九章　孙腾蛟　范小玉

第十章　孙若梅

第十一章　廖永松　苑体强

专题一　江机生　邢　红

专题二　张红霄　张敏新

专题三　张海鹏　徐晋涛

专题四　孙　妍　徐晋涛

专题五　李　周

课题主持人

张晓山　中国社会科学院农村发展研究所所长

张淑英　国家统计局农村社会经济调查司司长

李　周　中国社会科学院农村发展研究所副所长

万东华　国家统计局农村社会经济调查司副司长

全书由李周、朱钢统稿

中文摘要

1. 本摘要概括了本书所描述的 2009 年中国农业农村经济发展的一些主要指标和变化，以及对 2010 年中国农业农村经济形势的一些展望和预测。

2. 2009 年，中国国内生产总值（以现价计）中，农村各部门创造的比重为 43.7%，比 2008 年下降 0.4 个百分点。其中，第一产业所占比重为 10.6%，比上年下降 0.1 个百分点；农村第二产业所占比重为 21.3%，下降 0.3 个百分点；农村第三产业比重为 11.8%，与上年持平。

3. 2009 年，中国国内生产总值实际增长 8.7%。在国内生产总值增长中，农村部门贡献了 3.43 个百分点，贡献率为 39.5%，比 2008 年提高 0.3 个百分点。在农村部门中，第一产业贡献了 0.43 个百分点，贡献率为 4.9%，比 2008 年下降 1.6 个百分点；农村第二产业贡献了 2.14 个百分点，贡献率为 24.6%，比 2008 年提高 1.2 个百分点；农村第三产业贡献了 0.87 个百分点，贡献率为 10%，比 2008 年提高 0.7 个百分点。

4. 2009 年，第一产业增加值达到 35477 亿元（包括农林牧渔服务业增加值），比 2008 年实际增长 4.2%。在第一产业增加值中，农业比重为 55.5%，比 2008 年提高 1.6 个百分点；林业比重为 4.5%，渔业比重为 9.7%，均比上年略有提高；畜牧业比重为 27.2%，比上年下降 2.4 个百分点。

5. 2009 年，乡镇企业增加值 92500 亿元，比 2008 年增长 10.0%。其中，工业增加值 64500 亿元，增长 9.7%。2009 年，乡镇企业营业收入 381600 亿元，增长 9.7%；利润总额 22400 亿元，增长 8.2%；上缴税金 9500 亿元，增长 8.4%。

6. 2009 年，以增加值计算的农村产业结构中，第一产业比重为 27.7%，比 2008 年下降 1.4 个百分点；第二产业比重为 55.7%，上升 1.1 个百分点；第三产业比重为 16.6%，上升 0.3 个百分点。

7. 2009 年，县及县以下地区消费品零售总额为 40210 亿元，比 2008 年增长 15.7%；占全社会消费品零售总额的比重为 32.1%，比 2008 年提高 0.05 个百分点。

8. 2009 年，农村固定资产投资 30707 亿元，比 2008 年增长 27.5%；占全社会固定资产投资的比重为 13.7%，比 2008 年下降 0.2 个百分点。

9. 2009 年，东、中、西部地区农村固定资产投资额分别为 18967.6 亿元、6740.7 亿元和 4999.0 亿元，分别比上年增长 17.4%、25.5% 和 92.5%。

10. 2009 年，粮食种植面积 10897 万公顷，比 2008 年增加 217 万公顷；棉花种植面积 495 万公顷，减少 80 万公顷；油料种植面积 1360 万公顷，增加 76 万公顷；糖料种植面积 188 万公顷，减少 11 万公顷。

11. 2009 年，粮食总产量 53082 万吨，比 2008 年增长 0.4%；棉花产量 640 万吨，减少 14.6%；油料产量 3100 万吨，增长 5.0%；糖料产量 12200 万吨，减少 9.1%。

12. 2009 年，按播种面积计算的单位面积产量，粮食为 4871.4 公斤/公顷，比 2008 年减少 79.4 公斤，下降 1.6%；棉花 1302 公斤/公顷，比上年减少 10 公斤，下降 0.8%；油料 2302.3 公斤/公顷，减少 2.8 公斤，下降 0.1%；糖料 67437.8 公斤/公顷，减少 1641.8 公斤，下降 2.4%。

13. 2009 年，肉类总产量 7642 万吨，比 2008 年增长 5.0%，其中猪肉产量 4889 万吨，增长 5.8%；牛、羊肉产量分别为 636 万吨和 389 万吨，分别增长 3.6% 和 2.4%。2009 年牛奶产量 3518 万吨，下降 1.1%；禽蛋产量 2741 万吨，增长 1.4%。2009 年水产品产量 5120 万吨，增长 4.6%。

14. 2009 年，农产品生产价格比 2008 年下降 2.4%，其中种植业产品生产价格上涨 2.9%，林业产品生产价格下降 5.1%，畜牧业产品生产价格下降9.9%，渔业产品生产价格下降1%。粮食生产价格上涨3.7%，油料生产价格下降5.9%，棉花生产价格上涨11.8%；生猪生产价格下降18.4%。

15. 2009年，农业生产资料价格比2008年下降2.5%，其中化肥价格下降6.3%，农药价格与上年持平，农用种子价格上涨6.5%，饲料价格上涨2.4%，产品畜价格下降17.3%。

16. 2009年，农产品进出口贸易总额913.8亿美元，比2008年下降7.3%；其中，农产品出口额392.1亿美元，比2008年下降2.5%；农产品进口额521.7亿美元，比2008年下降10.6%；农产品进出口贸易逆差由2008年的181.1亿美元下降至129.6亿美元，减少28.4%。

17. 2009年，农民人均纯收入5153元，比2008年增加393元，实际增长8.5%，增速比2008年提高0.5个百分点。农民人均纯收入中，家庭经营纯收入2527元，比2008年增加91元，增长3.7%，其中，第一产业纯收入人均1988元，增加42元，增长2.2%。工资性收入人均2061元，增加208元，增长11.2%。在工资性收入中，外出务工收入人均850元，增加88元，增长11.6%。财产性收入人均167元，增加19元，增长12.9%。转移性收入人均398元，增加75元，增长23.1%。

18. 2009年农民人均纯收入中，家庭经营纯收入占49%，工资性收入占40%，财产性收入占3.3%，转移性收入占7.7%。

19. 2009年，东、中、西部地区农民人均纯收入分别为6742.8元、4864.8元和3685.6元，分别比2008年增长8.3%、7.4%和9.0%。

20. 2009年，农村居民内部收入分配差距略为扩大，农民人均纯收入的基尼系数为0.3850。

21. 2009年，城乡居民收入差距略为扩大，收入差距比由2008年的3.31∶1扩大到3.33∶1。

22. 2009年，农村居民人均生活消费支出3993元，比2008年增加332元，实际增长9.4%。农村居民人均生活消费支出中，食品消费支出1636元，增长2.3%，恩格尔系数为41%，比2008年下降2.7个百分点；

衣着支出 232 元，增长 9.8%；居住支出 805 元，增长 18.6%；家庭设备用品及服务支出 205 元，增长 17.7%；交通及通讯支出 403 元，增长 11.9%；文教娱乐支出 341 元，增长 8.3%；医疗保健支出 287 元，增长 16.9%。

23. 2009 年，东、中、西部地区农村居民人均生活消费支出分别为 4889 元、3714.8 元和 3170 元，分别比上年增长 7.5%、8.1% 和 14.1%。

24. 预计 2010 年第一产业增加值 37000 亿元（按 2009 年不变价格），较 2009 年实际增长 5%，占国内生产总值的比重为 9.9%。

25. 预计 2010 年粮食总产量 5.3 亿吨；油料总产量 3080 万吨，比 2009 略为下降；棉花总产量 680 万吨，比 2009 年增长 6.3%。

26. 预计 2010 年肉类总产量将达到 7800 万吨，比 2009 年增长 2.1% 左右。

27. 预计 2010 年农产品生产价格上涨 4% 左右，粮食生产价格上涨超过 5%。

28. 预计 2010 年农民人均纯收入仍将保持增长，实际增长率可能超过 8%。城乡居民收入差距扩大到 3.35∶1。

Abstract

1. This abstract outlines some major indexes and changes of China's agriculture and rural economic development in 2009, and makes some forecasts about agriculture and rural economic situation in 2010.

2. In 2009, rural sectors produced 43.7 percent of China's GDP (at current price, the same below), decreased by 0.4 percentage point from that of 2008. Of China's GDP, primary industry accounted for 10.6 percent, decreased by 0.1 percentage point; rural secondary industry for 21.3 percent, decreased by 0.3 percentage point; rural tertiary industry for 11.8 percent, same from the previous year.

3. In 2009, China's GDP increased by 8.7 percent in real term. The contribution of rural sectors to GDP growth was 3.43 percentage points and the share of the contributions of rural sectors to the increase of the GDP was 39.5 percent, increased by 0.3 percentage point from that of the previous year. The contribution of primary industry to GDP growth was 0.43 percentage point and the share of the contributions of primary industry to the increase of the GDP was 4.9 percent, decreased by 1.6 percentage points. The contribution of rural secondary industry to GDP growth was 2.14 percentage points and the share of the contributions of rural secondary industry to the increase of the GDP was 24.6 percent, increased by 1.2 percentage points. The contribution of rural tertiary industry to GDP growth was 0.87 percentage point and the share of the contributions of rural tertiary industry to the increase of the GDP was 10 percent, increased by 0.7 percentage point.

4. In 2009, value added of primary industry reached 3547.7 billion Yuan (value added of service in farming, forestry, animal husbandry, and fishery is included), increased by 4.2 percent from that of 2008 in real term. Of the value added of primary industry, farming accounted for 55.5 percent, 1.6

percentage points up from 2008; forestry and fishery accounted for 4. 5 and 9. 7 percent respectively, both increased slightly from the previous year; animal husbandry accounted for 27. 2 percent, 2. 4 percentage points down.

5. In 2009, value added of township and village enterprises (TVEs) reached 9250 billion Yuan, increased by 10 percent from that of 2008. Of which, value added of industry was 6450 billion Yuan. In 2009, the sales income of TVEs was 38160 billion Yuan, increased by 9. 7 percent; the total profit was 2240 billion Yuan, increased by 8. 2 percent; the sum of taxes was 950 billion Yuan, increased by 8. 4 percent.

6. In 2009, of the value added of rural industries, the primary industry accounted for 27. 7 percent, decreased by 1. 4 percentage points from 2008; the secondary industry accounted for 55. 7 percent, increased by 1. 1 percentage points; the tertiary industry accounted for 16. 6 percent, increased by 0. 3 percentage point.

7. In 2009, retail sales of consumer goods at county level and areas below county were 4021 billion Yuan, increased by 15. 7 percent from 2008. It accounted for 32. 1 percent of total retail sales of consumer goods, 0. 05 percentage point up from 2008.

8. In 2009, investment in fixed assets of rural area reached 3070. 7 billion Yuan, increased by 27. 5 percent from that of 2008. It accounted for 13. 7 percent of total investment in fixed assets in the whole country, 0. 2 percentage point down from that of 2008.

9. In 2009, investment in fixed assets of rural area in the eastern, central and western region was 1896. 76 billion Yuan, 674. 07 billion Yuan and 499. 9 billion Yuan, increased by 17. 4 percent, 25. 5 percent and 92. 5 percent respectively from that of the previous year.

10. In 2009, the sown area of grain crops was 108. 97 million ha. , increased by 2. 17 million ha. from that of 2008; the sown area of cotton was 4. 95 million ha. , decreased by 800 thousand ha; the sown area of oil-bearing crops was 13. 6 million ha. , increased by 760 thousand ha. ; the sown area of sugar crops was 1. 88 million ha. , decreased by 110 thousand ha. .

11. In 2009, output of grain crops was 530. 82 million tons, increased by 0. 4 percent from that of 2008; output of cotton was 6. 40 million tons,

decreased by 14. 6 percent; output of oil-bearing crops was 31 million tons, increased by 5 percent; output of sugar crops was 122 million tons, decreased by 9. 1 percent.

12. In 2009, yield of grain crops per ha. was 4871. 4 kg, decreased by 79. 4 kg or 1. 6 percent from the previous year; yield of cotton per ha. was 1302 kg, decreased by 10 kg or 0. 8 percent; yield of oil-bearing crops per ha. was 2302. 3 kg, decreased by 2. 8 kg or 0. 1 percent; yield of sugar crops per ha. was 67437. 8 kg, decreased by 1641. 8 kg or 2. 4 percent.

13. In 2009, total output of meat was 76. 42 million tons, 5 percent higher than that of 2008. Of which, output of pork was 48. 89 million tons, increased by 5. 8 percent; output of beef and mutton was 6. 36 and 3. 89 million tons respectively, increased by 3. 6 and 2. 4 percent respectively. Output of cow milk was 35. 18 million tons, decreased by 1. 1 percent. Output of poultry eggs was 27. 41 million tons, increased by 1. 4 percent. Output of aquatic product was 51. 2 million tons, increased by 4. 6 percent.

14. In 2009, the producer price of farm products went down by 2. 4 percent from that of 2008. Of which, the producer price of planting products went up by 2. 9 percent; the producer price of forestry products, animal husbandry products, and fishery products went down by 5. 1 percent, 9. 9 percent, and 1 percent respectively. The producer price of grain crops increased by 3. 7 percent; the producer price of oil-bearing crops went down by 5. 9 percent; the producer price of cotton went up by 11. 8 percent. The producer price of pig went down by 18. 4 percent.

15. In 2009, prices of means of agricultural production went down by 2. 5 percent from that of 2008. Of which the price of chemical fertilizer went down by 6. 3 percent; the price of pesticide was same from 2008; the price of seeds went up by 6. 5 percent; the price of forage went up by 2. 4 percent; the price of production livestock went down by 17. 3 percent.

16. In 2009, the sum of import and export of agricultural products reached 91. 38 billion US dollar, decreased by 7. 3 percent from the previous year. Of the sum of import and export of agricultural products, the sum of export of agricultural products was 39. 21 billion US dollar, decreased by 2. 5 percent; the sum of import of agricultural products was 52. 17 billion US dollar, decreased by

10. 6 percent. Adverse balance of agricultural products trade decreased from 18. 11 billion US dollar in the previous year to 12. 96 billion US dollar.

17. In 2009, per capita net income of rural households was 5153 Yuan, increased by 393 Yuan from the previous year or 8. 5 percent in real term. This growth rate was 0. 5 percentage point higher than that of the last year. Of which, net income from household operations was 2527 Yuan, increased by 91 Yuan or 3. 7 percent. Of the income from household operations, net income from primary industry was 1988 Yuan, increased by 42 Yuan or 2. 2 percent. Per capita income from wages and salaries was 2061 Yuan, increased by 208 Yuan or 11. 2 percent. Of the wages and salaries income, per capita income from working outside of residence was 850 Yuan, increased by 88 Yuan or 11. 6 percent. Per capita income from properties was 167 Yuan, increased by 19 Yuan or 12. 9 percent; per capita income from transfers was 398 Yuan, increased by 75 Yuan or 23. 1 percent.

18. In 2009, net income from household operations accounted for 49 percent of net income of rural households, income from wages and salaries accounted for 40 percent, income from properties accounted for 3. 3 percent, and income from transfers accounted for 7. 7 percent.

19. In 2009, per capita net income of rural households in the eastern, central and western region was 6742. 8 Yuan, 4864. 8 Yuan, and 3685. 6 Yuan, increased by 8. 3 percent, 7. 4 percent and 9. 0 percent respectively.

20. In 2009, income difference among farmers enlarged slightly. The Gini coefficient of farmers'net income was 0. 3850.

21. In 2009, income gap between urban residents and rural residents enlarged slightly, from 3. 31 : 1 in the previous year to 3. 33 : 1.

22. In 2009, per capita consumption expenditure of rural households was 3993 Yuan, increased by 332 Yuan or 9. 4 percent in real term from the previous year. Of the per capita consumption expenditure of rural households, expenditure of food was 1636 Yuan, increased by 2. 3 percent, and the Engle coefficient was 41 percent, 2. 7 percentage points down from the previous year; expenditure of clothes was 232 Yuan, increased by 9. 8 percent; expenditure of residence was 805 Yuan, increased by 18. 6 percent; expenditure of household facilities, articles and services was 205 Yuan, increased by 17. 7 percent;

expenditure of transport and communications was 403 Yuan, increased by 11.9 percent; expenditure of culture, education and recreation was 341 Yuan, increased by 8.3 percent; expenditure of health care and medical service was 287 Yuan, increased by 16.9 percent.

23. In 2009, per capita consumption expenditure of rural households in the eastern, central and western region was 4889 Yuan, 3714.8 Yuan, and 3170 Yuan, increased by 7.5 percent, 8.1 percent and 14.1 percent respectively.

24. It is estimated that the value added of primary industry will reach 3700 billion Yuan (at 2009 constant price) in 2010, increase by about 5 percent in real term. The proportion of the value added of primary industry in GDP will be about 9.9 percent in 2010.

25. It is estimated the total output of grain crops will be 530 million tons in 2010; the total output of oil-bearing crops will be 30.8 million tons, decrease slightly; the total output of cotton will be 6.8 million tons, increase by 6.3 percent.

26. It is estimated the total output of meat will be 78 million tons in 2010, increase by about 2.1 percent.

27. It is estimated the producer price of farm products will go up about 4 percent in 2010; the producer price of grain crops go up above 5 percent.

28. It is estimated the growth rate of per capita net income of rural households will be over 8 percent in real term in 2010. The income gap between urban residents and rural residents will enlarge to 3.35 : 1.

目　录

CONTENTS

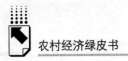

前　言

《中国农村经济形势分析与预测》，简称《农村经济绿皮书》，是由中国社会科学院农村发展研究所和国家统计局农村社会经济调查司共同撰写的每年一卷的系列研究报告，这项工作已经持续地开展了 18 年。在两个机构的共同努力下，《农村经济绿皮书》追求的视野宏观性，体系完整性，方法连续性，数据权威性，预测可靠性，政策前瞻性的目标正在逐步得到实现，《农村经济绿皮书》的成果也得到了越来越多的人的认可。

一　农村形势的评估和展望

2009 年农业农村经济形势好于年初预期，主要体现在以下几方面。

1. 粮食和主要农产品供给稳定

2009 年，我国发生了严重的自然灾害，导致粮棉油糖单产全部下降。然而，粮食播种面积增长 2.0%，化解了粮食单产下降 1.6% 的影响，粮食总产量仍然达到 53082 万吨，增长 0.4%。其他主要农产品的状况为：棉花产量 640 万吨，下降 14.6%；棉花种植面积 495 万公顷，下降 14.0%，是棉花减产的主要因素。油料总产量 3100 万吨，增长 5.0%；油料种植面积 1360 万公顷，增长 6.0%，是油料增产的决定性因素。糖料产量 12200 万吨，下降 9.1%；糖料种植面积 188 万公顷，下降 5.5%，对糖料减产的影响略大于单产的减产。肉类总产量 7642 万吨，增长 5.0%。其中猪肉产量 4889 万吨，增长 5.8%；牛肉产量 636 万吨，增长 3.6%；羊肉产量 389 万吨，增长 2.4%。禽蛋产量 2741 万吨，增长 1.4%。水产品产量 5120 万吨，增长 4.6%。受三聚氰胺事件影响，全年

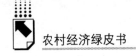

牛奶产量 3518 万吨，下降 1.1%。

2. 农产品和农业投入品质量安全水平提高

2009 年，蔬菜、畜产品、水产品监测合格率分别达到 96.4%、99.5% 和 97.2%，分别比上年提高 0.1、0.8 和 1.5 个百分点；生鲜乳三聚氰胺监测合格率达到 100%，无公害农产品、绿色食品、有机农产品合格率分别达到 99.1%、98.8% 和 100%，总体保持较高水平。全年未发生大的农产品质量安全事故。农药、饲料质量安全指标合格率分别达到 82.6%、90.9%，兽药前 3 季度抽检合格率为 85.6%。

3. 农民工就业再创新高

受国际金融危机的影响，2009 年初有大批农民工失去工作岗位，返回农村。各级政府纷纷采取举措，帮助农民工就业。随着经济的企稳，到 2009 年 11 月底，全国外出就业的农民工达到 1.52 亿人，已高于金融危机爆发前的水平。同时，农民工流向发生了值得关注的变化，到东部就业的比例下降了 2 个百分点，到中部的比例维持不变，到西部的比例则上升了 2 个百分点。

4. 农民收入再创新高

2009 年，农民人均纯收入 5153 元，比上年增加 392 元，实际增长 8.5%，连续 6 年实现较高速度的增长。2009 年农民人均纯收入首次突破 5000 元，农民人均工资性收入首次超过 2000 元，首次超过家庭经营第一产业纯收入。但城乡居民可比收入的比率扩大为 3.33，增加 0.02。

5. 农民的民生状况趋于改善

2009 年，政府在农村道路和饮水安全等基础设施建设、新型农民养老保险试点、最低生活保障制度建设等方面的投入进一步增加，实施标准进一步提高，受益农户的覆盖面进一步扩大，农民的民生状况进一步改善。虽然城乡居民食品消费价格略有上涨，消费性支出增加较多，但由于农民收入增长更快，农村居民家庭恩格尔系数降至 41.0%，比上年相比下降 2.7 个百分点。虽然城乡居民的恩格尔系数差距还有 4.5 个百分点，但与上年相比差距缩小了 1.3 个百分点。农村消费品零售额名义增长速度略高于城市。全年县及县以下社会消费品零售额 40210 亿元，增长速度自 1986 年以来首次超过城市。县及县以下社会消费品零售额占总量的比重较上年提高了 0.1 个百分点。6069 万农村人口的饮水安全问题得到解决，提前 1 年完成"十一五"饮水安全规划任务，提前 6 年实现联合国千年宣言提出的到 2015 年将饮水不安全人口比例降低一半的目标。

6. 农村改革继续深化

2009 年，集体林权制度改革全面推进，集体林木采伐管理机制改革取得突破，农民专业合作社加速发展，农村供销社等领域的改革取得新的进展。农村化解公益性债务、乡镇机构改革、完善农村县乡财政管理体制等农村综合改革也在稳步推进。

7. 农村生产环境趋于改善

2009 年，完成抗旱浇地面积 4.5 亿亩，减少粮食损失 499 亿公斤，为全国粮食连续 6 年丰收提供了重要保障。受多次大范围、高强度降雨过程影响，全国有 210 多条河流相继发生超警戒水位以上洪水。由于备汛充分、监测和调度得力，重要堤防无一决口，水库无一垮坝，全国洪涝受灾面积较常年减少近四成。农村非农产业发展环境趋好。

8. 农村生态环境趋于改善

据第七次森林资源清查，全国森林面积 29.25 亿亩，比上一次清查净增 3.08 亿亩；森林覆盖率 20.36%，净增 2.15 个百分点；提前实现了 2010 年森林覆盖率达到 20% 的奋斗目标。活立木蓄积量 149.13 亿立方米，净增 11.28 亿立方米；人工林面积 9.3 亿亩，净增 1.26 亿亩。近两年，我国造林面积是全世界其他地区的 2.5 倍。

9. 农村继续保持和谐稳定的局面

农业补贴力度的继续加大，农村新型合作医疗制度和最低生活保障制度的全面实施，农村新型养老制度的推广，村民自治工作的推进，有效地保障了农村社会和谐稳定的局面。

展望 2010 年，第一产业增加值按 2009 年不变价格计算将达到 3.7 万亿元，比上年实际增长 5%。粮食总产量 5.3 亿吨，油料总产量为 3080 万吨，棉花总产量为 680 万吨，肉类总产量 7800 万吨，猪肉产量 4800 万吨。农产品生产价格总体水平上涨 4% 左右。粮食生产价格上涨率可能超过 5%。农民人均纯收入将超过 5500 元，增长率超过 8%。城乡居民收入差距可能继续扩大，二者比率可能提高到 3.35∶1。

二　集体林权改革的进展与评价

1. 集体林权制度改革的背景、任务和主要配套举措

全国有集体林地 27.37 亿多亩。由于经营粗放，平均每公顷蓄积只有 45 立方米。由于改革滞后，有些集体林实质上成为"干部林"，采伐指标、林业收入、资金支出都由村干部掌握；有的村的干部借改革之名将集体山林一包了之，致使农民与"大户"之间纠纷不断。集体林权制度改革是扭转这种局面的关键举措。

集体林权制度改革总体目标是，用 5 年左右时间，基本完成明晰产权、承包到户的改革任务，做到"四权"有效落实。截至 2009 年 6 月初，已确权的集体林地面积 15.14 亿亩，占集体林地总面积的 59.42%；核发林权证的林地面积 11.36 亿亩，占已确权林地面积的 75%。集体林权制度改革的主要配套措施是：完善林木采伐管理机制，规范集体林地、林木流转，建立支持集体林业发展的公共财政制度，推进林业投融资改革和加强林业社会化服务。

2. 集体林权制度改革的作用

集体林权制度改革，使集体林地的"四权"得到了明确的界定，使林业家庭承包经营制度得到全面落实，促进了农村基本经营制度的进一步完善。在农民通过协商达成共同认可的林权制度改革方案的过程中，农民的意愿得到了尊重，民主管理和民主决策的原则得到了落实，特别是公平、公正和公开原则的贯彻，促进了村民自治制度的进一步完善。对已被村干部包出去的集体林地，并非采用激进的方式推倒重来，而是采用渐进的方式向林业家庭承包经营制度过渡，做到维护自身利益与承认

对方利益的统一。这些妥善处理经济权益纠纷的经验，促进了以合约为基础的市场经济体制的完善。林改过程中的村委会与农户的利益协调，也产生了类似的作用。由林权改革引发的林权流转、林农合作和集体林规模经营等，推动了一系列林业法律法规和政策修改，促进了林业法律法规和政策体系的完善。

林权改革之后，集体林地家庭经营份额上升，农户在家庭经营中投向林业的劳动力等要素份额上升、农户的林木采伐量和造林面积上升，农户的林业收入明显增加，其对家庭收入的贡献逐渐增加。

林改后集体林权结构变化的程度与林改前集体林权明晰程度相关。

3. 集体林权制度改革获得成功的因素

集体林权制度改革成功的因素是：第一，经济体制转型基本完成。其间，木材市场得到了充分的发育，国有木材公司完成了转型。第二，林业发展的外部环境显著改善，由于木材短缺造成的营销难问题已经不复存在。第三，木材价格显著上升，木材税费种类显著减少、数量显著下降。第四，林业政策取向越来越好。第五，林业官员引入其他领域成功经验的偏好增强。第六，农民可投入林业的资本增多，对市场变动的心理承受能力和应对能力增强，对林业政策的预期越来越好。

4. 深化集体林业改革的主要内容

在林业政策设计上要廓清两个问题。第一，投资于林的效果是个慢变量，其对林业的影响是慢慢体现出来的，取之于林的效果是个快变量，其对林业的影响是即时体现出来的。为了充分发挥这个慢变量的作用，林业政策必须以农民先取之于林再投资于林为切入点，而不宜以农民先投资于林几十年后再取之于林为切入点。第二，从长期看，林地和林木的市场价格究竟会发生什么样的变化，农民无法准确预期，政府也无法准确预期。所以，政府不应干预林地流转，对农户自主的林权流转则不必担忧。集体林业走向规模经营不可能一蹴而就，对它要有足够的耐心，不要有急于求成的心态。

深化集体林业改革主要有三个内容：

第一，继续深化育林基金制度改革。政府不宜一方面向林农征收育林基金，用于处理与林业发展相关的公共事务，另一方面又对农民采取扶持措施，并为开展这两项工作支付大量行政经费。具体的建议是，农民不再承担与林业发展相关的公共费用，同时减少对农民发展商品型林业的扶持。

第二，继续深化采伐管理制度改革。中国林业的主要问题是生长率太低而不是采伐率过高，林业管理的重点必须从采伐限制转移到森林培育上。为了使森林银行由存款容易取款难的银行转为存款容易取款也不难的银行，现行的采伐管理制度必须尽快调整。具体的建议是，采伐管理由自上而下的定额制改为自下而上的备案制。林业部门根据备案情况的变化，采取相应的管理策略。

第三，深化森林生态补偿制度改革。按面积发放森林生态补偿金和不允许农民对森林进行商业性利用的做法，难以激励农民抚育森林的积极性，所以，现行的森林生态补偿制度必须改进。具体建议是，现行每亩每年补贴 5 元的做法可以保留，以确保政策的连续性，今后的补贴增量按森林的蓄积增量发放。

三 农村发展值得关注的几个关系

（一）"三农"现状的评价

1. 农业增长

改革以来，农业增长状况一直很好，期间较为显著的波动，大多是政策波动造成的。按照农产品短缺消除以后农业增长保持3%或高于人口增长1个百分点即可的说法，我国最近十多年的农业增长并不存在重大问题。

我国农业基础设施还比较薄弱，技术装备还比较落后，农业增长的潜力确实尚未充分挖掘出来。这种状况从短期看是限制了增长，从长期看则是农业增长的空间所在。可改进的空间越大，农业增长的潜力就越足。在农产品供需平衡的情形下，将这个潜力慢慢开发出来也是一种选择，不必一定采取尽快开发出来的激进策略。

中国农业存在就业不足和就业意愿下降的现象。[①] 其中，农业的就业不足造成大量农业劳动力转移和兼业，从事农业的意愿下降造成外出务工的兼业农民投向农业的用工量下降，以及留在农村的中年妇女和老人投向农业的用工量下降，[②] 进而造成专业农民对兼业农民的替代，以及资金（如化肥、除草剂）对劳动力的替代。[③] 这些变化可以看成是改造传统农业和构建现代农业的基本举措，不必一定将其视为中国农业存在的问题。

我国发展农业的资源禀赋不是很好。然而从长期看，农业发展的过程，是以科学技术为基础的农业替代以水土资源为基础的农业的过程，从而农业增长对水土资源的依赖不断下降的过程。退耕还林还草工程的实施，是我国越过依靠增加水土资源扩张农业的发展阶段的重要标志。越过该阶段后，中国人均农业资源显著小于世界平均水平的状况既难以改变，也无须改变。真正能够做的事情是：不断加快农业科学技术进步，不断提高技术进步对农业增长的贡献率，不断提高科学技术对水土资源的替代率。

2. 农民就业

从劳动力市场的角度看，农民是最能适应市场竞争的，他们已经成为劳动力市场上最活跃、最强大的力量，不仅在农业上独当一面，而且成为产业工人和服务业从业人员的主力军。既然第一、第二、第三产业的生

---

① 就业不足是指有就业意愿而没有就业机会，就业意愿下降是指有就业机会而不想就业。

② 虽然留在农村的妇女和老人很多，但他们的就业意愿不强，承担的农业劳动份额不大。以留在农村的妇女和老人比例大为依据作出中国农业要出大问题的结论，以留在农村的妇女和老人休闲时间多为依据作出农业劳动就业不足的结论，既不全面，也不准确。

③ 我国土地流转规模趋于扩大，但总体上农户经营规模仍处于相对稳定的状态。农业增长的结构变化，主要不是农户经营规模的扩大，而是在耕地、播种、收割等农业作业方面专业农民对兼业农民的替代，以及化肥、除草剂等要素对劳动力的替代。

产活动几乎都是由农民完成的，那么按照劳动价值论，我国的新价值主要是由农民创造的。虽然农民得到的新价值的份额还不是很大，但近30来年是农民收入增长最快的时期；虽然为农民提供的政策环境还必须继续改进，且改进空间很大，但农民对所获得的政策环境基本上是满意的。农民工大多在社会保障水平低的非正规部门就业。从公平的角度看，这种现象确实不合理。然而，该问题并不是社会主义初级阶段就能够完全解决的。鉴于农民非农收入的继续增加仍将主要依赖于非正规部门，当务之急仍然是促进非正规部门的扩张，让农民获得更多的非农就业机会和非农收入。同时，各级政府在逐步缩小劳动者社会保障水平差异方面要有更大的作为。

3. 农村发展

现实中不少专家学者都以国家统计局公布的城乡居民收入差异变大这个指标为依据，作出城乡发展差距变得越来越大的结论。其实，城乡发展差距是不是变得越来越大，决不是根据这个指标就可以做出正确判断的问题。第一，我国农民的收入增长主要依靠市场推力，而市民的收入增长既靠市场推力，又靠政府推力。假如没有政府推力，比如职工工资单上各种补贴的增加，城乡居民收入差距扩大就有可能不会出现。第二，按照渐进式改革方式，应该逐步削弱市民收入增长中的政府推力，而不是把这种做法移植到农村。政府在现阶段应该把不断缩小公共服务上的城乡差距作为主要任务。公共服务的作用具有乘数效应，而收入补贴的作用不具有乘数效应，所以其促进公平的作用更大；地与地之间的公共服务差别要比人与人之间的收入差别更容易识别，所以也更便于操作。第三，从总体看，农村落后于城市是事实；从局部看，超越城市的农村社区的数量，身份市民试图转为身份农民的现象逐渐增多也是事实；从趋势看，推动我国经济发展的点的分布将会越来越广，劳动力和资本流动的路径将会越来越多元化，可能也是事实。相比较而言，我们更应该关注事物的成长性和趋势性。简言之，以速胜论的理念和高位向下的角度看，确实能够发现我国农村发展存在诸多的问题，以持久战的理念和低位向上的角度看，则能够发现最近 30 多年我国农村发生了翻天覆地的变化，让世界震惊的辉煌成就不应成为我们的困扰。

（二）"三农"深层状况的分析

从农业增长、农民收入和农村发展的显在状况看，我国"三农"并没有突出的问题；要剖析"三农"的深层问题，必须把握要素市场的发育状况。我国城乡劳动力市场尚未统一，还有一些影响农民非农就业的制度障碍，但相比较而言，劳动力市场上的竞争比较充分、比较和谐，几乎没有冲突；资本市场的依附性较强，不够和谐，但冲突不多；土地市场的行政化倾向很重，缺乏和谐，冲突较多。

1. 农用土地非农化过程中的不平等交易问题

改革前，中央政府采用产品价格剪刀差的办法集中农村的经济剩余，并将其主要用于中国工业化的推进。现在，地方政府采用要素（土地）价格剪刀差的办法集中经济剩余，集中起来的经济剩余的相当一部分用于帮助官员升迁的政绩工程，经济剩余使用中的机会主义倾向明显增加。

农业生产具有持续性，以农产品价格剪刀差的方式集中经济剩余的做法是具有持续性的；可转为非农用地的农用土地是有限的，转一点就少一点，以要素价格剪刀差集中经济剩余的做法是不具有持续性的。

地方官员以任期内可获得的土地价格剪刀差最大化为目标，会引发两个问题。一是尽快地将农用土地转为非农用地。地方政府通常以最大限度地招商引资为目标，其实，是以这个显在目标为最大限度地将农用土地转为非农用地这个隐含目标服务。二是最大限度地增加土地价格的剪刀差。实现这个目标的做法是：用行政的办法为被征用的农地定价，用市场的办法为非农用地定价。[①] 更令人担忧的是，追求税收最大化且把招商引资作为基本手段的地方政府和追求利润最大化且把占用农地作为基

---

① 土地招拍挂制度是实现地方政府利益最大化的基本手段，也是切断个别官员谋求个人利益最大化的途径的基本手段。

本手段的企业家结成同盟，相互支持，致使土地非农化引发的冲突无法消停。

在农用土地用途变更方面，地方政府不应该成为土地用途变更的最大受益者。这是在土地用途变更方面处理好政府与农民关系的基本前提。地方政府的主要职责是根据土地利用规划，确定特定年份可变更农用土地用途的面积。农用土地用途的变更权由哪个或哪些农民集体获得应通过市场竞争来决定。在竞争农用土地用途变更权阶段，所有合乎要求的农用土地都可以参与竞争。在竞争中只有出价高的农民集体才有可能获得稀缺的土地用途变更权，所以地方政府的农用土地用途变更权收益最大化目标是能够实现的。一般来说，农用土地的区位越好出价越高，即土地用途变更权被区位好的农村集体得到的概率会更大，所以这种市场取向的做法不仅具有公开和公正的特性，而且能够满足非农化、城镇化的要求。由于农用土地用途变更是农民集体的自主选择，同时也消除了农民抵制农用土地用途变更的集体行为。

在企业竞争非农用地使用权阶段，所有合乎要求的企业都可以参与竞争。如果土地所有权仍然归农民集体所有，那么企业的竞争就是愿意为获得非农用地使用权支付多少地租或股金的竞争，竞争的结果实现了地租或股金的最大化，农民集体的利益得到了有效保护。采用这种做法，农民可以得到稳定的地租或股金收入，企业的支出主要是有了生产经营收入之后的地租或股金支出，为获得非农用地使用权的购地支出急剧下降，对企业来说未必不是一件好事。当然，农民集体也可以采取让渡非农用地所有权的做法。非农用地的所有权究竟归农民集体所有还是不归集体所有，是农民集体与资本博弈的结果。一般来说，农民集体以土地入股而成为企业股东，并获得持续性的股权收益，企业主要承担股权分红的责任而无需为土地购置进行巨额贷款，有助于降低企业风险和产品成本，很可能具有多赢性质。

我国现行的相关法规和政策是非农用地必须收归国有。其实，农业用地转为非农土地，用途是必须发生的变化，而所有权可以发生也可以不发生变化。既然诸多问题都出现在所有权的变化上，那就应该将所有权不发生变化的农用土地用途变更方式作为一个改革选项，并通过改革试验对以下三个问题加以评价：①现有的法规和政策是否具有改进的空间？②政府选择的结果是否一定优于市场选择的结果？③规划之后再征地是否一定优于征地之后再规划？如果结果都是否定的，继续坚持现有的做法就有了充分的依据，反之，就要修改现行的法规和政策，以及政府必须先规划和先征地的做法。

2. 城乡一体化构建的路径问题

这些年来，要求深化户籍制度改革的呼声一直很高。户籍改革的基本举措是降低进入城镇的门槛，以便让更多的农民进入城镇，成为市民。由于这种做法有助于城市的扩张，有助于城市发展效率的提高，因而它会随着时间的推移被越来越多的城市所认同、所采纳。同时必须看到，城市的官员不可能对所有农民工一视同仁，更不会对所有农民一视同仁，真正操作起来，进入城市的肯定是获得成功的农民工和农民，其结果是农民工和农民的身份分化，即越来越多的农民获得了高于农民身份的市民身份，而不是真正的城乡一体化。鉴于这种做法不可能达到逐步填平城乡发展鸿沟的目标和逐步实现普遍发展的目标，所以它仍是治标之策。

我国采用的是渐进式改革方式。这种改革方式的基本做法是充分发挥处于低位的比较优势，通过它的更快发展（而不是抑制高位的发展或让高位发展更快），逐步缩小它与高位的发展差距，逐步填平低位与高位之间的鸿沟，逐步实现普遍发展的目标。

我国农村已经涌现出一批依靠自身力量填平城乡发展的鸿沟的镇村，在这些镇村里，现行户籍制度已不起作用了。这类镇村是实现城乡一体化的重要载体，它们的大量形成将会促进新的体制机制的加速成长，随着新的体制机制发挥作用的尺度和力度越来越大，占据的地位将会越来越重要，旧的体制机制发挥作用的尺度和力度就会越来越小，越来越边缘化。在这方面，国家的责任是，中央财政支付转移要以公共物品和服务的均等化为目标，使农村居民获得更多更充分的公共服务，帮助镇村逐步填平户籍制度导致的福利鸿沟。

3. 发挥市场机制基础作用的问题

中国农业和农村的发展，一方面与政府宏观政策环境的改善相关，另一方面与农民根据市场变化做出恰当的应对策略相关。然而在分析中存在强调前者的作用，甚至把后者的作用也视为前者的作用的倾向，以至于政府越来越相信、越来越重视宏观调控的作用，越来越相信自己的宏观调控能力。其实，政府宏观调控的作用并没有想象的那么大。比如，各级政府都在做农民工培训，但通过培训获得就业机会的比例并不大，起主导作用的是边干边学模式而不是先学后干模式。再比如，为了应对国际金融危机，政府推出了一大批基础设施建设项目。这些项目对增加农民工就业产生了积极作用，但真正使农民工就业迈上新台阶的力量是市场企稳的结果，也是不争的事实。近几年，政府对农业的补贴力度不断加大，对于促进农民增收产生了积极的影响。然而，由此造成农业生产对国家依赖的增强也是不宜忽略的问题。2009年，我国农业直接补贴占第一产业增加值上升到3.47%。2008年美国农业直接补贴占增加值的比重为3.76%，用该指标衡量，我国农业补贴水平已接近美国。作为一个尚未完成转型任务的国家，我们必须继续保持深化市场取向的改革方向，必须继续加大深化改革的力度，必须更加充分地发挥市场配置资源的作用，对市场机制配置资源的作用的调控必须慎重。

政府的主要职责是，通过保护合法产权、维护公平竞争和提供公共物品等举措，营造一个把蛋糕做大的宏观政策环境。在分蛋糕方面，政府的职责是：在第一次分配上严格执行最低工资制度和反垄断政策等，保障工资份额，抑制利润、利息和地租的份额。在第二次分配上严格执行基本公共品供给均等化等政策，逐渐缩小地区和城乡之间国民公共福利的差异；在第三次分配上要有效执行引导高收入者履行社会责任的政策，通过税收减免鼓励企业和个人拿出利润和收入做社会事业，壮大志愿者队伍，发育非政府组织，把现有的一些政府职能交给非政府组织的志愿者，逐步完成由有事找政府不找社会的文化到既找政府又找社会的文化的转型。总之，在分蛋糕方面政府必须三管齐下，其中促成社会责任文化的形成是极为重要的环节。

本年度绿皮书由中国社会科学院农村发展研究所和国家统计局农村社会经济调查司的同志共同完成，撰写工作由张晓山所长、张淑英司长、李周副所长、万东华副司长共同主持，组织与协调工作由朱钢研究员、侯锐处长承担。

本书的顺利出版得到了社会科学文献出版社的大力支持与帮助，在此表示我们衷心的感谢。

李周

2010 年 3 月 15 日

第一章
2009 年中国农业农村经济形势分析与 2010 年预测[*]

2009 年，我国农业农村经济有效地抵御了国际金融危机的冲击，有效地降低了多年不遇自然灾害的损失，有效地避免了国际农产品市场异常波动的不利影响，实现了连续 6 年粮食增产和农民收入快速增长，农业农村经济出现了一系列积极的结构性变化，突出表现在国家支持农业农村发展和调控农产品市场政策措施有效性增强，农业农村市场资源配置更加趋于合理，农民收入来源结构正在发生深刻变化等方面。展望2010 年，我国农业农村经济运行和发展面临的不确定性因素虽然没有消除，但是不利条件应比 2009 年减少，粮食稳定在 5.3 亿吨和农民人均纯收入增长率超过 8% 的可能性仍然比较大。

一 2009 年农业农村经济形势的主要特点

为了有效避免国际金融危机对我国农业农村经济的冲击，巩固农业在国民经济中的基础地位，挖掘农村在扩大国内需求方面的潜力，2009年初国家确定了农业稳定发展和农民持续增收的农业农村政策目标。2009 年我国农业农村经济运行和发展结果表明，国际金融危机冲击对我国农业农村经济的不利影响明显低于预期。全年粮食继续增产，主要

---

[*] 本书对2010 年农业农村经济运行主要指标的预测是中国社会科学院农村发展研究所《农村经济形势分析与预测》课题组的研究成果，所预测的结果不代表国家统计局的观点，引用时请注意。

农产品供求关系不断改善；农产品生产价格跌幅上半年逐季扩大，而到了下半年则逐季缩小；农产品进出口结构合理，园艺产品和水海产品等优势农产品出口竞争力明显；农业稳定发展，第一产业增加值在国内生产总值中的比重为 10.6%，比上年略有下降；农民收入快速增长，农民人均纯收入首次超过 5000 元，人均工资性收入首次超过 2000 元，在人均纯收入中所占比重首次超过家庭经营第一产业纯收入，虽然城乡居民收入差距再次扩大，但是二者的转移性收入差距不断缩小。

（一）农业农村经济总体状况

2009 年，尽管遭遇了历史罕见的自然灾害，但在宏观经济拉动、有效政策等积极因素作用下，农业农村经济总体上实现了健康运行和持续稳定发展，有效地抵御了国际金融危机的冲击。

2009 年中央 1 号文件、农业和农村工作会议针对当时国际金融危机持续蔓延及其对我国经济负面影响日益加深的态势，以及我国农产品价格普遍下行、农民工就业严峻等形势，提出了稳定发展农业，保证国家粮食安全和主要农产品有效供给以及促进农民收入持续较快增长的目标。

一年来，既没有出现农产品价格过度下跌，也没有出现农民收入增长徘徊的局面。总体上看，主要食用农产品普遍稳步增长，粮油等主要农产品进口量明显增加，国内供给相对宽松，有效地满足了国内农产品需求增长及其结构变化的需要。国家重点监测和调控的多数农产品市场价格总体上保持平稳。农民工就业形势不但没有恶化，而且外出务工人数增加，工资性收入明显增长。在农业直接补贴明显增加的作用下，农民转移性收入仍然较快增长。

受国际市场多数农产品价格下降影响，2009 年农产品进出口金额和贸易逆差比上年普遍下降。[①] 全年农产品进出口总额 921.4 亿美元，

---

① 本书中有关中国农产品进出口贸易的原始数据均来自海关统计，但由于产品分类标准不同，本章中具体的农产品进出口分类数据与其他章有所差异。

比上年下降 7.1%。其中，出口 395.9 亿美元，比上年下降 2.3%；进口 525.5 亿美元，比上年下降 10.4%。贸易逆差 129.6 亿美元，比上年下降 28.6%。中国农产品进出口受国际金融危机影响并不十分明显，主要优势农产品，包括蔬菜、水果和茶叶等园艺产品和水海产品等的出口与上年相比实现了数量和金额的双增长。根据 2009 年 12 月《海关统计》，2009 年我国蔬菜出口 636 万吨，出口额 50.0 亿美元，分别比上年增长 0.3% 和 17.5%；鲜干水果及坚果出口 330 万吨，出口额 21.6 亿美元，分别比上年增长 15.7% 和 18.7%；茶叶出口 30.3 万吨，出口额 7.0 亿美元，分别比上年增长 2.0% 和 3.3%；水海产品出口 209 万吨，出口额 68.1 亿美元，分别比上年增长 20.0% 和 31.5%。在国际金融危机冲击，世界农产品市场价格普遍下跌的情况下，我国主要园艺产品和水海产品的出口价格不降反而大幅度上升，表明我国出口优势农产品结构合理，竞争力强，应对措施有效。粮油受国内需求拉动影响和国家调控农产品市场的需要，进口数量比上年明显增长，但是进口金额明显下降。

比较而言，此次国际金融危机对农业农村经济的冲击明显比 20 世纪末期亚洲金融危机冲击要小。农业保持较快增长，第一产业增加值达到 35477 亿元，较上年名义增长 5.3%，实际增长 4.2%。第一产业增加值实际增长速度虽然比上年回落了 1.3 个百分点，但仍然属于近几年来增速较快的一年。与 1998 年和 1999 年亚洲金融危机发生时相比，2009 年第一产业增加值实际增长率是最快的（见表 1-1）。

表 1-1 20 世纪 90 年代末亚洲金融危机和 2009 年国际金融危机对我国农业农村经济冲击的比较

单位：%

年份	第一产业增加值较上年实际增长率	农产品生产价格较上年涨跌幅度	农民人均纯收入较上年实际增长率	农民人均纯收入较上年名义增长率	农民人均工资性收入较上年名义增长率	农民家庭经营人均第一产业纯收入较上年名义增长率
1998	3.5	-8.0	4.3	3.4	11.5	-2.3
1999	2.4	-12.2	3.8	2.2	9.9	-4.5
2009	4.2	-2.4	8.5	8.2	11.2	2.2

资料来源：《中国统计年鉴 2009》、《中华人民共和国 2009 年国民经济和社会发展统计公报》和马建堂：《2009 年国民经济总体回升向好》，中国统计信息网。

农产品生产价格总体水平虽然出现了下跌，但跌幅明显低于1998年和1999年，没有出现农产品价格过度下跌的情形。比较1999年，当时农产品收购价格（2001年改为农产品生产价格）在1998年已经下跌8.0%之后较上年仍然大幅度下跌，跌幅达到12.2%，而2009年农产品生产价格仅仅下跌了2.4%。

此次国际金融危机未对我国农业农村经济造成明显负面冲击的一个重要表现是2009年农民收入仍然保持较快增长，特别是农民家庭经营第一产业纯收入在农产品生产价格总体下跌的情况下仍然比上年增长了2.2%，这与1998年和1999年形成了鲜明的对比，当时农民家庭经营人均第一产业纯收入较上年分别下跌了2.3%和4.5%。

受工业化加速推进和2009年国内生产总值实际增长速度回落等因素影响，第一产业增加值在国内生产总值中的比重及其贡献率和拉动率进一步下降。2009年，第一产业增加值在国内生产总值中的比重为10.58%。[1] 2009年12月25日国家统计局公布了2008年国民经济核算的修订数据，第一产业增加值修订为33702亿元，在国内生产总值中比重为10.73%。这样，2009年第一产业增加值在国内生产总值中比重较上年下降了0.15个百分点。按照上年不变价格计算，全年第一产业增加值增长对国内生产总值的贡献率和拉动率分别为6.37%和0.61%，比上年分别下降1.19个百分点和0.16个百分点。

2009年乡镇企业总体上继续保持稳定发展。但是，与农产品价格运行和农民收入增长情况不同，乡镇企业的出口受到国际金融危机冲击的不利影响相对明显。据农业部乡镇企业局资料，2009年乡镇企业增加值达到9.25万亿元，比上年增长10%；营业收入38.16万亿元，比上年增长9.7%。全年乡镇企业出口订单的数量和规模进一步缩减，出口交货值比上年下降了14.5%。

2009年，尽管农村投资在全社会中比重下降的趋势没有改变，但

---

① 本部分凡未注明数据来源的，出处均为国家统计局公开出版的年鉴、公告和公报。

是农村固定资产投资保持较快增长，第一产业固定资产投资增速明显高于全社会平均增速；农村消费品零售额比上年名义增长速度略高于城市。农村投资和消费的增长，为发挥农村在扩大内需中的积极作用增添了信心。

（二）主要农产品供给

2009 年粮食生产基本稳定。全年粮食种植面积扩大，总产量略有增加，再创历史新高，连续 6 年增产，实现了粮食生产稳定发展的预期目标。全年粮食总产量 53082 万吨，比上年增加 211 万吨，增长 0.4%。其中，播种面积 10897 万公顷，比上年增长 2.0%，是近 4 年来增加最多的 1 年；单产 4871.4 公斤/公顷，比上年下降 1.6%。分季来看，夏粮和早稻增产，而秋粮减产。全国夏粮产量达到 12335 万吨，比上年增产 260 万吨，增长 2.2%；早稻产量达到 3327 万吨，比上年增产 167 万吨，增长 5.3%；秋粮产量达到 37420 万吨，比上年减产 217 万吨，下降 0.6%。

2009 年粮食出口减少，而进口明显增加。根据 2009 年 12 月的《海关统计》，全年粮食出口 329 万吨，金额 11.97 亿美元，分别比上年下降 13.2% 和 5.6%；粮食进口 5223 万吨，比上年增长 26.5%，粮食进口金额 207.11 亿美元，下降 10.4%。在进口的粮食品种中，大豆进口数量继续保持较快增长。全年大豆进口数量达到 4255 万吨，比上年增长 13.6%；金额 187.87 亿美元，下降 13.9%。全年粮食净进口 4894 万吨。2009 年包括当年粮食总产量和净进口量的新增供给量达到 57976 万吨，当年粮食净进口量占新增供给量的比重为 8.44%。

近几年来，油料生产受到政府高度重视，2007 年和 2008 年油料生产价格分别比上年度上涨 33% 和 28%，油料生产走出低谷进一步显现，2009 年油料总产量达到 3100 万吨，创历史最高水平，总产量比上年增加 147 万吨，增长 5.0%，连续 2 年增产。油料增产全部来源于播种面积的扩大，全年油料种植面积 1360 万公顷，比上年增加 76 万公顷，增长 6.0%。在国内油料增产的同时，由于国际国内油料和食用植物油价格差，2009 年国内油料和食用植物油进口数量进一步扩大。根据农业部资料，全年进口油菜籽 328.6 万吨，比上年增长 1.5 倍。根据 2009 年 12 月《海关统计》，进口食用植物油 816 万吨，比上年增长 8.4%。油料和食用植物油供给量相对充足。

受周期性波动和自然灾害等因素影响，棉花和糖料等工业原料作物产量出现了明显下降。全年棉花产量 640 万吨，比上年减产 109 万吨，下降 14.6%；棉花种植面积 495 万公顷，比上年减少 80 万公顷，下降 14.0%。棉花减产基本是由种植面积减少引起的。全年糖料产量 12200 万吨，比上年减产 1221 万吨，下降 9.1%；糖料种植面积 188 万公顷，比上年减少 11 万公顷，下降 5.5%。糖料减产，是由于种植面积和单产双双减少引起的。受棉花需求下降影响，国内棉花减产的同时进口数量也明显下降。国内糖料减产，主要由进口数量明显增加弥补国内供求缺口。根据 2009 年 12 月《海关统计》，2009 年棉花进口 153 万吨，进口额 21.1 亿美元，分别比上年下降 27.7% 和 39.5%。全年食糖进口 106 万吨，进口额 3.8 亿美元，分别比上年增长 36.5% 和 18.8%。

2009 年，园艺作物产量继续增加。据农业部资料，2009 年蔬菜、水果、茶叶均呈现面积、产量双增态势。

2009 年，肉类总产量 7642 万吨，比上年增长 5.0%，创历史最高水平。其中，生猪出栏 64507 万头，增长 5.7%；猪肉产量 4889 万吨，增长 5.8%；牛肉产量 636 万吨，增长 3.6%；羊肉产量 389 万吨，增长 2.4%。禽蛋产量 2741 万吨，增长 1.4%。

受三聚氰胺事件影响，国外低价奶粉大量进口，国内乳品消费市场急剧萎缩，奶类产品生产价格明显下降。据农业部监测，2009 年初奶牛养殖户亏损面高达 50%。奶类产量出现了小幅度的下降。全年牛奶产量 3518 万吨，下降 1.1%。

2009 年水产品产量 5120 万吨，比上年增长 4.6%。其中，养殖水产品产量 3635 万吨，增长 6.5%；捕捞水产品产量 1485 万吨，增长 0.1%。

2009 年粮食继续稳定发展，主要农产品供求关系持续改善，促进了国民经济回升向好和价格总体水平的稳定，为我国在进入新世纪以来顺利渡过最困难一年提供了重要基础性保障。

（三）主要农产品和食品价格

在主要农产品国内供求关系基本平衡的条件下，以及国际市场多数农产品价格全年多数月份明显下跌的影响下，2009 年我国农产品生产价格比上年下跌了 2.4%。

分时段来看，2009 年农产品销售价格总体上呈现出先扩大后缩小的态势。第一季度全国农产品生产价格较上年同期下跌了 5.9%，到第二季度，全国农产品生产价格较上年同期下跌幅度进一步扩大到 6.6%，而到第三季度，全国农产品生产价格跌幅较上年同期缩小到 2.7%。

分品种来看，2009 年大部分农产品市场价格呈现出不同方向的明显波动。多数粮食品种价格在国家托市收购政策作用下总体稳中略升，其中小麦和稻谷价格上涨幅度相对较大。棉花、大豆、油菜籽等上半年价格持续低迷，下半年开始有所回升。生猪和鸡蛋价格上半年持续走低，下半年呈现为恢复性上升和季节性波动。大部分鲜活农产品价格季节性波动明显，时高时低。

在政策等因素影响下，种植业产品生产价格小幅度上涨。2009 年种植业产品生产价格上涨 2.9%，其中谷物上涨了 4.9%，棉花上涨了 11.8%。在谷物生产价格中，小麦价格上涨最明显，比 2008 年上涨了 7.9%；稻谷价格上涨 5.2%；受库存水平高、国内供给相对过剩、国际市场价格低迷而出口大幅度减少等因素影响，全年玉米生产价格比 2008 年下跌了 1.5%。蔬菜市场价格季节性波动强烈，异常波动明显，市场价格受灾害性天气影响极其敏感，全年蔬菜生产价格比上年上涨了 11.8%，极端气候条件下部分市场一些蔬菜品种价格出现成倍上涨。在种植业产品生产价格总体上涨的情况下，油料生产价格出现明显下跌，全年比 2008 年下跌了 5.8%（见表 1-2）。

表 1-2　一些农产品生产价格和消费价格比上年涨跌幅度
以及城乡居民家庭恩格尔系数的比较

单位：%

年　份		2005	2006	2007	2008	2009
粮食生产价格		-0.9	2.0	6.3	9.6	3.7
粮食消费价格		1.4	2.7	6.3	7.0	5.6
油料生产价格		-8.7	4.8	33.4	28.0	-5.8
油脂消费价格		-5.7	-1.4	26.7	25.4	-18.3
蔬菜生产价格		7.2	9.3	6.9	4.7	11.8
鲜菜消费价格		10.4	8.2	7.3	10.7	15.4
水果生产价格		7.4	11.4	1.3	1.4	7.0
鲜果消费价格		1.6	21.5	0.1	9.0	9.1
生猪生产价格		-2.4	-9.4	45.9	30.8	-18.4
肉禽及其制品消费价格		2.5	-2.9	31.7	21.7	-8.7
禽蛋生产价格		6.4	-4.0	15.9	12.2	2.8
鲜蛋消费价格		4.6	-4.0	21.8	4.3	1.5
居民家庭恩格尔系数	城镇	36.7	35.8	36.3	37.9	36.5
	农村	45.5	43.0	43.1	43.7	41.0

资料来源：《中国统计年鉴 2009》、《中国农村统计年鉴》、《中华人民共和国 2009 年国民经济和社会发展统计公报》和《2009 年 12 月份及全年主要统计数据》，中国统计信息网。

2009 年，林业产品生产价格比上年下跌了 5.1%。生猪等畜牧业产品价格大幅度下跌对全年农产品生产价格下跌影响最大。全年畜牧业产品生产价格比上年下跌 9.9%，其中生猪价格下跌 18.4%；奶产品和毛绒类产品生产价格分别比上年下跌 8.4% 和 11.8%。全年渔业产品生产价格小幅度下跌，比 2008 年下跌 1.0%，其中海水产品下跌 1.6%。

受到国家农产品市场价格调控等因素的影响，2009 年食品消费价格略有上涨，全年食品消费价格比上年上涨了 0.7%，其中，城市上涨 1.0%，农村上涨 0.1%。尽管粮食连续 6 年增产，库存充裕，2009 年谷物净进口、供给量增多，但是粮食消费价格出现明显上涨。据农业部资料，2009 年谷物进口 315.6 万吨，出口 137.1 万吨，净进口 178.5 万吨。国家粮食局清仓查库表明，2009 年 3 月底我国国有粮食库存 2254亿公斤。在粮食供给保障性增强的情况下，受粮食生产价格上涨等因素影响，全年城市和农村的粮食消费价格分别比 2008 年上涨 5.7% 和5.5%，全国平均上涨 5.6%。鲜菜和鲜果消费价格分别受到蔬菜和水果生产价格上涨因素影响，全年分别上涨 15.4% 和 9.1%。受需求增长拉动的影响，蔬菜、水果的生产价格和消费价格已经连续多年上涨，部分年份上涨幅度比较大。肉禽及其制品消费价格经过 2007 年和 2008 年2 年大幅度上涨后，2009 年下跌了 8.7%。尽管蛋类产品价格季节性波动幅度大，但全年鲜蛋消费价格上涨幅度比较小，为 1.5%（见表 1－2）。

2009 年，尽管城乡居民食品消费价格略有上涨，但是居民收入增长相对较快，消费性支出增加较多，而食品消费支出增速下降，城镇和农村居民家庭恩格尔系数重新较快下降，分别为 36.5% 和 41.0%，分别比 2008 年下降 1.4 个百分点和 2.7 个百分点。

（四）农民收入

农民人均纯收入增长明显好于预期。2009 年农民人均纯收入首次突破 5000 元，达到 5153 元，较上年名义增长 8.2%，实际增长 8.5%。农民收入来源结构出现了一个标志性的变化，人均工资性收入首次超过家庭经营第一产业纯收入。农民人均工资性收入首次超过 2000 元，高出家庭经营第一产业纯收入 73 元。农民人均工资性收入在人均纯收入中比重达到 40%，而家庭经营第一产业在人均纯收入中比重首次降到40% 以下，为 38.6%。

2009 年农民工就业形势明显好于预期，成为农民收入快速增长的最大贡献因素。受国际金融危机冲击，国内部分出口型企业减产、停产甚至倒闭的影响，2008 年末超过 1000 万农民工返乡。2009 年初，全国农民工总量为 22542 人，其中本乡镇以外就业的外出农民工数量为

14041万人，占农民工总量的62.3%。到了2009年春节，返乡农民工达到7000万人，约占外出农民工总量的一半。春节后相当长一段时间内一直有1100万人处于寻找工作状况，近1400万农民工放弃了外出就业，选择了就地就业或者创业。在国家全面实施并不断完善应对国际金融危机一揽子政策的作用下，农民工就业形势逐季好转，年末农村外出的劳动力达到1.49亿人，比第一季度末增加170万人。全年农民人均工资性收入达到2061元，较上年增长11.2%，对农民人均纯收入增幅的贡献率为52.9%。

为了克服国际金融危机对我国经济的不利影响，2009年中央及各地加大了基础设施及重大项目的投资力度，确保了本地务工及外出务工形势的逐步好转。据2009年6月国家统计局与人力资源和社会保障部联合开展的外出农民工就业和社会保障情况调查表明，农民工外出就业基本恢复。第二季度末，全国农村外出务工劳动力1.5亿人，只有不超过3%的农民工未能就业，绝大多数已经找到工作。

尽管农民人均纯收入增长明显高于预期，但是城乡居民收入差距又呈现出扩大的态势。2009年，城镇居民人均可支配收入与农村居民人均纯收入的比率扩大为3.33∶1，比上年增加0.02。农民人均纯收入水平与城镇居民人均可支配收入的差距增加到12022元。农村内部收入差距明显，按1196元农村贫困标准，2009年末全国仍然有3597万贫困人口。

值得关注的是，近几年来农民收入中的转移性收入快速增加，呈现出十分明显的城乡居民转移性收入缩小趋势。2009年，农民人均纯收入中转移性收入398元，较上年增长23.1%，增速高于城镇居民8.2个百分点；转移性收入在农民纯收入中所占比重上升到7.72%，比上年提高了近1个百分点；城乡居民转移性收入比率为11.34∶1，比上年缩小0.81，比2003年缩小10.47（见表1-3）。人均城乡居民转移性收入差距不断缩小，一个重要原因是农民得到的政策性转移收入的持续增加。

表1-3 城乡居民转移性收入比较

单位: 元, %

年 份	转移性收入水平		转移性收入较上年名义增长		转移性收入所占比重		城乡居民转移性收入比率
	城镇	农村	城 镇	农村	城 镇	农 村	
2003	2112.20	96.83	5.44	-1.39	24.93	3.69	21.81
2004	2320.73	115.54	9.87	19.32	24.63	3.93	20.09
2005	2650.70	147.42	14.22	27.59	25.26	4.53	17.98
2006	2898.66	180.78	9.35	22.63	24.65	5.04	16.03
2007	3384.60	222.25	16.76	22.94	24.55	5.37	15.23
2008	3928.23	323.24	16.06	45.44	24.89	6.79	12.15
2009	4513.54	397.91	14.90	23.10	26.28	7.72	11.34

说明: 转移性收入所占比重城镇居民为占可支配收入比重, 农村居民为占纯收入比重; 城乡居民转移性收入比率以农村居民人均转移性收入为1。

资料来源:《中国统计年鉴》(2003~2009年); 马建堂:《2009年国民经济总体回升向好》, 中国统计信息网, 2010年1月21日。

(五) 农业农村消费和投资

自1986年以来, 我国城市社会消费品零售总额增速一直快于农村。农村消费品零售额在全社会中的比重由1986年的59.8%下降到2008年的32.0%。近年来, 国家为了扩大农村消费, 采取了促进农民增收, 加强农村市场建设和对农村消费实行优惠政策等措施, 2009年政策作用对农村消费市场的效应有所显现。

2009年, 在国家有关家电下乡、汽车摩托车下乡以及汽车家电 "以旧换新" 等政策的推动下, 农村消费增长速度自1986年以来首次超过城市。全年县及县以下社会消费品零售额40210亿元, 比上年增加5457亿元, 增加额只有大约城市的一半, 但是名义增长率达到15.7%, 高于城市0.2个百分点。扩大内需政策对刺激农民购买耐用消费品的效应有所显现, 电脑、空调、照相机、电冰箱、手机、汽车等需求在一部分农村成为消费热点。由于农村消费品零售额增长速度相对较快, 县及县以下在全社会消费品零售额中的比重较上年提高了0.1个百分点, 为32.1%。

全社会农产品消费继续保持稳定增长。2009年, 在限额以上批发和零售业零售额中，粮油类增长13.0%，肉禽蛋类增长8.3%。

受城镇化和工业化加速影响，多年来农村固定资产投资增长一直相对缓慢。2009年，农村固定资产投资30707亿元，比上年名义增长27.5%，增速虽然比上年加快了6.2个百分点，但仍然慢于城镇固定资产投资增速（见表1-4），农村固定资产投资在全社会中的比重降到13.7%，比2008年又下降了0.3个百分点。

表1-4　农业农村固定资产投资比上年名义增长速度比较

单位：%

年　份	全社会	农　村		城　镇	
		合　计	农林牧渔业	合　计	农林牧渔业
2005	26.0	19.5	22.9	27.2	30.6
2006	23.9	21.6	18.3	24.3	32.7
2007	24.8	19.4	23.8	25.6	30.6
2008	25.9	21.3	48.8	26.6	54.1
2009	30.1	27.5	—	30.5	49.9

资料来源：《中国统计年鉴2009》和《中华人民共和国2009年国民经济和社会发展统计公报》，中国统计信息网。

近几年来，城镇第一产业固定资产投资高速增长，2009年进一步增长，全年城镇农林牧渔业固定资产投资3373亿元，比上年增长49.9%，高出城镇全部固定资产投资增速19.4个百分点，在城镇固定资产投资中所占比重上升到1.7%，比上年提高0.2个百分点。但是，第一产业固定资产投资在全社会中的弱势地位没有改变。

二　影响中国农业农村经济形势的主要因素

2009年，我国农业农村经济运行和发展面临极其不利的国际国内环境和条件。在农业连续多年丰收后农产品供给充裕情况下，一些地方出现对"三农"关注度减弱势头，春季北方小麦主产区和夏季东北大部分秋粮主产区遭遇历史罕见的严重干旱。尽管如此，在综合有效政策措施作用下，在国民经济回稳向好的带动下，全年农业农村经济形势明显好于预期。与 2009 年相比，2010 年农业农村经济运行和发展面临的有利因素明显增加。

（一）宏观经济

2009 年，国家实施了积极的财政政策和适度宽松的货币政策，并为应对国际金融危机采取了一揽子扩大国内需求的措施，加快民生工程、基础设施、生态环境建设和灾后重建。为了保持经济平稳较快发展，中国实施了总额达 4 万亿元的投资计划，投资领域涉及农业、交通、能源和灾后重建等多个方面，据国家发展和改革委员会的估计，提供的就业岗位超过 2000 万个。这项经济刺激投资计划为保证农民转移就业提供了可能。

2009 年农村民生工程的实施在增加农村投资和促进农村发展中发挥了重要作用。根据 2010 年《政府工作报告》，国家实施的农村饮水安全工程使 6069 万农民受益，新增 510 万沼气用户，新建和改造农村公路 38 万公里、农村电网线路 26.6 万公里，80 万户的农村危房得到改造，9.2 万户游牧民实现了定居，农村生产生活条件得到了改善，农业农村经济发展后劲得到加强，促进了农业稳定发展和农村经济繁荣，对防止农产品价格过度下跌和农民收入增长徘徊的出现发挥了积极作用。

2009 年第三季度开始，我国经济回升的态势更加显现。随着国民经济增长速度的提升，农民工就业机会会进一步增加，工资水平会得到提高，工资性收入的增长又将会为 2010 年农民收入较快增长作出较大贡献。

2010 年国家继续实施积极的财政政策和适度宽松的货币政策，进一步增加农村生产生活设施建设投入，这为农业农村经济发展创造了较好的有利条件。近几年来，《政府工作报告》每年都将国内生产总值实际增长率预期目标定为 8%，但是最终实际增长率普遍超过 8%。根据往年的经验，2010 年将国内生产总值实际增长率假定为 9%。

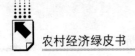

（二）国际农产品供求和价格

自 2007 年以来，世界农产品主要生产大国扩大农业生产，在相对有利的气候条件下，主要农产品已经连续大幅度增产，但是 2009/2010 年度受主要农产品出口国谷物减产影响，全球谷物总产量可能下降。据联合国粮农组织 2010 年 2 月份在《农作物收获前景与食品形势》（*Crop Prospects and Food Situation*，Feb. 2010）中的估计，全球谷物产量 2007 年达到 21.35 亿吨，较上年增长 5.5%，2008 年达到 22.86 亿吨，较上年增长 7.1%，但是 2009 年由于发达国家谷物可能大幅度减产，2009/2010 年全球谷物产量 22.5 亿吨，较上年度减少 1.54%。2009/2010 年度全球谷物减产，预示着 2010 年国际农产品市场上的谷物价格将趋于上涨。

国际农产品市场正在经历显著的调整。2009 年世界农产品价格经历了由持续下跌到不断回升的波动过程。全球食品价格自 2008 年 6 月到达波峰后曾一直处于回落的态势，到了 2009 年下半年，世界食品价格总体上已经呈现出环比上升的态势。联合国粮农组织监测（*FOOD Outlook*，December，2009），2008 年全球小麦、玉米和大米价格分别比上年上涨 31.5%、36.5% 和 83.7%，而 2009 年上半年分别比上年同期下降 43.1%、28.0% 和 7.9%。但是，2009 年下半年国际多数农产品市场价格走出波谷开始新一轮的循环波动的迹象越来越明显。世界上包括谷物、油料、食糖、奶类、肉类在内的主要农产品价格自 2009 年 8 月份后持续上涨。按照 2002～2004 年平均价格为 100，2009 年 11 月份的联合国粮农组织食物价格指数已经上升到 168，比 7 月份上涨了 14.3%。其中，谷物上涨了 1.8%，油脂上涨了 12.5%，食糖上涨了 21.5%，牛奶上涨了 65.1%。展望 2010 年，国际农产品市场价格运行的不确定性因素仍然很多，但是总体上可能趋于上涨。

中国对国际农产品市场上的大豆和棉花依赖程度比较高。大豆和棉花国际市场价格的波动同时会传导到国内市场。根据美国农业部 2010

年 2 月份（*World Agricultural Supply and Demand Estimates*）的估计，2008/2009 年度全球大豆总产量为 21086 万吨，比上年减产 4.6%，2009/2010 年度全球大豆总产量 25502 万吨，比上年度增产 20.9%。2009/2010 年度受到全球大豆大幅度增产影响，国际大豆市场价格可能会出现波动。2008/2009 年度和 2009/2010 年度全球棉花总产量分别为 2339.4 万吨和 2236.9 万吨，分别比上年度减产 10.4% 和 4.4%。在世界经济逐渐恢复的情况下，全球棉花持续减产，可能会促成国际棉花市场价格恢复性上涨到相对较高的水平。

受到国内食用植物油需求强劲增长的拉动，2009 年在国际国内两个市场价格差异巨大的影响下，中国大豆大量进口和油菜籽进口超常规增长。国家为了保护和调动农民种植大豆与油料作物的积极性，2008 年末在部分主产区对黄豆以及 2009 年夏收季度继续对油菜籽实行临时储备政策，国内黄豆和油菜籽的政策性收购价格相对较高。与国内收购价格不同，2009 年上半年受到国际金融危机的冲击，国际大豆和油菜籽市场价格持续低迷，致使国内食用植物油加工企业大量从国际市场上进口大豆和油菜籽。2009 年上半年，中国大豆进口超过 2200 万吨，比上年同期增长 28.2%；油菜籽进口 156.4 万吨，同比增长 2 倍多。

全球农产品供求关系的变化及其价格的波动，势必影响到中国国内农产品市场价格的波动。近年来国际农产品市场价格剧烈波动，中国一些进口依赖程度相对较高的农产品市场价格基本上与国际农产品市场价格同步波动。

（三）国家"三农"政策

根据 2008 年国际国内经济形势的变化，2009 年中央 1 号文件提出了坚决防止粮食生产滑坡，坚决防止农民收入徘徊以及确保农业稳定发展等目标。2009 年 5 月份国务院又发布了《关于当前稳定农业发展促进农民增收的意见》。为了实现 2009 年农业稳定发展和农民持续较快增收的目标，国家扩大了农业补贴规模，完善农产品收购政策，稳定农产品价格，加大农民工就业服务，为农村劳动力转移尽可能提供更多机会。结果表明，国家为应对国际金融危机对农业农村经济冲击而实施的一系列政策措施取得了预期效果，政策因素为保持农业生产良好形势、稳定农产品价格和防止农民收入增长停滞发挥了重要作用。

2009年中央财政进一步加大对"三农"的投入力度，强化支农惠农政策。根据2010年《政府工作报告》，2009年中央财政用于"三农"方面的支出达到7253亿元，比2008年增长21.8%。

自2004年以来，我国逐步建立了包括粮食直补、良种补贴、农机具购置补贴和农业生产资料综合补贴四项直接补贴制度，农业直接补贴水平提高很快。2009年这四项补贴水平达到1274.5亿元，比上年增加244.1亿元。实行水稻、小麦、玉米、棉花良种补贴全覆盖，扩大大豆良种补贴范围。畜产品良种补贴资金达到9.9亿元，除了生猪、奶牛外，进一步扩大到肉牛和绵羊。

与美国相比，我国农业补贴相对水平并不低。根据美国农业部的资料，2008年美国农业直接补贴占农业增加值的比重为3.76%，2009年由于农产品价格下跌政府补贴增加，估计这一比重将上升到4.43%。2009年，我国农业直接补贴占第一产业增加值已经上升到3.59%（见表1-5）。

表1-5　中国农业直接补贴水平

单位：亿元，%

年　份	农业直接补贴水平	第一产业增加值	农业直接补贴占第一产业增加值比重
2004	145.2	21412.7	0.68
2005	173.7	22420.0	0.77
2006	309.5	24040.0	1.29
2007	513.6	28627.0	1.79
2008	1030.4	33702.0	3.06
2009	1274.5	35477.0	3.59

说明：农业直接补贴包括粮食直补、良种补贴、农机具购置补贴和农业生产资料综合补贴等4项。
资料来源：第一产业增加值来源于《中国统计年鉴2009》，农业直接补贴数据根据有关年度的《政府工作报告》和《中央和地方预算执行情况与中央和地方预算草案的报告》整理。

为了避免农产品价格下跌给农业发展和国民经济健康运行带来不利影响，国家对不同农产品市场适时地进行了调控。2009 年国家及时地公布了小麦、早籼稻和中晚稻最低收购价执行预案，较大幅度提高小麦、稻谷最低收购价格水平，平均每公斤分别提高 0.22 元和 0.26 元。其中，白小麦平均提价 13%，红小麦和混合麦平均提价 15%，早籼稻平均提价 17%，中晚籼稻和粳稻平均提价 16%。2009 年每 50 公斤早籼稻、中晚籼稻和粳稻最低收购价分别达到 90 元、92 元和 95 元，均比2008 年提高 13 元；每 50 公斤白小麦、红小麦和混合麦最低收购价分别达到 87 元、83 元和 83 元，分别提高 10 元、11 元和 11 元。最低收购价政策保护了农民种粮积极性，对避免粮食市场价格过度下跌也起到了一定的作用。同时，还增加了主要农产品的储备和临时收储，包括水稻、玉米、大豆、棉花及食糖等。临时收储政策解决了部分农产品滞销问题。综观 2009 年，全国尽管多数农产品价格水平较上年不同程度的下降，但是粮食价格水平总体上有所提高。主要粮食品种价格在国家托市收购政策的作用下，总体上保持了合理的上涨。国家粮油托市收购政策在调控市场价格，促进农民增收，保护农民生产积极性等方面发挥了重要作用。据国家粮食局估计，2009 年国家托市收购粮食促进农民增收超过 400 亿元。

据农业部资料，2009 年从 4 月底到 6 月中旬生猪和猪肉价格持续下跌，5 月份后猪粮比价连续 7 周低于 6∶1 的盈亏平衡点，生猪养殖亏损户占全部养殖户的比重一度达到 45.8%。进入 6 月份，国家按照《防止生猪价格过度下跌调控预案（暂行）》，启动实施了三级响应机制，有关部门在不直接干预生猪价格的前提下在全国启动了政府冻肉储备等措施，随后猪肉价格开始上涨。冻肉储备等措施有效遏制了猪价过度下跌的势头，稳定了生猪生产，保护了农民养猪积极性。

近年来，中国涉农贷款规模不断扩大。据银监会资料，2009 年末，银行业金融机构涉农贷款余额 9.1 万亿元，比年初增加 2.4 万亿元，增幅达到 34.9%，其中，农户小额信用贷款增幅达到 24.5%。

2010年中央财政继续加大对"三农"的投入力度，积极引导社会资源投向农村，落实和完善农业补贴制度。中央财政用于"三农"方面的支出安排达到8183.4亿元，比上年增加930.3亿元，增长12.8%。其中，中央财政安排的"四项补贴"合计1334.9亿元，比2009年增加60.4亿元。进一步提高粮食最低收购价，小麦每公斤提高0.06元，早籼稻、中晚籼稻和粳稻每公斤分别提高0.06元、0.1元和0.2元。继续实施重要农产品临时收储政策。国家的"三农"政策对于巩固农业农村发展好形势将继续发挥重要作用。

（四）农业生产资料

农业生产资料价格直接影响到农业比较效益和农民收入，进而影响农民对农业的投入。2009年，国家运用多种手段促进农业生产资料稳定发展，调控稳定主要农业生产资料价格。全年国内化肥产量6599.7万吨，较上年增长9.8%；矿物肥料及化肥出口883万吨，比上年下降4.8%，进口404万吨，比上年下降34.6%。据农业部资料，2009年全国饲料总产量达到1.4亿吨，比上年增长2.4%，饲料供给增加，价格平稳。全年农业生产资料价格比上年下跌2.5%。

化肥供求关系、饲料供应状况、产品畜、农机具等价格对农业生产资料价格的走势具有决定性的影响。2010年国家继续对化肥生产、经营和进口实行税收优惠政策，优先保障化肥用电、用天然气和用煤，对化肥生产用电、用天然气和铁路运输实行价格优惠政策，加强市场调控。尽管2009年畜产品生产价格下降明显，但是主要畜产品生产仍然处于正常的盈利区间。据农业部资料，2009年出栏商品生猪的平均利润大约150元/头，蛋鸡每月盈利接近1元/只。农民继续保持发展畜牧业的积极性，对于稳定仔畜生产能力和市场价格具有重要作用。国家进一步加大了农机具的补贴力度，有助于稳定农机具市场价格。估计2010年农业生产资料价格进一步下跌，跌幅可能超过2009年。

根据1978～2009年农业生产资料价格指数时间序列，选择模型模拟，按照95%置信区间，预期2010年农业生产资料价格在－9%～3%之间变动。综合农业生产资料价格预测值及其供求形势和国家对化肥等农业生产资料的调控政策，2010年农业生产资料价格下跌幅度以5%为假设条件。

（五）自然灾害

自然灾害是对农业生产影响的一个重要因素，存在着相当大的不确定性。比较不同指标与粮食等主要农作物产量的相关性，选择农作物受灾面积占总播种面积的比重作为农作物受自然灾害的影响程度。

据农业部监测，2009年我国遭遇历史罕见的特大旱灾和多发、重发病虫害。2009年春季，北方夏粮主产区旱灾时间比较长，整个冬麦区旱情为30年一遇，部分重点区为50年一遇，受旱面积占冬小麦面积60%。年初夏粮生长关键阶段，北方冬麦区发生历史罕见的冬春连旱。在秋粮生长关键阶段，年中东北部分地区发生大范围的阶段性低温寡照天气，夏季东北部分地区发生严重的伏旱，南方部分地区还发生高温热害。全年还偏重发生了小麦条锈病、草地螟、水稻"两迁"害虫等重大病虫害。全年农作物受灾面积4721万公顷，比上年增加18.1%。其中，绝收492万公顷，增加22.0%。估计2009年农作物受灾面积占总播种面积的比重为30%。全年自然灾害种类多、范围广、程度深、危害大，特别是粮食主产区发生了历史罕见的旱灾，对农业生产带来严重影响。

2009年，农业生产条件进一步改善，抵御自然灾害能力进一步增强。全年新增有效灌溉面积147.1万公顷，新增节水灌溉面积182.6万公顷。农业生产条件的改善，有助于农业稳定发展。

自2004年以来，我国的农作物受灾程度相对较轻。2004～2009年年均农作物受灾面积占总播种面积的比重大约27%，明显低于20世纪90年代的平均值。考察1978年以来农作物受灾程度情况，农作物受灾面积占总播种面积比重连续上升的可能性相对较小，估计2010年农作物受灾面积占总播种面积比重会低于 2009 年。根据模型模拟，预期 2010 年农作物受灾面积占总播种面积的比重均值为 27%，置信区间 75% 下农作物受灾面积占总播种面积的比重最大值为 32%。

据农业部监测，2009 年全国重大动物疫情下降到近年来的最低水平，畜牧业生产受疫病影响相对较小。但是，全球气候的变化、动物及动物产品国际贸易的增加而带来的境外重大动物疫情传入风险加大，以及我国重大动物疫病疫源分布较广，这些都增加了 2010 年动物重大疫病发生的不确定性。

三 2010 年农业农村经济形势预测

随着农业农村经济运行和发展面临的有利因素的增多，估计 2010 年中国农业农村经济保持稳定发展的势头将更加明显。世界经济增长走出低谷，中国国民经济进一步回升向好，农业比较效益偏低状况的改变，国家支农、惠农和强农政策的继续完善，将促进农业稳定发展，促使农产品价格趋于合理，使农民收入保持较快增长。

（一）农业增长

受政策激励和部分主要农产品市场价格不断走高运行等因素的作用，农民发展农业生产的积极性一直比较高。主要农产品的比较效益在 2009 年总体上趋于改善，这一极其有利的经济因素成为 2010 年促进农业稳定发展的重要激励诱因。

使用 1978～2009 年第一产业增加值比上年实际增长指数为时间序列，通过自然对数处理，根据模型模拟，预期 2010 年第一产业增加值按 2009 年不变价格计算将达到 3.7 万亿元，比上年实际增长 5%。

2010 年第一产业增加值占国内生产总值的比重可能降到 10% 以下。中国仍然处于工业化加快发展阶段，第一产业在国民经济中的比重持续降低。根据 1981～2009 年第一产业增加值在国内生产总值中的比重变化趋势，选择模型模拟，预期 2010 年第一产业增加值占国内生产总值中的比重为 9.9%。

（二）主要农产品产量

2010 年中央 1 号文件提出了确保粮食生产不滑坡的要求，仍然将粮食生产作为各地党政领导班子绩效考核的重要内容。2009 年末召开的全国农业工作会议部署 2010 年农业农村工作时，提出千方百计保持粮食产量稳定在 1 万亿斤以上，特别强调了稳定发展粮食生产的信号不变、要求不松、支持不减。据农业部监测，2009 年全国秋冬农作物播种面积较上年增加了 1940 万亩，增长 2.9%，冬小麦和冬油菜种植面积继续增加。粮食生产结构的调整，全国各地创高产活动的开展，粮食综合生产能力已经明显提高，近年来中国粮食的单产水平已经接近每公顷 5000 公斤的水平。如果粮食播种面积基本稳定，估计 2010 年粮食总产量大幅度波动的可能性相当小。

根据 1978～2009 年粮食总产量的时间序列，比较不同模型预测的结果，综合考虑粮食生产价格、农业生产资料价格、自然灾害程度等因素，按照受灾面积占农作物播种面积 27% 和 32% 两个假设，预期 2010 年粮食总产量分别为 5.4 亿吨和 5.2 亿吨。考虑到近年来粮食生产稳定的积极因素仍然多于消极因素，预计 2010 年粮食总产量维持在 5.3 亿吨左右的水平。

中国油料已经连续 2 年增产，食用植物油进口大量增加。2009 年，油料生产价格出现明显下降，全年下跌 5.8%，油料收获季节和农民销售旺季的第二季度曾比上年度同期下跌 25%。2009 年的油料生产价格下跌，会影响到 2010 年油料生产，可能会造成油料产量的波动。综合考虑油料生产价格、农业生产资料价格和受灾程度等因素，使用 1983～2009 年相关指标的时间序列，通过模型模拟并预测，估计 2010 年油料总产量为 3080 万吨，比 2009 年略有下降。

2009 年，中国棉花出现明显减产，进口大量减少。尽管国际国内

对棉纺品需求不强，但是在棉花新增供给量大幅度减少的情况下，2009
年棉花生产价格已经出现明显上涨，比上年上涨了11.8%。随着国际
经济形势的好转、棉纺织品出口的拉动，考虑棉花生产的周期性波动因
素，估计2010年棉花可能会出现增产。综合考虑棉花生产价格、农业
生产资料价格以及受灾程度等因素，使用1983～2009年期间相关指数
的年度时间序列，通过适当的模型模拟并预测，估计2010年棉花总产
量为680万吨，比2009年增长6.3%。

中国肉类生产经过多年的徘徊和前2年的恢复性增长，特别是2009
年的快速增长，肉类供给相对过剩的问题开始困扰畜牧业的发展，2009
年畜牧业产品的生产价格比2008年下跌了9.9%。但是，肉牛、活羊和
家禽的生产价格仍然稳定上涨。我国居民食品消费结构升级中肉类需求
总量仍然保持增长，消费结构不断调整，并考虑到2009年多数肉类产品
的盈利水平仍然比较合理，估计2010年肉类生产保持稳定增长。肉类
生产呈现一定的周期性变化，对前一波动周期的市场价格比较敏感，考
虑到生猪生产价格，使用1985～2009年期间时间序列，通过模型模拟
并预测，估计2010年肉类总产量将达到7800万吨，比上年增长2.1%。

受生猪生产价格剧烈波动的影响，2010年生猪生产可能会出现小幅
度的波动。2009年末，生猪存栏46985万头，增长1.5%，增幅已经出现
明显回落，增速比2008年末回落了3.7个百分点。据农业部监测，2009
年5月，全国养猪业的亏损面达到了45.8%，农民每卖出一头生猪平均
要亏损26元；到了8月底，全国养猪业亏损面下降到6.8%，养殖业的
效益明显在改善，一些生猪主产区的养殖户扩大生猪生产的积极性得到
了保护。生猪生产大幅度波动的可能性较小。采取与肉类产量预测同样
的方法，预期2010年的猪肉产量4800万吨，比2009年减少1.8%。

（三）农产品价格

受农产品价格周期性波动规律、国家调高粮食价格政策以及国际农
产品价格传导等因素的影响，2010年中国农产品价格总体水平上涨的

可能性相对较大。

利用 1978～2009 年农产品生产价格总指数及其种植业产品、林业产品、畜牧产品和渔业产品分大类生产价格指数时间序列,并进行自然对数变换,选择适当的模型模拟并预测,估计 2010 年种植业产品生产价格上涨 5%,林业产品生产价格下跌 1%,畜牧产品和渔业产品生产价格分别上涨 2% 和 3%。综合不同类型生产价格涨跌情况,估计 2010 年农产品生产价格总体水平上涨 4% 左右。

中国粮食总产量已经连续 3 年超过 5 亿吨,粮食库存继续充足。2009 年国内粮食产量 5.31 亿吨,加上净进口 0.49 亿吨,新增供给量 5.8 亿吨,这意味着 2010 年国内粮食供给保障性好。上年的粮食产量有相当大的部分会成为下年度的供给来源。2009 年国内粮食供给增加相对较多,表明 2010 年国内粮食市场价格不会因为供求关系的变化而出现过度上涨。

但是,2009 年在国内粮食供给相对比较充裕、国有粮食库存水平比较高和国际市场价格走低的情况下,粮食生产价格和消费价格呈现出上涨的态势,这表明中国的粮食价格形成机制可能发生重要变化,供求关系对市场价格的形成作用可能减弱,最低收购价格和临时储备政策等对粮食市场价格形成的作用显现。根据 1978～2009 年期间以上年为 100 的粮食生产价格指数时间序列,选择模型模拟并进行预测,估计 2010 年粮食生产价格上涨率可能超过 5%。

(四) 农民收入

2010 年,农民增收的有利因素可能会增多。农业补贴力度的加大和农产品价格的进一步回升,将继续确保农民转移性收入和家庭经营农牧业收入的较快增长。

根据 2010 年春节前人力资源和社会保障部开展的"企业春季用工需求调查"和"农村外出务工人员就业情况调查",企业用工需求强劲,计划新招工人数量扩大,而农民工外出意愿总体出现下降,用工企业预期工资率增长9%。考虑到我国经济进一步呈现出回升向好态势，受工资水平相对较低、工作条件不够理想等制约农民工供给因素影响，农村劳动力市场总体上对农民工就业比较有利，估计2010年农民工非农就业机会继续增加，工资率上升，全年农民工资性收入将保持快速增长。根据农民工资性收入增长趋势，以国内生产总值实际增长9%为假设条件，通过模型模拟并进行预测，估计2010年农民人均工资性收入将超过2300元，增长近12%。

假设农民人均纯收入实际增长率受到自身周期性波动以及国内生产总值实际增长率、第一产业增加值实际增长率、农产品生产价格和农业生产资料价格等因素影响，使用1978~2009年期间时间序列，通过模型模拟并进行预测，估计2010年农民人均纯收入实际增长率超过10%。根据1978~2009年期间的农民人均纯收入变化态势，选择适当模型模拟并进行预测，估计2010年农民人均纯收入将达到5577元，较上年增加424元，增长8.2%。综合来看，估计2010年农民人均纯收入将超过5500元，增长率超过8%。

近几年来，城镇居民人均可支配收入快速增加，2007~2009年期间年均新增收入1805元，估计2010年城镇居民人均可支配收入可能达到1.9万元，城乡居民收入差距进一步扩大，城镇居民人均可支配收入与农村居民人均纯收入比率将进一步上升。按照城乡居民收入分配关系的倒U形变化态势，根据1983~2009年城乡居民收入比率的实际数据作为时间序列，选择模型模拟并进行预测，并结合近几年来预测值的高估情况进行必要的调整，预期2010年城乡居民收入比率可能达到3.35∶1。

中国农业基础仍然十分薄弱，主要农产品生产受耕地、淡水等资源约束日益加剧，农田基础设施建设滞后，农业科技自主创新能力不强，务农劳动者素质不高。中国粮食进口量不断增加，国内粮食自给率下降，2009年当年净进口的粮食占新增供给量已经超过8%。受农村人口减少、农村居民人均投资消费能力相对较低以及农村投资消费环境不够理想等多种因素的影响，农村投资消费在国内需求中的比重总体上呈现下降趋势。中国农村发展严重滞后，农村投资和消费潜力巨大。

实现农业稳定发展，确保农产品有效供给，繁荣农村经济，扩大农村需求，必须进一步发挥好市场机制配置资源的重要作用，在此基础上国家还应进一步支持农业和农村发展，发挥宏观调控作用。中国已经实施了一系列的惠农政策，同时又强调农产品市场调控。但是，目前国家的惠农支农政策与国家选择的农业宏观调控往往是相互脱离的，或者二者没有建立必然的联系。中国的粮食价格形成机制正在发生重要变化。如果政策干预价格形成比较有效，无疑会增强政府调控农产品市场的有效性。协调好国家支农惠农政策和农产品市场调控措施的核心，就是要确保农产品价格合理水平，要充分考虑到国际国内两个市场以及国内农产品比价，选择适宜的农业保护手段和差额补贴政策措施，应兼顾农业生产者和消费者之间以及农业产业链不同环节之间的利益，尽可能选择使用反周期农业支持措施。要根本解决农村需求不足难题，必须在千方百计增加农民收入的基础上，统筹城乡发展，着力改善农村生产生活条件，激励农民投资。实施刺激农民消费政策，改善农村消费环境，促进农民消费水平的提升。

第二章
寻求农村改革与发展的更大突破

——2009 年农村改革回顾与未来中长期政策调整展望

从 2004 年开始，中央连续发布 7 个 1 号文件，大体形成了以"多予、少取、放活"为主导原则的农村发展与改革政策体系。2009 年农村政策是既往政策的延续，没有新的重大政策的发布。但是，2009 年中央在一些重要会议上披露了经济发展的新思路，新确定的积极稳妥推进城镇化、促进经济结构调整的方针将对未来农村发展与改革产生重大影响。

若仅仅从短期看，尽管农村政策的基本框架已经形成，但一些政策实施的难点仍然存在，农村发展中的一些深层次问题的解决有待政策实施力度的进一步加大，有些政策还需要作出调整。未来农村政策调整必须和国家中长期发展战略结合起来加以部署。

本章拟回顾 2009 年农村政策变化，并进一步讨论中长期农村政策调整的趋势。

一 2009 年农村政策调整概述

（一）应对国际金融危机，稳定粮食生产，扩大农村市场

2009 年伊始，国际金融危机对中国经济形势产生明显影响，局部地区外向型经济部门开始萎缩，农民工就业形势一度相当严峻。中央以扩大内需应对国际市场需求下降的不利形势，其中包括扩大实施农村市

场刺激政策。在 2009 年初发布当年 1 号文件以后，中央很罕见地在 5 月又发布了《国务院关于当前稳定农业发展促进农民增收的意见》这样一个综合性的年度农村工作指导文件。在特殊背景下，稳定粮食生产、扩大农村市场，成为 2009 年农村政策实施的两个着力点。

为稳定粮食生产，国家在 2009 年除继续实施原有各项政策外，还启动了新增 1000 亿斤粮食生产能力规划，并制订了资金支持方案。2009 年中央财政安排农业"四项补贴"资金 1274.5 亿元，比 2008 年增长 23.7%，实行了水稻、小麦、玉米、棉花良种补贴全覆盖，扩大了大豆良种补贴范围。国家还新启动了马铃薯原种补贴项目，中央财政对马铃薯原种生产每亩补贴 100 元，财政部在 2009 年部署了试点工作。国家计划在 2009 年和 2010 年安排中央建设投资，建设粮食储备仓容 1500 万吨、储备油罐 175 万吨、中央直属食糖储备库 40 万吨、棉花储备库 50 万吨。2009 年国家还提高了小麦和稻谷的最低收购价。这些措施对调动农民生产积极性发挥了重要作用，2009 年在发生较重自然灾害的情况下，粮食产量仍达到 1 万亿斤以上，保障了国内粮食市场的基本平衡。

为扩大农村市场，国家在 4 万亿元经济刺激计划中，安排了农村民生工程和基础设施项目约 3700 亿元。2009 年新增中央投资中，安排 650 亿元用于农村"水电路气房"、重大水利工程以及农村教育、卫生等基础设施建设。国家还扩大了家电下乡、农机下乡的补贴范围。农机补贴达到 130 亿元，比上年增加 2.25 倍。实施范围扩大到全国所有的农牧业县（场），补贴机具种类范围由上年的 9 大类 18 小类 50 个品目扩展到 12 大类 38 小类的 128 个品目，覆盖所有农牧渔业生产急需的关键环节的农业机械。2009 年，全社会共完成农村公路建设投资 2044 亿元，农村公路新改建里程 38.1 万公里，超额完成了年初确定的 30 万公里的目标。农业部、商务部和财政部还开展了"农超对接"工程，帮助合作社直采、原产地直供，支持农产品直接进入超市，减少农产品流通环节。

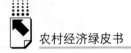

（二）完善农村基本经营制度，酝酿农村土地管理制度改革

2008 年中共十七届三中全会召开以后，深化农村土地管理制度改革提上有关决策部门的议事日程，社会相关各界也高度关注，但改革的实际突破尚未发生。

2009 年 6 月《中华人民共和国农村土地承包经营纠纷调解仲裁法》由全国人大常务委员会通过。这部法律规定了农村土地承包经营纠纷的调解仲裁程序，明确了人民法院受理农村土地纠纷案件的具体情形，有利于保护农民的土地承包经营权。2009 年还部署了农村土地承包经营权登记试点工作。这些法律和政策有利于建立健全土地承包经营权流转市场、加强流转管理和服务、发展适度规模经营。

土地管理制度改革总体上仍处于酝酿之中。国土资源部主持《土地管理法》的修订工作正在进行。中共十七届三中全会确定土地制度改革两项重要突破，即农村土地承包权的长期化和城乡建设用地统一市场的建立，目前仍然没有转换为具体政策。鉴于许多地方政府在"试点"名义下突破了某些土地管理的法律限制，中央决策部门负责人多次发表谈话，重申已有法律的有效性，并要求各地的试点工作仅仅在确定的范围里开展。但各地试点工作的审批渠道、试点规模、试点内容等，高层实际上很难掌握，多少有些失控。某些具体政策的把握显得进退失据。

从我们在农村调查中得到的信息看，现有法律中关于建设用地的"占补平衡"规定，关于宅基地和承包地不得抵押的规定，关于"小产权"房处置的规定，以及关于宅基地和农民住房不得随意转让的规定等，都是各地在试点工作中意欲突破的方面。

（三）三部涉农法律修订或制定

2009 年 3 月，《中华人民共和国食品安全法》由全国人大常委会通过。这部法律规定，食品安全标准是强制执行的标准。除食品安全标准外，不得制定其他的食品强制性标准。法律还列举了国家禁止生产的食品类别。这部法律对我国实现农业生产标准化有重要意义。2009 年 7 月，国务院发布了《中华人民共和国食品安全法实施条例》。

2008 年 8 月，全国人大常委会通过了《中华人民共和国循环经济促进法》，2009 年 1 月起施行。此法规定，县级以上人民政府及其农业等主管部门应当推进土地集约利用，鼓励和支持生态农业发展。

2009 年 2 月，全国人大常委会通过了《中华人民共和国保险法》修正案。此法确定国家支持发展为农业生产服务的保险事业。农业保险由法律、行政法规另行规定。

（四）落实农村金融政策，加大金融支农力度

经过近几年努力，农村金融政策体系已经大体形成，落实各项政策成为金融支农的关键。对农村金融发展的现状，金融部门与农村工作部门多有不同看法，前者乐观评价，后者多有保留意见。

客观地说，2009 年中央 1 号文件提出的"抓紧制定鼓励县域内银行业金融机构新吸收的存款主要用于当地发放贷款的实施办法，建立独立考核机制"这一工作目标尚未真正落实，其原因是这一目标与商业原则之间存在一定冲突。而县域经济体中担保、评估、公证等中介机构发育不够，农业保险发展落后，支农信贷风险难以分散等实际情形也加大了这一目标实现的难度。

尽管农村金融政策落实有难度，金融管理部门在农村信贷产品创新方面还是做了不少努力，对促进农村金融深化、降低交易成本发挥了积极作用。一些便捷化的创新产品开始引入农村，如"速贷通"、账户透支、流动资金循环贷款等；担保类创新产品，如标准仓单质押贷款、进口仓单质押贷款、林权质抵押贷款、小额存单质押贷款等也开始在农村推广。各地还开展了一些针对不同服务对象的产品和业务创新，如针对农村贫困人口和低收入群体主要采取政策扶持类型的金融服务，包括扶贫贴息贷款、"以奖代补"小额扶贫贴息贷款和农户小额信贷等。还有

针对非农产业、个体经营和农民创业的农户助业贷款、"农家乐"贷款、农村青年创业贷款、失地农民创业贷款等。

在一些省份，金融机构还开展了农民不动产抵押贷款（包括房屋）、承包地抵押贷款等业务。这些业务和现行法律有冲突，各地在"试点"名义下进行，但试点的确切规模尚不清楚。据媒体披露，央行和银监会最初的想法是，"每个省选择 2～3 个有条件的县（市）"试点。但许多省份扩大了试点规模。河南参与试点的就有 18 个县市，江西省亦有 12 个县市，湖南更是多达 21 个。① 从我们在山东某地的调查看，这类业务并没有引起值得注意的农民失地现象。

（五）改善乡村治理结构，继续推动农村民主政治发展

2009 年初，中共中央办公厅、国务院办公厅转发《中央机构编制委员会办公室关于深化乡镇机构改革的指导意见》，乡镇机构改革由试点转入全面推开阶段。在 5 年的试点工作期间，全国已完成和正在进行机构改革的乡镇近 2 万个，按计划，改革任务将于 2012 年基本完成。改革的主要任务是：精简机构，减少冗员，转变职能，扩大民主。

2009 年国务院向全国人大常委会提出了《村民委员会组织法》修订草案，提请人大常委会审议，这意味着民政部历经 10 年左右的时间主持这部法律的修订工作告一段落。长期以来，由于村民委员会的选举程序、罢免程序以及村社区对村干部的监督机制等在现行法律中未能做清楚规范，在实践中引发不少问题，新的修订草案对解决这些问题做了尝试，较现行法律有明显进步。2009 年 5 月，中共中央办公厅和国务院办公厅下发的《关于加强和改进村民委员会选举工作的通知》是推动我国农村基层民主选举工作的一个重要文件。文件明确提倡按照民主程序将村党组织负责人推选为村民选举委员会主任。文件

---

① 唐勇林等：《耕地抵押贷款试点成潮》，2009 年 5 月 14 日《南方周末》。

对民主选举程序的若干关键环节做了规定。文件在认可候选人竞选（竞职）的同时，也对竞选的一些基本行为做了规范。总体上看，两办文件提出的许多意见正是广大基层干部在领导选举中所关心的焦点所在。

（六）部署城乡社会经济一体化发展战略，积极稳妥推进城镇化

中共十七届三中全会明确提出了城乡社会经济一体化发展战略。在保有庞大农民群体的基础上实现这个战略，还是在高度城镇化的基础上实现这个战略，是决定这个战略成败的关键所在。2009年中央经济工作会议对此给出了明确答案。会议披露，国家将"积极稳妥推进城镇化，提升城镇发展质量和水平"。

积极稳妥推进城镇化必然意味着大量农村人口有序地转变为城镇人口，提高城镇化率。这种转变必须通过大量政策调整才能顺利推进。2009年提议或开始实行的两项政策对推进这项工作有重要意义。一是2009年12月国务院常务会议决定，从2010年1月1日起施行《城镇企业职工基本养老保险关系转移接续暂行办法》。这个办法规定，包括农民工在内的参加城镇企业职工基本养老保险的所有人员，其基本养老保险关系可在跨省就业时随同转移。国家将建立全国统一的社保机构信息库和基本养老保险参保缴费信息查询服务系统，发行全国通用的社会保障卡。二是各地在户籍管理制度改革方面好的经验得到高层决策者的积极评价，更深入的户籍管理制度改革有望在短期内获得突破。2009年2月，《求是》杂志刊载了周永康在全国政法工作电视电话会议上的讲话，透露户籍管理制度改革的指导思想是从目前单一的"以证管人"向"以证管人、以房管人、以业管人"相结合转变。

推进城镇化还有许多改革难点需要攻克，而这两项改革的部署将是破冰之举。

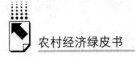

二　新时期深化农村改革的难点

中国30余年的改革开放促使中国农村发生了巨大变化。对于这种变化的根本原因，中共十七届三中全会的决议做了科学说明。从社会经济体制方面看，坚持社会主义市场经济改革方向、坚持保障农民物质利益和民主权利，是改革成功的关键。这个改革方向要继续坚持。以往的改革解决了一些问题，另一些问题变得突出，新的问题也会产生，由此使我国农村发展面临新的形势。这种变化要求我们在坚持改革基本方向的前提下，转变改革思路，建立新的改革模式。事实上，新模式下的改革由2008年中共十七届三中全会拉开了序幕，而2009年中央经济工作会议和农村工作会议进一步明确了农村改革新模式的内涵。本节对此做扼要讨论。

（一）发展成绩

长期以来，农业增产、农民增收和农村稳定，是农村工作的三项基本目标。经多年努力，这三方面工作已经奠定了稳固基础，取得了阶段性成绩。

我国主要农产品持续增产的通道已经形成，特别是主要粮食品种供求基本平衡已经获得重要保障。良种推广、土地整治、耕作技术提升、农户经营规模扩大以及其他农业技术的应用，是我国主要农产品增产的长期促进因素，而价格保障则对农产品市场的短期平衡发挥重要作用。政府已经有明确具体的措施来利用这些因素推进主要农产品生产的持续增长。按目前政策力度，我国农业基础会渐趋稳固。

我国城市经济的迅速扩张一方面为兼业农民提供了工资收入，另一方面为留居农村的劳动者增加了有效劳动时间，从而成为农民增收的持久动力。我国农村巨大的隐形失业率是农民增收的根本制约因素，而降低隐形失业率的根本途径是逐步使农村劳动力向非农产业转移。我们的观察研究表明，农业产业化进程在提高农业经济效率的同时，也在制造农村失业。

我国农村社会稳定因"多予、少取、放活"的农村工作方针的逐步落实而得以根本改观。农业税的取消成为农民和国家关系发生根本改变的标志性事件，农村新型合作医疗制度和最低生活保障制度的全面实施更增强了农民对国家的依赖，而农村新型养老制度的推广将进一步加深这种依赖。这种变化对稳定农村社会极为有利。随着农村土地制度改革的深入和村民自治工作的推进，农村社会稳定形势还将进一步好转。

（二）发展瓶颈

尽管我国农村发展取得了辉煌成绩，但发展的瓶颈依然存在。概括地说，农业问题在于效率不高，农村问题在于就业不充分，而农民问题在于权利保障程度低。

农业生产，特别是粮食生产，最终要通过规模经营水平的提高来提高效益，否则中国农村产生以专业农户为主体的新型农民以及农民依靠务农提高收入将是一句空话。

规模经营水平的提高倚重农民在农业生产的充分就业，所以，农村发展的核心是农民就业问题。

解决农民就业问题意味着在全社会范围内合理配置劳动、土地和资本诸要素，形成城乡统一的要素市场。这种生产关系的调整本质上是农民权利确立过程。

以上三方面的实际情形均与我们的理想目标相去甚远，突破三方面的制约将是一个比较漫长的过程。

（三）改革难点

任何渐进改革都有利有弊，农村改革也是这样。如果仅仅从表面上看，我们可以罗列很多农村改革的难点，如土地承包权抵押、农民贷款担保、农民工养老保险账户转移续接等，但很多具体的改革难点都由全局的体制改革难题引起。就是说，农村改革很多难题的突破可能在农村范围里没有答案。我们必须从社会经济体制改革全局去认识问题。

中国改革的使命是实现由传统社会向现代社会的过渡。总结已经完成过渡的国家的历史经验，改革的难题集中在三方面，分别是处理好国家和社会的关系、中央和地方的关系以及劳动和资本的关系。我们认为，我国农村改革深层次问题也与这三方面有关。这三方面的改革是一个漫长的过程，许多变化需要 30～50 年乃至上百年的历史进程。指出这一点可以使我们对改革的难度有一个清醒认识，便于我们依照轻重缓急来安排改革。

1. 国家和社会的关系

国家和社会的关系的调整有两个重要方面，一是合理的产权界定，二是合理的公权运行方式的确定，即社会主义民主政治的发展。

（1）产权。产权分为共有产权和私人产权两种形式，而共有产权又分为共同共有产权和按份共有产权。每一种产权形式对应什么样的经济关系，并非可以随意安排。共有产权，特别是共同共有产权，仅仅对典型的公共品的权利归属有意义。农业生产活动的私人属性很强，不属于公共部门，不应该实行共同共有产权，而不能退出的农村集体所有制正是一种共同共有产权。

当然，农业生产也有一定的公共性，如它涉及国家安全、人民健康以及社会平等，但这种公共属性只是决定农业的产权在国家和社会（农民）之间的分割，而不能将其确定为完全的共同共有产权。国家可以通过农业规划、农产品质量监控以及对农产品价格的干预等方式来体现国家对农业产权的分割。

目前农村土地管理的所有改革难题，均出自最初农业产权的不当设定。一旦在制度上将农业用地看做了公共品，农民就必然要求平均分配，于是，"增人不增地，减人不减地"的改革就很难推行。同样地，因为在制度上把农业用地看做公共品，国家和社会（农民）之间很多关系就难厘清，一切剥夺农民土地利益的做法就难根除，农民的土地权益保护异常艰难。

（2）公权运行与民主。民主制度仅仅是公权运行的方式之一，而不是唯一的方式；民主制度能否实行，与社会对它的需求有关，而与人的素质关系不大。决定需求的因素，一是公权的强度，二是市场经济的发达程度。因为工业经济最早与市场联系在一起，且社会上层的公权强度要高于下层，所以，民主政治的发育通常是由工业社会到农业社会，由社会上层到社会下层。这种情形决定了在我国乡村推进民主制度建设要困难得多。

随着我国城镇化进程加速，一部分村落将走向衰败。全国各地迁村并居的浪潮方兴未艾，一些大的村落有了向小城市发展的势头。这种形势要求我们审时度势，应在更大的范围里考虑基础民主政治发展问题。

2. 中央与地方的关系

中央与地方的关系，核心是公权在不同层级政府之间的合理配置问题，其中关键，是解决地方政府的适度自治问题。过去我们有一种似是而非的观点，以为一提自治，就和"联邦制"这类政体有关。其实，地方自治是一切现代国家的制度安排，只是自治程度不同而已。欧洲一些国家至今仍然在推进地方自治。自治在我们国家被称为扩大自主权。

从一般规律来讲，自治与决策所依据的信息成本呈正比，与决策所涉及的公共性呈反比。信息成本越高，相应的决策权越应下放给基层政府；公共性越强，相应的决策权则越应该收归中央政府。我国农村改革的一些难点，也与政策制定和实施的权力在中央和地方之间的配置有关。总体上看，农业经济存在中央政府"一头热"的状况。当政府对农业支持力度加大以后，地方自主权问题更加明显。

（1）支农政策的对象瞄准。国家支农政策直接或间接地要落在农民头上，但我国目前究竟有多少真正的农民？这个问题弄不清楚，就会发生支农资金的浪费。目前支农政策基本上覆盖到了所有户籍农民，而实际上真正的农民只是其中的一部分。在一些经济发达地区，专业农户日趋增加，兼业农户日趋减少。中央要掌握农民的职业状况，信息成本相当高。因此，要依赖地方政府建立一种"注册农户"制度，并下放支农政策实施的监管权。

（2）财政支农的效率。我们初步搜集的数据表明，目前全国约近20个部委级机构在"三农"领域有投入，所列的计划或工程达120多项。有的工程项目由不同机构在不同名目下设立。这种多头、分散、细碎的投入难免会影响到资金使用的综合效益，有时还会增加地方政府的"寻租"成本。地方政府的对应办法是将资金捆绑起来使用，叫做"分账不分事"。地方政府有时采取"翻牌"办法应付上级检查工作。通过扩大地方自主权，建立一种机制让地方政府在农业发展中负起更大的责任，解决"一头热"问题，是一件需要认真谋划的事情。

（3）农地保护。在农地保护方面，我们同样面临中央和地方廓清责任的问题。尽管中央政府现在可以利用卫星图片对土地使用进行监测，但真正落实土地保护责任、处理土地违法案件，中央机构难免顾此失彼。每年以万计的土地违法事件，依靠中央政府机构无论如何是应付不过来的。农地保护也需要建立一种有效的中央和地方的分权机制。

"18亿亩耕地红线"政策被落脚在"基本农田保护"上，是土地管理制度的一个很大缺陷。某些地方政府很容易在"基本农田"和非基本农田之间玩障眼法，给农地保护增添麻烦。应该明确讲"农地保护制度"，而不应划分"基本农田"和非基本农田。所有农田都应保护。

3. 劳动与资本的关系

经过几年的认识转变，现在终于认识到了实行"积极稳妥推进城镇化"对于农村发展的意义。对于农村人口转移，人们最关心的是城镇就业稳妥。按保守的假设，到2032年，我国城市就业增长率从2.7%会下降到1.6%，平均年递增率为1.7%。这个时期我国的GDP增长率扣除物价因素，每年按9%算，那么，国民经济增长对就业增长的弹性平均为0.19（过去十多年是0.1）。这就是说，国民经济每增长1个百分点，就业只增长0.19个百分点。1919～1957年美国就业增长率平均

为 1.89%，扣除物价因素后，GDP 实际增长率为 3.94%，弹性值为
0.48。这就是说，美国经济高速增长期国民经济对就业的拉动能力是未
来中国的 2.53 倍。日本、德国和英国的这一数据也比我们高了许多
（见表 2-1）。这种比较表明，我国城市吸收就业潜能很大。

表 2-1 就业—GDP 弹性系数国际比较

国　　家	美　国	联邦德国	英国-1	英国-2	日　本	中　国
时间段	1919~1957 年	1950~1960 年	1911~1931 年	1948~1955 年	1929~1955 年	1990~2007 年
E-GDP 弹性系数	0.48	0.42	0.27	0.33	0.23	0.098

说明：a. 除中国外，其他国家的数据分析中用国民收入指标计算，因分析增长率，不影响结论。b. 中国的数据未按照第二次经济普查结果调整，对结论影响微小。c. 有关数据均根据价格指数做了调整，但价格指数类别不同，这一点对结论影响微小。d. 时间段的设定主要是因为考虑数据的可比性。

资料来源：《英法美德日百年统计提要》，统计出版社，1958；《主要资本主义国家经济统计集》，世界知识出版社，1962。

　　如何解释上述国际比较中出现的差异？我们认为劳动时间的差异应
该是主要的解释因素。改革开放以来中国人的人均劳动时间随着农民工
进城务工持续增加而增加。2001 年的一项研究资料表明，中国人日平
均工作时间为 5 小时 37 分钟，比欧美人平均 4 小时的工作时间多出 1
小时 37 分钟，一年就会多出 582 小时。按每周工作 40 小时计，相当于
多工作 3 个月；假设欧美人按标准时间工作，中国人每年比欧美人要多
劳动 3 个月。[1] 据研究人员 2009 年的一项调查，目前我国农民工大部分
每周只休息 1 天，每天平均工作 9 小时以上。

　　可以认为，有关劳动保护的法规在我国没有得到有效落实。有资料
表明，企业主明确反对现行国家有关保护劳动的法规，这种行为甚至得
到一些地方政府的默认乃至纵容。劳动者的实际工作时间大幅度地超出
标准工作时间，意味着大量工作岗位被在业劳动者挤占，形成我国农村

---

[1]　中新社李向群：《中国人工时较欧美长》，2001 年 2 月 24 日。该报道披露中国人民大学王
　　琪延博士进行的一项关于居民生活时间分配的研究。

人口转移的巨大难题。无疑,通过调整劳资关系,认真落实有关劳动保护的法规,我国城镇的就业机会可以大幅度增加。这方面的工作若能取得成效,不仅对我国农村发展有重大意义,对国民经济的整体发展也将具有长远意义。

概括地说,进一步深化农村改革,促进农村发展,需要有全局观念和历史眼光,需要以我国社会经济转型为背景把握改革的节奏。

三 调整农村改革发展模式

今后一个时期,农村改革将越来越受制于全局的改革。前述国家与社会之间、中央与地方之间以及劳动与资本之间诸关系的调整,是全局改革的长期任务,很难在短期内获得突破性进展。改革仍将是一个渐进的过程。尽管如此,农村改革绝非再无所作为。相反,适当调整农村改革模式,在可能的方面寻求突破,将使农村改革继续为全局改革的推进作出贡献。

我们认为,现阶段农村改革发展模式调整可包括三方面。一是在支农政策的指向方面,实现由户籍农户向专业农户转变;二是在农村市场体系的建立方面,实现由产品市场向要素市场扩展;三是在发展目标方面,推动二元结构向城乡一体化过渡。

(一) 政策指向:由户籍农户向专业农户转变

1. 现行支农政策在瞄准方面的缺陷

2010 年中央 1 号文件提出"按照存量不动、增量倾斜的原则,新增农业补贴适当向种粮大户、农民专业合作社倾斜"。这一意见从长远看符合农村发展的要求。在落实这一意见时,"种粮大户"的认定不很容易操作。目前还存在其他一些问题。

第一,我国大陆地区已经有一部分境外、国外农业投资者,这些投资者利用我国廉价劳动力,从事高附加值农业,利润比较高,不必享受国家财政补贴。我国目前尚有必要对本土农民实行职业保护，而现行政策不利于保护本土农民利益。

第二，目前我国大约有30%的农业户籍居民完全脱离了农业生产，进城务工的农民工大约有20%举家外出，但这些家庭仍然被国家支持农业的政策所覆盖。这部分人口是农民工群体中收入比较高的部分。据我们在东莞等地调查，携带子女外出的农民工家庭70%以上在城市已经购买或租用了单元房。我们认为，国家支持农业的有关政策不应再覆盖这部分人口。这部分人口的社会保障应通过城市政策调整来解决。

第三，在极少数地方，村干部虚假上报农户，套取国家补贴资金，形成国家财力的浪费。

第四，户籍主要反映公民的生活居住地点信息，但在国民经济管理中，户籍却成了获取管理信息的依据，产生诸多弊端。国家的支农政策和社保政策之间有完全不同的功能，但在农村领域这两个功能却掺杂在一起，不容易区别，影响政策效果。例如，目前的"四项补贴"在操作中往往不管农户是否真正务农，使这些补贴事实上成了收入补贴。从目前改革的趋势看，户籍将仅仅是人口登记管理的手段，农民和城市居民将完全平等地获得登记，农民将只是一个职业称谓。支农政策应该瞄准职业身份。

2. 建议实行独立于户籍管理的"注册农民"制度

为克服上述缺陷，有必要实行独立于户籍管理的"注册农户"制度。这种制度是国家以认证主营农业的农村居民家庭资格为核心，为更有效实施支农政策的一整套信息管理制度。

（1）"注册农户"资格的认定可考虑以下因素。

第一，农户的主要收入来自种植、养殖、渔业捕捞等农业生产活动。大量购买土地使用权从事出租经营的"地主"，不得认证为"注册农户"。

第二，农户达到一定经营规模。各地可因地制宜，采取不同的标准。本项制度起步时，标准不宜太高。

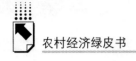

第三，农户至少有一个劳动力以常年务农为主。

第四，农户必须是中国境内居民，且必须是农村的常住居民。一些国家的法律规定，农户的常住地必须是经营所在地农村。这种规定很有现实意义。

第五，农户在本项制度建立前，必须拥有农村居民户籍。这项规定有利于缓减目前存在的城市资本大规模在农村圈地搞大农场的趋势。在一定时期以后，可以放宽这项规定。

"注册农户"必须同时符合以上各项条件。

（2）"注册农户"政策设计的要点有以下几方面。

第一，"注册农户"的认证机构为各级农业管理部门。

第二，国家对农村的投入分为三个类别，分别是农业支持投入、公共基础设施投入和一般性社会保障投入，其中国家支持农业发展的各项投入以"注册农户"为瞄准对象。为了保持政策的连续性，可以考虑目前已经享有政策支持的其他农村家庭可继续享有，但不再享有新增农业政策支持。未获注册的农村户籍家庭参与其他一揽子社会保障援助计划，并尽可能和城市社会保障计划相衔接。

第三，国家对"注册农户"进行免费技术培训。

第四，"注册农户"认定的有效期为5年。"注册农户"可以申请撤销注册。

第五，国家鼓励农业用地的流转在"注册农户"之间进行。农业用地的流转对象必须合理排序，其序列由法律加以规定。

3. 试行"注册农民"制度若干问题的判断

概括地说，"注册农户"制度有利于农村社会保障制度与支农的其他工作分开运行，并使之逐渐与城市社保制度接轨。今后可考虑只在"注册农户"范围里实行支农政策，社会保障制度在市民保障框架下实施。"注册农户"制度在国家支农政策的操作中将摆脱户籍制度的困扰，形成相对独立的信息系统，有利于观察政策的实际效果。可能的疑问是：

第一，"注册农户"制度会不会增加财政支出？我们认为不会。因为非"注册农户"不再享受某些补贴，短期内还可能节约支出。可以将节约的资金投向"注册农户"。

第二，非"注册农户"会不会对这项制度不满意？这个问题不大。非"注册农户"主要包括两类家庭，一是已经基本转入非农领域的家庭，他们收入高，减少不多的补贴不应抱怨；二是基本丧失劳动力且无法进行农业生产的贫困家庭，他们可以通过社保政策继续得到保障。

第三，"注册农户"会不会减少财政转移性收入？这不是问题，按照前面的设计，注册农户肯定会得到更多的财政支农的补贴收入等，转移性收入会增加。而且，是否实行这个政策，高收入农户都不会领取低保，现在的低保户如以后收入增加也不会再领取低保，因此，是否实行"注册农户"与转移性收入增减本身没有关系。但农户的收入结构会发生变化。

第四，"注册农户"制度会不会操作起来很困难？不会。国外有类似制度，且运行时间很长，有经验可以借鉴。通过试点，可以总结我们自己的经验，最终形成比较完善的制度。

（二）市场运行：由产品市场向要素市场扩展

我国农业经济的市场化改革已经取得很大成绩，市场机制的建立为农业发展作出了根本性贡献。但是，具体从产品市场和要素市场两个方面看，农业经济在要素市场建立方面相对滞后，今后在市场关系方面应实现由产品市场向要素市场的扩展。

1. 土地要素

中共十七届三中全会决议对未来农村土地管理改革提出了很好意见，但将其转变为法规似乎有相当困难。应本着解放思想、实事求是的原则对有关法规进行修订，甚至可以考虑调整立法思路。

现在的《土地管理法》有两个基本缺陷，一是庞杂，二是粗疏。很多问题想在这样一部法律中解决，结果行不通。例如，失地农民的社会保障问题当然很重要，但仅仅依靠《土地管理法》讲不清楚。其实，关键不是社保，而是交易的公正性。社保问题应在其他法规中讲。还有，现行法律中处罚条款很多，真正管用的不多。农业中土地使用权交易是一个非常大的问题，现行法律只是粗略地讲，难以操作。我们的建议是：

第一，可以考虑"土地基本法"的立法，然后再搞"土地规划法"、"土地使用权交易法"，并修改《农村土地承包法》，形成土地立法体系。我们有《城乡规划法》，但是土地规划相当重要，可考虑另外立法。土地交易有大量细节问题，现在那么几条不行，不完善。当前对土地交易的规范非常迫切，不妨先搞一个国务院条例，同时研究正式立法问题。

第二，现行法规中关于市区土地归国家所有的规定，是1982年宪法修订中确立的条款。这一改变体现了当时"左"的思想尚未清除的影响，立法依据并不充分。从实践看，这项规定是侵害农民土地权益的源头所在，必须废止。城市土地应允许集体所有；新划入市区的集体土地不必改变使用权性质。为此应修改宪法。

第三，土地使用权，包括农民的土地承包权，应长久不变。城市土地使用权也应取消70年、50年期限的规定，实现使用权的永久化。现在的规定，会导致土地使用中的短期行为，不利于经济效率提高。

第四，关于宅基地和耕地承包权的抵押，从长远看应该得到法律确认。但在法律作出系统性变化之前，可以考虑维持现状。

第五，要用保护所有农地的立法替代保护基本农田的规定。从我们调查看，排除在基本农田之外的农地实际上失去了保护。应严格地保护所有农地，不能只讲基本农田保护。保护农地的细节应在土地规划法中确定。应尽快总结"增减挂钩"试点的经验，出台国家的规范性意见。

第六，在制定土地使用权交易法之前，先应出台国务院有关农村土地使用权流转、交易的条例，对交易的主体、期限、方式、价格以及风险防范等作出规定。目前这方面的形势几乎处于失控状态，地方政府通过"反租倒包"、"返租转包"等方式动辄将以万亩计的土地转到了非农村集体成员的手中，产生一些潜在问题，亟须重视和规范。

2. 劳动要素

前面已经谈到我国城市拥有巨大的潜在的就业机会，但要把这种理论上的就业机会转变为现实的就业机会，的确也不容易。但办法还是有的，这就是认真落实我国有关劳动保护的法律法规，认真调整劳资关系。特别是劳动强度高、劳动时间过长的问题要下决心解决。职工加班一定要按照法规拿到加班工资。政府机关要带头，不能让公务员无偿加班。我国政府的公务员数量与发达国家相比，从比例上看并不多。大学不能靠研究生无偿或低偿做课题。大学的教师数量应该与学生数量强制挂钩。任何雇员患病，如果发现其有无偿加班的过往经历，就可以把疾病看做加班的后果，并起诉雇主，对之进行刑事和民事起诉。不下这种狠招，劳资关系无法调整。"以人为本"的治国理念必须在这些关键地方体现。

下力气调整劳资关系，必然改变现存劳动市场的恶性循环，使就业增加，工资水平上升。这样一个结果不会降低中国经济的国际竞争力。我们测算，美国在实行 8 小时工作制以后，劳动生产率的增长率由 0.59% 提高到了 1.14% 。这至少说明，劳资关系的调整看不出对国民经济发生负面影响。未来几十年里，能否调整好劳资关系，不仅关系到城镇化目标的实现，也关乎中国的国家安危。

在调整城市劳资关系的同时，要以户籍制度改革为重心，全面改革城市社会管理体制。户籍制度改革对农民迁徙的意义要远大于对其他类型群体（例如大学生）的意义，在大中城市改革的意义要大于在小城市改革的意义。中央可以要求地方按照"保障公平、兼顾效率、维护稳定"的原则加快户籍制度的改革，但具体改革方案应由城市政府做主。改革的基本思路应是通过住房建设规划来实现人口控制规划，原则上只要公民在某城市拥有或能够租用符合一定条件的住房，就可以获得人口登记。至于什么样的住房，拥有或租用的期限多长，新居民的福利待遇和老居民如何衔接等技术性问题，相信完全可以凭地方官员的智慧解决得比较好。即使有的城市做得不好，其缺陷也会在城市竞争中得到修正。有条件的城市可有选择地为进城农民建造廉租房。从一些调查资料看，如果按照这个思路改革户籍制度，大约1亿农村人口有条件很快在大中城市落户，并且不会给城市造成任何麻烦，因为这些农村人口事实上已经生活在了城市。把户籍和住房挂起钩来，还可防止大城市人口的急剧膨胀，并引导一部分年轻人到中小城市就业，当前房价过高的现象可以扭转过来，除非政府不积极作为。

3. 资本要素

资本要素的流动必须依赖市场化金融服务系统的建立。目前农村金融发展的滞后，的确不能简单地怪罪商业银行金融机构，尤其不能怪罪金融监管机构。根据银监会统计，目前涉农贷款的不良率为7.4%，而工业贷款不良率仅为2.29%。这种情形与农业发达国家很不一致。在组织化程度高的农业生产系统中，金融机构的经营风险通常很低。发生这种情形一定与农村经济自身发育程度有关。所以，活跃农村金融市场必须在金融改革的同时提升农村经济自身的组织化程度。

中共十七届三中全会决议对农村金融改革已经提出了积极的发展思路，金融主管机构为贯彻全会决议，也提出了明确的工作部署，这里不再一一赘述。[①]

提高农业经济的组织化程度，提升农业经济效率，才能降低农村金融企业的经营风险，形成涉农金融业与农业实体经济之间的良性互动。

实行前述"注册农户"制度有助于降低金融风险。在实际工作中，"农贷"帽子乱戴现象比较常见。真正的农民很少做"老赖"，但他们很不容易获得贷款。农贷领域做"老赖"的多不是真正的农户，更不是专业农户。国家给农贷的各种优惠政策并非实打实地落到了农户头

[①] 新华社记者姚均芳、王宇：《深入推进农村金融改革　增强农村金融服务能力——央行有关方面负责人就"中央一号"文件有关农村金融问题答记者问》，2009年2月20日，新华社消息。

上。我们希望"注册农户"制度的试行有助于解决这个问题。商业银行只有给"注册农户"贷款才能享受国家的各种优惠政策。

要积极鼓励农民专业合作社开展金融中介业务。有合作社的介入，农户的宅基地、承包地抵押可能找到出路。当合作社提供贷款担保时，农户把宅基地或承包地抵押给合作社而不是金融机构。贷款不能归还时，抵押物收归合作社，农户与合作社之间建立租赁关系，农户可以继续使用抵押物。农户经营条件改善以后可以赎回抵押物。这种机制既消除了银行的风险，又免除了农户的危机。遗憾的是，我国《农民专业合作社法》颁布以后，农民合作社发展很不乐观，登记注册的合作社多是合伙企业，全国找不出多少真正的合作社。

农业保险业的发展是农村金融发展的重要条件，但农业保险发展同样不尽如人意。农业保险要和农民合作社发展结合起来，鼓励真正的合作社发展农业保险业务。

合作社介入农村金融和农业保险业务后，人才短缺将是瓶颈。要形成合作社职业经理人的培养、输送和使用的机制。目前有关部门推行的"大学生下乡"工程有方向性失误。大学生经过培训以后应直接向合作社输送，而不是让他们当村长或书记助理。

资本要素在农村流动起来，是现代性的因素在农村的深度渗透，而农民合作社是承接这种渗透的基础，合作社的职业经理人是吸收渗透的催化剂。建立这样一种机制，农村金融才能发展起来，资本市场才能活跃。如果短期内中央能出台一个关于发展农民合作社的"1 号文件"，将有雪中送炭的意义。

（三）发展目标：由二元结构向城乡一体化过渡

1. 城乡一体化的远景目标

中共十七届三中全会提出城乡社会经济一体化发展战略，是"十一五"规划执行期中最重要的决策成就。会议通过的决定概述了 2020 年之前必须要实现的 6 项具体目标。尽管会议文件没有明确勾勒城乡一体化的远景，但我们依据主要发达国家的发展历程和我国的实际情况，可以对这一远景目标做一个总的描述。

城乡一体化的远景有五方面的内涵。一是城乡统一市场的基本建立，特别是统一要素市场的建立；二是城乡居民收入基本一致，农民收入甚至超过全国平均水平；三是城乡居民公共服务水平基本一致，特别是社会保障制度的城乡差异完全消除；四是农业高度发达，农业 GDP 比重下降到 5% 以下，全国恩格尔系数平均降到 15% 左右，专业农户成为农村的主体居民；五是城市化率达到 70% 以上。[①] 第一个目标可以在 2020 年前实现，其他目标的实现会需要更长的时间。

如果上述目标实现了，中国的城乡二元体制将不复存在。这样一些目标并非不可企及。在我国某些发达地区已经基本实现了这个目标。一些东欧中等发达国家也基本上实现了城乡一体化，而多数发达国家在第二次世界大战前就完成了这一任务。

2. 认识自治，缓行自治

我国的国家治理架构的弊端不利于城镇化健康发展。其弊端主要是省域太大，县域缺乏活力，小城市（城镇）无城市之实；各级政府之间的公共职责没有相对清晰的划分；地方自治的理念几乎不存在。这些问题要逐步统筹解决，有的可以快点解决，有的可以慢一点解决，其中地方自治应加强研究，但实际推行宜慎重。

现在我们讲村民自治，几个村庄合并后的"大社区"要不要自治？更高层次的地方政府要不要引入自治概念？这些问题应未雨绸缪，及早做深入研究，并允许地方试验。西方许多发达国家至今没有解决这个问题，我们更不必过于着急。各级政府在公共领域的自治边界本来也不固定。目前中央通常用"扩大地方自主权"的政治术语来包装有关政策，我们认为可以继续沿用。

---

① 关于城乡社会经济一体化的研究，《中国经济重大问题跟踪分析》农村发展研究所子课题分报告之二，《"十一五"规划期的农村改革与"十二五"展望及建议》，有更详尽分析，该报告由中国社会科学院农村发展研究所课题组完成（党国英执笔）。

省域范围过大的问题应该尽快着手解决。一些大省可以划小，办法是增设直辖市。为支持西部发展，可以设立多个直辖市。省级行政区数量多一些、规模小一些，中央政府下放权力的幅度就可以大一些，城市经济体的自主性也相应可以大一些。

3. 把发展"县辖市"和中心镇作为城乡一体化的重要突破口

县域经济缺乏活力应部分归罪于大中城市"大而全"的产业政策。大城市可以设立综合门槛来优化经济结构，将一些产业释放到中小城市。门槛的设立要尽量少用行政命令，多用经济手段。把住房和户籍挂起钩来，是一个有效的门槛。大城市的廉价劳动力到处都是，小城市就没有人愿意投资，而住房门槛是限制廉价劳动力过多涌入大型城市的手段。一旦中小城市的工资水平上升，北京、上海这样的大城市的吸引力也会减弱。要探索"居住法"或"住房法"立法的可能性。

小城市（城镇）不像城市的问题要充分重视。美国的官方统计把2500人聚居的居民点看做城市，而一些州对城市的定义更加宽松。我国的设市标准太高。根据我国的国情，可以把1万居民以上的人口聚居地看做城市，并在县域范围里设市的建制，形成1万座左右的县辖市。同时，把万人以下的一批农村居民点按照中心镇建设，全国形成5万座左右的中心镇。中心镇也应具备基本的城市基础设施。再以下，应发展一大批分散的专业农户居民点，每个居民点几十到上百人不等。专业农户居民点要根据实际需要适度提供公共设施，不必千篇一律地搞水电路气配套工程。长远看，这种人口分布形成以后，村委会将消失，镇政府将成为最基层的基本公共服务承担者，而村将只是一个地理名词。自然，在全国这是一个漫长的过程，但某些发达地区的步伐可快一些。

第三章
农业农村经济与国民经济

2009 年，国际金融危机持续蔓延，世界经济严重衰退。根据国际货币基金组织最新公布的数据，2009 年世界经济增速预计将下降 0.8%。其中美国下降 2.5%，欧元区下降 3.9%，日本下降 5.3%。在新兴和发展中经济体中，俄罗斯下降 9.0%，印度增长 5.6%，巴西下降 0.4%。

面对国际金融危机的严重冲击，中国政府采取积极的财政政策和宽松的货币政策，全面实施应对国际金融危机的一揽子计划和政策措施，重点支持扩大内需、促进增长，在世界各国和主要经济体中率先实现经济回升向好。2009 年中国国内生产总值达到 335353 亿元，比上年增长 8.7%。这一速度超过年初 8% 的预期目标，远高于世界经济的平均增速，在世界主要国家和地区中首屈一指。按照中国经济总量占世界经济 7% 估计，2009 年中国经济增长 8.7%，拉动世界经济增长大约 0.6 个百分点，直接减缓了世界经济衰退的幅度。①

扩内需、保增长离不开农村经济的发展。2009 年，农业农村经济逆势增长，为全年保增长、保稳定、保民生提供了有力支撑。粮食产量 53082 万吨，连续 3 年稳定在 5 亿吨以上，实现连续 6 年增产。全年农民人均纯收入突破 5000 元，实际增长 8.5%。

目前，虽然中国经济已经回升，世界经济也开始复苏，但国际金融

---

① 参见国家统计局副局长谢鸿光《2009 年统计公报评读：最困难之年的漂亮反转》，2010 年 2 月 26 日《中国信息报》。

危机的影响仍在持续，世界经济复苏的基础比较脆弱，还存在一些不确定因素，国内经济回升的基础还不牢固，同时又出现了价格开始上升等新的情况。在农业农村方面，农业基础仍然薄弱，农村发展仍然滞后，农民增收仍然困难，城乡发展失衡仍然突出。面对这种情况，中国政府将继续实施积极的财政政策和适度宽松的货币政策，加快推动经济发展方式转变和经济结构调整，注重改善民生和保持社会和谐稳定，努力实现国民经济平稳较快发展。在农业农村方面，将进一步加强现代农业发展，加快城乡统筹。

本章将如以往一样将农村经济放到整个国民经济与社会发展中去考察。从生产、投资、消费以及城镇化等各个方面，分析农村各部门发展对国民经济的影响和作用。

一　农村产业对国内生产的贡献

（一）国内生产总值的城乡分解（生产法）

本章对国内生产总值进行城乡分解的基本方法，继续沿用以往《农村经济绿皮书》[①]的思路和框架，即用生产法将国内生产总值按三次产业分解为城市和农村两大块，其中包括城市第二、第三产业和农村第一、第二、第三产业五个部分。

2009 年，第一产业实现增加值 35477 亿元，按可比价格比上年增长 4.2%，增幅比上年下降了 1.3 个百分点。按现价计算的第一产业占国内生产总值的比重为 10.6%，比上年下降了 0.1 个百分点；2009 年，第二产业实现增加值 156958 亿元，按可比价格比上年增长 9.5%，增长幅度比上年提高了 0.2 个百分点，在现价国内生产总值中所占的比重比

---

① 中国社会科学院农村发展研究所、国家统计局农村社会经济调查司：《农村经济绿皮书》（1993～1997 年），中国社会科学出版社、《中国农村经济形势分析与预测》（1998～2009 年），社会科学文献出版社。

上年下降了 0.7 个百分点，为 46.8%；第三产业实现增加值 142918 亿元，按可比价格比上年增长 8.9%，增长速度比上年下降了 0.6 个百分点，在现价国内生产总值中所占的比重比上年提高了 0.8 个百分点，为42.6%。

按三次产业划分的国内生产总值城乡分解结构见表 3 – 1。

表 3 – 1　国内生产总值三次产业的城乡结构分解（生产法）
（以全国 GDP 为 100）

单位：%

年　份	第一产业	第二产业			第三产业			乡村合计
	I	II	城市 II	乡村 II	III	城市 III	乡村 III	
1990	27.1	41.3	30.0	11.3	31.6	21.9	9.7	48.1
1992	21.8	43.4	26.7	16.7	34.8	24.0	10.8	49.3
1994	19.8	46.6	25.9	20.7	33.6	23.1	10.5	51.0
1996	19.7	47.5	27.4	20.2	32.8	22.6	10.2	50.1
1998	17.6	46.2	25.9	20.3	36.2	24.8	11.4	49.3
2000	15.1	45.9	24.8	21.1	39.0	26.8	12.2	48.4
2002	13.7	44.8	24.3	20.5	41.5	28.77	12.7	47.0
2004	13.4	46.2	25.1	21.1	40.4	28.0	12.4	46.9
2006	11.3	48.7	26.5	22.2	40.0	28.1	11.9	45.4
2008	10.7	47.5	25.9	21.6	41.8	30.1	11.8	44.1
2009	10.6	46.8	25.5	21.3	42.6	30.8	11.8	43.7

说明：2008 年以前的国内生产总值三次产业结构数据源于国家统计局《中国统计年鉴 2008》，以及国家统计局关于 2008 年 GDP 数据的核实修订。2009 年三次产业比重根据国家统计局《中华人民共和国 2009 年国民经济和社会发展统计公报》等有关数据计算。城乡分解方法同往年《农村经济绿皮书》。

2009 年，虽然国民经济增速比上年下降了 0.3 个百分点，但相对而言，农业增长速度下降更多，由农村部门创造的国内生产总值占整个国内生产总值的比重比上年下降了 0.4 个百分点，为 43.7%。其中，农业所占份额为 10.6%，比上年下降了 0.1 个百分点；农村第二产业所占份额为 21.3%，比上年下降了 0.3 个百分点；农村第三产业所占份额为11.8%，与上年基本持平。

从长期趋势来看，改革开放以来，由于农业增产和农村非农产业的迅速发展，农村部门在全国国内生产总值中所占的比重曾经逐步提高，到 20 世纪 90 年代中期时农村地区所创造的国内生产总值比重曾经超过 50%。但自 90 年代中期以来，由于农业生产和农村非农产业增长放慢，农民收入增长有限，农村消费乏力，农村部门在全国国内生产总值中所占的比重一直处于下降状态（见图 3 - 2）。

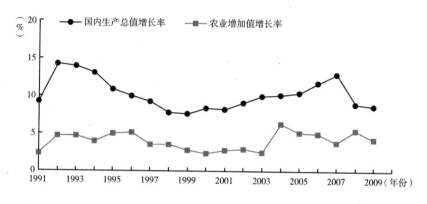

图 3 - 1　农业增长与国内生产总值增长变化

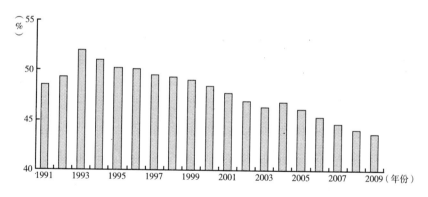

图 3 - 2　农村部门占国内生产总值比例变化

（二）经济增长的来源（生产法）

国家统计局提供了 2007 年以前的三次产业不变价数据，利用这些数据和近两年各个产业的年度实际增长指数，可以将国内生产总值以及第一、第二、第三产业增加值数据折算为不变价数据，然后，利用上一节有关第二、第三产业的城乡分解比例，对以不变价计算的第二、第三产业增加值进行分解，衡量出城乡各部门的增长对国内生产总值增长的贡献率（又称贡献份额），计算结果见表3-2。

表3-2 城乡各部门对国内生产总值增长的贡献（生产法）

单位：%

年 度	1994	1996	1998	2000	2002	2004	2006	2008	2009
GDP 年增长率	13.1	10.0	7.8	8.4	9.1	10.1	11.6	9.0	8.7
城乡各部门贡献率（以 GDP 年增长为 100）									
第一产业	6.6	9.6	7.6	4.4	4.6	7.8	5.3	6.5	4.9
第二产业	67.9	62.9	60.9	60.8	49.8	52.2	53.1	50.6	53.5
城市第二产业	45.7	35.9	27.3	26.8	28.8	28.4	29.3	27.2	28.9
农村第二产业	22.2	27.0	33.7	34.0	20.9	23.8	23.7	23.4	24.6
第三产业	25.5	27.5	31.5	34.8	45.7	39.9	41.7	42.9	41.6
城市第三产业	18.0	19.6	22.1	25.0	32.7	27.1	31.6	33.6	31.6
农村第三产业	7.5	7.9	9.4	9.8	12.9	12.9	10.1	9.3	10.0
城市合计	63.7	55.5	49.4	51.8	61.6	55.5	60.9	60.8	60.5
农村合计	36.3	44.5	50.6	48.2	38.4	44.5	39.1	39.2	39.5

说明：本表以前的计算统一采用了 1990 年不变价，因此部分数据与《中国统计年鉴》中的相应数据有所差别。考虑到社会经济状况的不断变化，从 2010 年开始，本表不变价也采用分段制，这与《中国统计年鉴》中使用的数据完全一致。这样，部分数据与以往绿皮书中的相关数据有所区别。

2009 年，国内生产总值增长了 8.7%。在本年度的国内生产总值增长中，农村部门贡献了 3.43 个百分点，贡献率为 39.5%，比上年有所增加。在农村部门中，第一产业贡献了 0.43 个百分点，贡献率为 4.9%，比上年有较大下降；农村第二产业贡献了 2.14 个百分点，贡献率为 24.6%，比上年有较大提高；农村第三产业贡献了 0.87 个百分点，贡献率为 10%，与上年相比也有所提高（见图3-3）。2009 年农村部门贡献率增加的主要原因是农村第二、第三产业增长相对较快，对国内生产总值增长的贡献有所提高。

从绝对量来看，在农村部门中，农村第二产业对国民经济增长的贡

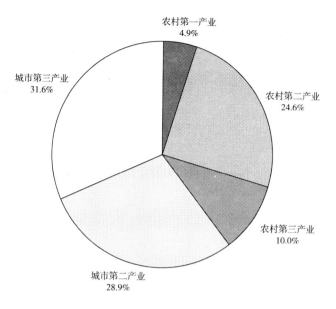

图 3-3 2009 年城乡各部门对国内生产总值增长的贡献

献是最主要的，占整个农村产业增长贡献总量的 62.3%。据农业部乡镇企业局统计，2009 年全国乡镇企业实现增加值 92500 亿元，同比增长 10%，其中工业增加值 64500 亿元，同比增长 9.7%。[①] 乡镇工业的增长速度略快于全国工业的增长速度（8.3%）。

受国际金融危机影响，2009 年，中国农村乡镇企业虽然仍保持了较快增长，但增长速度还是出现了明显下滑。据农业部乡镇企业局初步统计，2009 年乡镇企业增加值增长幅度比 2008 年降低了 1.7 个百分点，其中乡镇工业增加值增长幅度比上年回落了 1.5 个百分点。乡镇企业连续几年保持平稳较快发展，一个重要原因是出口保持高速增长，特别是东部地区的上海、江苏、浙江、广东、福建等省（市）的乡镇企业产品出口交货值占工业总产值的比重达到 20%～30%，大大高于全国平均 14% 的水平。由于国际金融危机，出口额大幅下降，给东部各省（市）的乡镇企业带来严重冲击，上半年，多数东部省（市）乡镇企业

① 农业部网站，2010 年 1 月 25 日。

增长速度明显低于全国平均水平；进入下半年，东部地区企稳向好的趋势逐步明显，但北京、上海、浙江、广东、福建等省（市）增速仍然低于全国平均水平。2009 年全国乡镇企业实现出口交货值 30000 亿元，同比下降 14.5%。[①]

二 农村投资与消费

（一）农村投资

受益于扩内需、保增长的政策刺激，2009 年全年全社会固定资产投资 224846 亿元，比上年增长 30.1%。其中，城镇投资 194139 亿元，增长 30.5%；农村投资 30707 亿元，增长 27.5%。扣除物价因素，2009 年全社会固定资产投资比上年实际增长 33.3%，是 1981 年以来增长最快的年度。[②]

1999～2009 年，农村固定资产投资增长了 4.02 倍，增长速度较快，但同期城镇固定资产投资增长幅度更高，增长了 7.18 倍。自 1996 年以来，农村固定资产投资在全社会固定资产投资中所占的比重持续下降。2009 年，农村投资的增幅仍然低于城镇投资，农村投资在全社会固定资产投资中所占比重进一步下降到 13.7%（1996 年为 23.3%）（见图 3 - 4）。[③]

（二）农村消费

同样受益于扩内需、保增长的政策刺激，2009 年，中国全社会消

---

① 农业部网站，2010 年 1 月 25 日。
② 参见国家统计局副局长谢鸿光《2009 年统计公报评读：最困难之年的漂亮反转》，2010 年 2 月 26 日《中国信息报》。
③ 2008 年以前数据源于国家统计局《中国统计年鉴 2009》，2009 年数据来自国家统计局《中华人民共和国 2009 年国民经济和社会发展统计公报》。

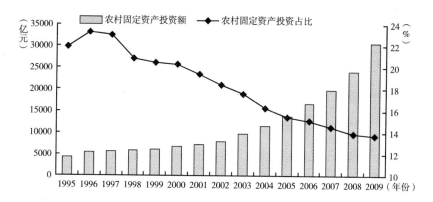

图 3－4　农村固定资产投资增长及其占全社会固定资产投资的比重

费品零售总额达到 125343 亿元，比上年增长 15.5%。其中，城市消费品零售额 85133 亿元，增长 15.5%；县及县以下消费品零售额 40210 亿元，增长 15.7%。扣除物价因素，2009 年中国全社会消费品零售总额实际增长 16.9%，为 1986 年以来的最快增长。[①]

　　长期以来，农村消费的增长一直慢于城市地区，在全国消费品零售市场中，农村地区的份额持续快速下降。2009 年，在出口贸易不振的情况下，为缓解金融危机对中国经济的影响，国家采取了家电下乡等扩大农村消费的积极政策，有效地繁荣了农村地区的消费市场，城乡之间消费增长差距明显的局面有所缓解，2009 年农村地区消费增长高于城市地区 0.2 个百分点，为近 10 年来城乡消费增长差距最小的一年。2009 年县及县以下地区在全社会消费品零售总额中所占的比重为 32.1%，比上年略为提高（见图 3－5）。

（三）支出法国内生产总值的分解及其增长来源

　　在支出法国内生产总值中，国家统计局提供了城乡居民的最终消费份额，如果我们用城乡固定资产投资比例对固定资本形成总额进行城乡

---

　　① 参见国家统计局副局长谢鸿光《2009 年统计公报评读：最困难之年的漂亮反转》，2010 年 2 月 26 日《中国信息报》。

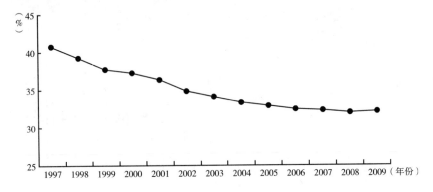

图3-5 县及县以下地区占全社会消费品零售总额比重的变化

分割,① 就可以将支出法国内生产总值的固定资本形成与居民最终消费部分分割成城乡两块。虽然余下的政府消费、存货增加和净出口部分无法进一步进行城乡分割,但这三部分在国内生产总值中所占的份额并不太大。

从支出法国内生产总值的构成来看,农村居民消费占国内生产总值的份额持续下降,由1997年的17.8%下降到2008年的8.9%;农村固定资本形成占国内生产总值的份额近几年也呈缓慢下降趋势,2008年仅占5.7%。相比之下,城镇居民最终消费份额近几年虽也有所下降,但仍稳定在较高水平,2008年城镇居民最终消费份额为26.5%。另外,投资推动式的经济增长方式使得近年来城镇固定资本形成份额一直维持较高水平,2008年城镇固定资本形成占到支出法国内生产总值的35.4%(见表3-3)。

国家统计局发布的统计年鉴中没有提供以不变价计算的支出法国内生产总值的构成数据,因此,以往绿皮书中用支出法来计算各因素对经济增长的贡献时采用了现价数据。近两年,统计年鉴中发布了以不变价计算的投资、消费及出口对国内生产总值增长的贡献率。以此数据为基础,结合上文对支出法国内生产总值的城乡分解,可以大致衡量出城乡投资、消费对国内生产总值增长的贡献。

---

① 据统计资料,历年固定资产投资总额与固定资本形成总额之间差额不大而且比率关系较为稳定。

表3-3 支出法国内生产总值的分解（以国内生产总值为100）

单位：%

年份	农村居民消费	城镇居民消费	农村固定资本形成	城镇固定资本形成	政府消费	存货增加	净出口	农村投资消费合计	城镇投资消费合计	其他
1997	17.8	27.4	7.3	24.5	13.7	4.9	4.3	25.2	51.8	23.0
1998	16.7	28.6	6.9	26.1	14.3	3.2	4.2	23.6	54.8	21.6
1999	16.0	30.0	6.9	26.6	15.1	2.7	2.8	22.9	56.6	20.5
2000	15.3	31.1	7.0	27.3	15.9	1.0	2.4	22.3	58.4	19.3
2001	14.5	30.7	6.7	27.9	16.2	1.8	2.1	21.2	58.6	20.2
2002	13.5	30.2	6.7	29.6	15.9	1.6	2.6	20.2	59.7	20.1
2003	12.0	29.7	6.9	32.3	15.1	1.8	2.2	18.8	62.0	19.1
2004	10.9	28.9	6.6	34.0	14.5	2.5	2.5	17.5	62.9	19.5
2005	10.2	27.6	6.3	34.7	14.1	1.8	5.4	16.5	62.2	21.3
2006	9.5	26.8	6.1	34.5	13.6	1.9	7.5	15.7	61.3	23.0
2007	9.1	26.5	5.8	34.3	13.4	2.1	8.9	14.9	60.8	24.3
2008	8.9	26.5	5.7	35.4	13.3	2.4	7.9	14.6	61.3	23.5

说明：2009年数据国家统计局尚未发布。

2008年，国际金融危机对出口贸易的影响开始显现，净出口增长对国内生产总值增长的贡献由2007年的19.7%大幅下降到9.2%（见表3-4）；而国内需求对经济增长的拉动明显增强，最终消费增长对经济增长的贡献率由2007年的40.6%提高到45.7%，资本形成增长对经济增长的贡献率也由2007年的39.7%提高到45.1%。

分城乡看，2008年，农村固定资本形成增长对国内生产总值增长的贡献率为5.9%，比2007年提高了0.4个百分点；农村居民消费增长对国内生产总值增长的贡献率为8.3%，比2007年提高了0.8个百分点。但相应的，城市固定资本形成增长对国内生产总值增长的贡献率为36.7%，比2007年提高了4.4个百分点；城市居民消费增长对国内生产总值增长的贡献率为24.9%，比2007年提高了2.9个百分点。无论是绝对数还是提高幅度，农村都远远低于城镇（见表3-4、图3-6）。

表 3-4 支出法国内生产总值增长来源（以当年国内生产总值增长为 100）

单位：%

年份	农村居民消费	城镇居民消费	农村固定资本形成	城镇固定资本形成	政府消费	存货增加	净出口	农村投资消费合计	城镇投资消费合计	其他
1997	11.2	17.2	3.7	12.4	8.6	2.5	44.4	14.9	29.6	55.5
1998	16.0	27.4	5.0	19.1	13.7	2.3	16.5	21.0	46.5	32.5
1999	19.6	36.7	4.5	17.5	18.4	1.7	1.6	24.1	54.2	21.8
2000	16.0	32.5	4.4	17.3	16.6	0.6	12.5	20.5	49.8	29.7
2001	11.8	25.0	9.2	38.3	13.2	2.5	-0.1	21.0	63.3	15.6
2002	9.9	22.1	8.6	38.1	11.6	2.1	7.6	18.5	60.2	21.3
2003	7.4	18.5	10.7	50.2	9.4	2.8	1.0	18.1	68.7	13.2
2004	7.8	20.6	8.5	43.6	10.3	3.2	6.0	16.3	64.2	19.6
2005	7.5	20.3	5.6	30.6	10.4	1.6	24.1	13.1	50.9	36.1
2006	7.4	20.8	6.1	34.0	10.5	1.9	19.3	13.4	54.8	31.7
2007	7.5	22.0	5.5	32.3	11.1	2.0	19.7	13.0	54.2	32.8
2008	8.3	24.9	5.9	36.7	12.5	2.5	9.2	14.3	61.5	24.2

说明：2009 年数据国家统计局尚未发布。

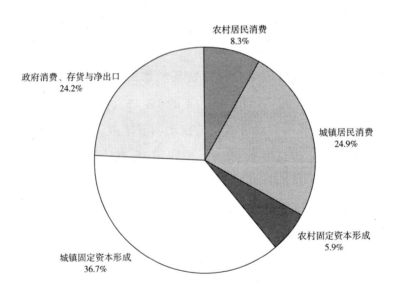

图 3-6　2008 年支出法国内生产总值增长来源

与生产法国内生产总值的城乡分解比例进行对比，可以发现，在支出法国内生产总值中农村地区的相应份额更低一些，这表明，在国民收入的分配和使用过程中，农村地区和农村居民处于更加不利的地位。

三　城乡居民的生活差距

中国城乡居民之间收入差距悬殊，20 世纪 90 年代以来，这一差距仍在不断扩大。2009 年农民人均纯收入 5153 元，当年城市居民人均可支配收入 17175 元，城乡居民人均收入比例高达 3.33∶1，与上年相比进一步提高，城乡居民收入差距继续扩大（见图 3 - 7）。

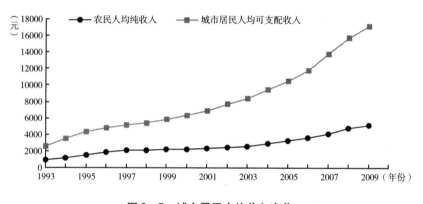

图 3 - 7　城乡居民人均收入变化

从增长幅度（扣除物价因素之后的实际年增长率）来看，20 世纪 90 年代以来，除个别年份（1995 年、1996 年、1997 年）外，农民收入增长一直低于城镇居民收入增长。近几年，中国各级政府加大了支农的力度，特别是中央政府，出台了多项支农政策，取消了农业税和农业特产税，增加了对农村义务教育和合作医疗的支持和补助，大幅度增加"四项补贴"（粮食直补、农资综合补贴、良种补贴、农机具购置补贴）。这些措施促进了粮食增产和农民增收。2009 年，面对国际金融危机的压力，农民人均纯收入仍然比上年实际增长 8.5%，增长幅度比上年提高 0.5 个百分点。但是，当年城市居民人均可支配收入实际增长 9.8%，比上年加快 1.4 个百分点。农民收入增长幅度仍然低于城镇居民收入增长幅度（见图 3 - 8）。

收入水平决定生活消费水平。农村居民的消费水平一直大幅度低于

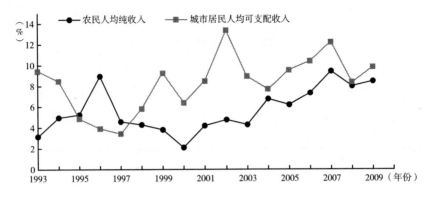

图 3-8　城乡居民人均收入实际增长率对比

城市居民。2008 年农村居民人均生活消费支出为 3661 元，比上年增长 13.55%（以现价计），而城镇居民人均消费支出为 11243 元，比上年增长 12.46%。当年城乡居民人均消费水平之比为 3.07∶1（见图 3-9）。

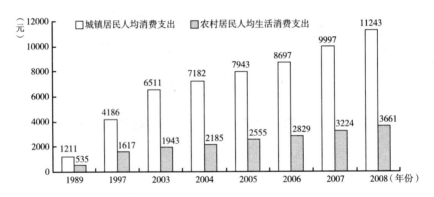

图 3-9　城乡居民人均生活消费水平对比

恩格尔系数（居民家庭食品消费支出占家庭消费总支出的比重）可用来综合衡量城乡居民消费和生活水平之间的差距。2009 年，城乡居民家庭消费的恩格尔系数都比上年有所下降。农民家庭消费的恩格尔系数为 41.0%，比上年下降了 2.7 个百分点；而城镇居民家庭消费的恩格尔系数为 36.5%，比上年下降了 1.4 个百分点。城乡居民生活水平差距十分明显（见图 3-10）。

考虑到消费品价格的影响，农村居民的生活水平将再打折扣，由于

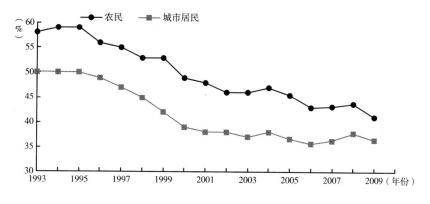

图 3-10 城乡居民家庭消费的恩格尔系数对比

农村消费价格上涨一直高于城镇地区，农村居民的实际生活水平将会更低一些。2009 年城镇地区居民消费价格指数比上年下降了 0.9%，但农村地区居民消费价格指数却只下降了 0.3%，农村地区物价下降幅度比城镇低 0.6 个百分点（见图 3-11）。

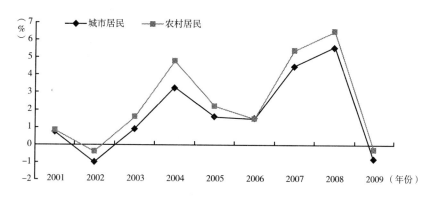

图 3-11 城乡居民消费价格上涨幅度对比

四 农村部门发展与中国社会经济结构转变

2009 年，中国的经济结构变化仍然维持了近两年的基本态势。生产结构方面，第一产业在国内生产总值中所占的比重继续下降；第二产业在国内生产总值中所占的比重也开始下降；第三产业在国内生产总值中所占比重则不断提高。

就业结构方面，第一产业就业比重继续下降，第二、第三产业就业比重有所提高。

表3-5反映了中国产业结构和就业结构的变化情况。

表3-5　中国三次产业增加值及就业结构

单位：%

年　份	GDP 结构			就业结构		
	第一产业	第二产业	第三产业	第一产业	第二产业	第三产业
1990	27.1	41.3	31.6	60.1	21.4	18.5
1992	21.8	43.4	34.8	58.5	21.7	19.8
1994	19.8	46.6	33.6	54.3	22.7	23.0
1996	19.7	47.5	32.8	50.5	23.5	26.0
1998	17.6	46.2	36.2	49.8	23.5	26.7
2000	15.1	45.9	39.0	50.0	22.5	27.5
2002	13.7	44.8	41.5	50.0	21.4	28.6
2004	13.4	46.2	40.4	46.9	22.5	30.6
2006	11.3	48.7	40.0	42.6	25.2	32.2
2008	10.7	47.5	41.8	39.6	27.2	33.2
2009	10.6	46.8	42.6	37.4	27.9	34.7

说明：2008年以前数据源于《中国统计年鉴2009》，GDP 结构数为当年价格。2009年生产结构根据国家统计局《中华人民共和国2009年国民经济和社会发展统计公报》有关数据计算，就业结构为预测数。

同往年一样，我们仍然用霍利斯·钱纳里和莫尔塞斯·塞尔昆所提出的结构变化模型[①]为标准，衡量中国国内生产总值及就业结构与这一标准模式之间存在的偏差状况（见表3-6）。

在估计2009年的结构偏差情况时，我们根据国内生产总值和人口变化情况，预计人均国内生产总值增长7.8%左右。另外，根据国家统计局的有关报告，2009年的人口城市化比率为46.6%。

---

① 霍利斯·钱纳里、莫尔塞斯·塞尔昆：《发展的格局1950~1970》，中国财政经济出版社，1989。虽然世界各国资源禀赋不同，所处发展年代不同，可用的生产技术和面对的贸易格局不同，不可能出现一个科学的统一模式。但粗略的对比还是能够揭示出一些基本问题。

表 3 - 6　中国产业结构及城市化比率与钱—塞标准结构之间的偏差

单位：百分点

年　份	GDP 结构偏差			就业结构偏差			城市化比率偏差
	第一产业	第二产业	第三产业	第一产业	第二产业	第三产业	
1990	- 7.1	20.1	- 12.9	4.9	4.8	- 9.7	- 8.6
1992	- 11.2	21.3	- 10.1	5.2	4.1	- 9.3	- 9.3
1994	- 11.3	23.2	- 11.9	3.8	3.6	- 7.4	- 10.7
1996	- 9.7	23.0	- 13.2	2.6	3.0	- 5.6	- 11.1
1998	- 10.0	20.4	- 10.4	4.7	1.5	- 6.2	- 10.8
2000	- 10.9	19.0	- 8.1	7.3	- 0.7	- 6.6	- 10.1
2002	- 10.0	16.3	- 6.4	10.8	- 3.7	- 7.1	- 10.3
2004	- 7.1	15.6	- 8.5	12.6	- 5.2	- 7.4	- 12.0
2006	- 5.0	15.2	- 10.2	14.7	- 5.9	- 8.8	- 15.7
2008	- 0.4	10.4	- 10.0	19.6	- 8.1	- 11.5	- 21.0
2009	1.7	8.2	- 10.0	20.8	- 9.2	- 11.6	- 23.2

　　与钱—塞标准结构相比，中国的生产结构中，第二产业过重而第三产业相对发展不足；就业结构中，第一产业容纳了太多的就业人员，第二、第三产业就业比重相对较低，特别是第三产业就业比重严重偏低。相对生产结构而言，就业结构偏差更大，就业结构偏差日趋严重。造成这种状况的原因一是中国的资源禀赋不同，人多地少、农户小规模兼业生产方式使农业部门容留了更多的劳动力资源；二是由于技术进步，与过去相比资本密集技术得到了更多地采用，第二产业就业比重不可能同等幅度提高；三是中国的第三产业发展相对落后。当然，现有的统计数据中，可能低估了大量流动性的农民工外出就业，以及农民在本地从事非农产业打工的情况。如果将这些情况都反映进去，中国的经济和就业结构就会得到更多的合理解释。

　　在城镇化方面，20 世纪 90 年代中期以来，中国的城市化比率提高较快，2009 年城市化比率已达 46.6%（见图 3 - 12）。但是，与上述标准结构相比，中国的城市化比率仍然严重滞后于相应发展水平。考虑到中国产业结构偏差的一个重要方面是第三产业发展不足和农村第一产业容留了更多劳动就业，而城市是第三产业发展的主要依托，也是农业劳动力转移的主要场所，因此，进一步提高城市化比率将是改变中国产业结构偏差的重要途径。

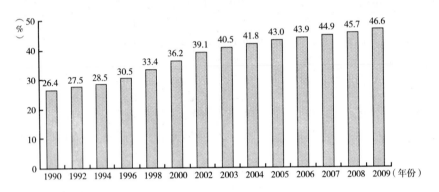

图3-12　中国城市人口占全国人口比重变化

五　进一步加快城乡统筹发展

2009年，虽然面临着国际金融危机的严重冲击，但是在党中央、国务院的正确领导下，中国农业生产和国民经济还是取得了良好的成绩。然而，我们也应该看到，国际金融危机的影响仍在持续，国民经济回升的基础还不牢固，农业基础薄弱、农民增收困难、城乡发展失衡现象仍然存在。面对这些问题，除了在宏观政策方面继续实施积极的财政政策和适度宽松的货币政策、加快推动经济发展方式转变和经济结构调整以外，在农业农村方面，要进一步加强现代农业发展，加快城乡统筹发展。

2010年1月31日，中共中央、国务院发布了《中共中央国务院关于加大统筹城乡发展力度，进一步夯实农业农村发展基础的若干意见》。这次中央1号文件提出，要把统筹城乡发展作为全面建设小康社会的根本要求；要把改善农村民生作为调整国民收入分配格局的重要内容；要把扩大农村需求作为拉动内需的关键举措；要把发展现代农业作为转变经济发展方式的重大任务；要把建设社会主义新农村和推进城镇化作为保持经济平稳较快发展的持久动力。这些要求非常符合中国城乡发展的现实需求，今后相当长的一段时间内，将成为指导中国农业和农村发展的重要方针。

目前来看，统筹城乡发展的一个重要方面是加快城镇化进程，今后一个时期，要重点发展中小城市和小城镇，同时要把符合条件的农业人口真正转变为城市居民；另一方面也不能忽视农村地区的发展，要引导资金、人才、技术等各种资源要素进一步向农村地区倾斜，使基础设施从城市向农村延伸，让农民能够更多地共享改革发展的成果。

第四章
农业投入与产出

2009 年，在一系列强农惠农政策措施支持下，经过各方面的共同努力，中国农业生产经受住了国际金融危机和严重自然灾害的严峻考验，继续保持了稳定发展的良好局面。

一　农业产出及特点

总的来看，2009 年各地区进一步巩固和发展了农业生产的好形势，农业农村经济的稳定发展突出表现在四个方面：农林牧渔产出稳定增长；粮食生产再获丰收，连续 6 年实现增产；农民工就业快速回升，农民收入连续 6 年较快增长；农产品价格高位运行。

（一）农业经济稳定增长

初步统计，2009 年第一产业增加值 35477 亿元（包括农林牧渔服务业），比上年实际增长 4.2%，第一产业增加值占国内生产总值的比重为 10.6%，比上年下降 0.1 个百分点。在农、林、牧、渔业增加值中，农业增加值 19699 亿元，实际增长 3.1%；畜牧业增加值达到 9640 亿元，实际增长 5.5%；渔业增加值 3431 亿元，实际增长 5.6%；林业增加值 1581 亿元，实际增长 6.0%。

（二）粮食产量再创新高，连续 6 年增产

根据对全国 31 个省（区、市）的抽样调查，2009 年全国粮食总产

量53082万吨，比上年增加211万吨，增长0.4%，再创历史新高（见图4-1）。

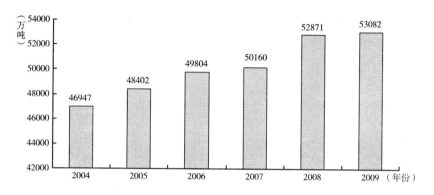

图4-1　2004~2009年粮食产量

2009年的粮食生产表现为以下两大特点：一是分季节看，夏粮和早稻增产，秋粮减产。2009年全国夏粮产量12335万吨，比上年增加260万吨，增长2.2%。早稻产量3327万吨，比上年增加167万吨，增长5.3%。受严重自然灾害、尤其受北方地区严重伏旱影响，秋粮减产。2009年全国秋粮产量为37420万吨，比上年减产217万吨，减少0.6%。二是分产区看，粮食主产区减产，非主产区增产。2009年全国农业气象条件南方总体好于北方，粮食产量呈现"北减南增"、"主产区减非主产区增"的格局。15个北方省（区、市）粮食产量27857万吨，减产395万吨，减少1.4%；16个南方省（区、市）粮食产量25224万吨，增加605万吨，增长2.5%。13个粮食主产区粮食产量39710万吨，减产207万吨，减少0.5%；7个粮食主销区产量3361万吨，增产116万吨，增长3.6%；11个产销平衡区产量10011万吨，增产302万吨，增长3.1%。

（三）主要经济作物产量增减互现

初步统计，2009年棉花产量640万吨，比上年减少100多万吨，下降约14.6%。糖料产量12200万吨，比上年下降9.1%。棉花、糖料产量下降较多主要来自种植面积的大幅减少以及单产的下降。2009年油料作物产量3100万吨，比上年增长5%。烤烟产量280万吨，比上年增长6.7%。茶叶产量135万吨，比上年增长7.1%。

2004~2009年棉花、油料和糖料产量变动情况分别见图4-2、图4-3和图4-4。

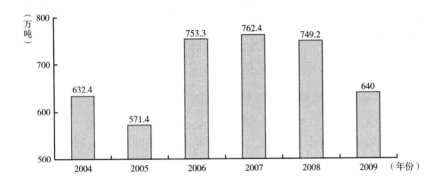

图4-2　2004~2009年棉花产量

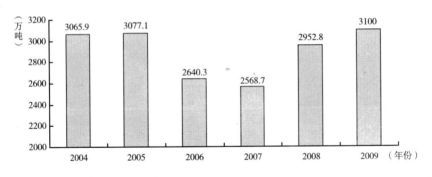

图4-3　2004~2009年油料产量

（四）畜牧业、渔业生产稳定发展

针对2009年春节后生猪价格持续快速下跌的不利形势，国务院及时启动调控预案，采取发布预警信息、开展生猪冻肉收储等措施，为稳定生猪市场价格、促进生猪生产稳定发展发挥了积极作用。初步统计，

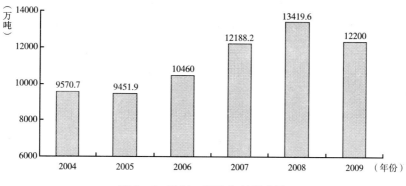

图 4 - 4　2004~2009 年糖料产量

2009 年，全国肉类总产量 7642 万吨，比上年增长 5.0%，其中猪肉产量 4889 万吨，比上年增长 5.8%（见图 4 - 5）；牛肉产量 636 万吨，增长 3.6%；羊肉产量 389 万吨，增长 2.4%。根据监测调查结果，2009年底全国生猪存栏 46985 万头，增长 1.5%；生猪出栏 64507 万头，增长 5.7%。2009 年底全国能繁殖母猪存栏 4956.9 万头，比 2008 年底增长 1.6%；能繁殖母猪占猪群的比重为 10.5%，仍然处在较高的水平。2009 年牛奶产量 3518 万吨，比上年下降 1.1%；禽蛋产量 2741 万吨，增长 1.4%。

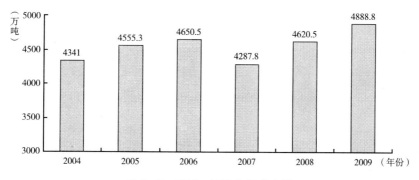

图 4 - 5　2004~2009 年猪肉产量

2009 年水产品产量 5120 万吨，比上年增长 4.6%。其中，养殖水产品产量 3635 万吨，增长 6.5%；捕捞水产品产量 1485 万吨，增长 0.1%。

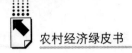

（五）农民收入水平创历史新高

据对全国 31 个省（区、市）6.8 万个农村住户的抽样调查，2009 年农村居民人均纯收入 5153 元，比上年增加 393 元，增长 8.2%，增速比上年下降 6.8 个百分点，增速为近 6 年来最低；扣除价格因素影响，实际增长 8.5%，增速同比上升 0.5 个百分点。

2009 年农民收入增长的主要特点表现在：一是工资性收入保持稳定增长。2009 年农村居民工资性收入人均 2061 元，比上年增加 208 元，增长 11.2%，增速同比下降 4.9 个百分点。二是家庭经营纯收入增速大幅回落。2009 年农村居民家庭生产经营纯收入人均 2527 元，比上年增加 91 元，增长 3.7%，增速同比下降 7.3 个百分点。三是财产性收入保持较快增长。2009 年农村居民财产性收入人均 167 元，比上年增加 19 元，增长 12.9%，增速同比下降 2.6 个百分点。四是转移性收入继续较快增长，但增速回落。2009 年农村居民得到的转移性收入人均 398 元，比上年增加 75 元，增长 23.1%，增速同比下降 22.3 个百分点。

按 2009 年农村贫困标准 1196 元测算，年末农村贫困人口为 3597 万人，比上年减少 410 万人。

（六）农产品生产价格总水平略降

据调查，2009 年全国农产品生产价格总水平同比下跌 2.4%，是近 7 年来首次低于上年水平。2009 年农产品生产价格的主要特点表现在以下三方面。

1. 农、林、牧、渔业产品生产价格呈现"一增三减"格局

2009 年种植业产品生产价格比上年上涨 2.9%，分季度看，种植业产品生产价格同比涨幅逐季加大，表现出较为明显的先抑后扬的运行特点。畜牧业产品生产价格比上年下跌 9.9%，据测算，畜牧业产品生产价格下跌带动农产品生产价格总水平下跌 3.6 个百分点，是农产品生产价格总水平低于上年的主导因素；分季度看，下半年畜牧业产品生产价

格同比跌幅逐季快速收窄。2009 年林业产品生产价格下跌 5.1%；渔业产品生产价格下跌 1%，林业、渔业产品生产价格近 7 年来首次低于上年同期。

2. 粮食生产价格上涨，棉花、油料生产价格下降

2009 年粮食生产价格比上年上涨 3.7%。分品种看，主要粮食品种价格走势出现分化，小麦生产价格比上年上涨 7.9%，稻谷生产价格比上年上涨 5.2%，玉米生产价格比上年下跌 1.5%，大豆生产价格比上年下跌 7.7%。棉花（籽棉）生产价格上涨 11.8%。油料生产价格下跌 5.9%。

3. 生猪生产价格先抑后扬

2009 年生猪生产价格下跌 18.4%。从环比来看，生猪生产价格第一季度上涨 0.9%，第二季度下跌 22.0%，第三季度上涨 5.5%，第四季度上涨 9.6%。

二　农业投入及特点

（一）中央进一步加大了强农惠农力度

2009 年中央财政按照统筹城乡发展要求继续增加"三农"投入，中央财政安排的"三农"支出达 7253.1 亿元，比上年增加 1297.6 亿元，增长 21.8%。中央进一步增加农资综合补贴；提高良种补贴标准，扩大补贴范围，补贴范围涵盖小麦、水稻、玉米和东北大豆；扩大农机具补贴范围和种类，提高补贴标准。2009 年农民种粮的四项补贴（粮食直补、农资综合补贴、良种补贴和农机具购置补贴）资金达到 1274.5 元，比上年增长 23.7%。2009 年国家较大幅度提高了小麦、稻谷最低收购价格，其中：白小麦、红小麦和混合麦每市斤最低收购价分别提高到 0.87 元、0.83 元和 0.83 元，比 2008 年分别提高 0.10 元、0.11 元和 0.11 元，提高幅度分别为 13%、15.3% 和 15.3%。同时，采取临时收储、进出口调节、加强"北粮南运"运输协调等政策措施，促使国内粮食价格总体保持稳中有升的态势，保护了农民种粮的积极性。继续落实国务院出台的能繁母猪补贴、政策性保险、奖励生猪养殖大县等政策，完善了应对生猪生产周期性波动的政策。大幅度增加农业投资，着力加强农田水利、农村能源、农村交通、农村人畜饮水、动植物防疫、农产品质量安全等农业基础设施建设。启动实施全国新增1000亿斤粮食生产能力规划。加快建设优质粮食产业工程和大型商品粮生产基地。加快东北地区大豆、长江流域油菜、新疆优质棉生产基地建设。加强了生猪和奶牛标准化规模养殖小区（场）建设。从金融支持看，全年农村金融合作机构（农村信用社、农村合作银行、农村商业银行）人民币贷款余额4.7万亿元，比年初增加9727亿元。

（二）固定资产投资用于农村的增量明显提高

初步统计，2009年全社会固定资产投资用于农村的投资为30707亿元，增长27.5%，增幅比上年提升6个百分点。在城镇固定资产投资中，第一产业投资3373亿元，增长49.9%，比上年有所下降。

（三）种植业结构调整呈"两增两减"格局

1. 粮食和油料播种面积继续扩大

2009年全国粮食播种面积达到10897万公顷，比上年扩大217万公顷，增长2%。粮食播种面积扩大的原因：一是好政策和好价格进一步调动了农民种粮积极性。二是受棉花、糖料等产品价格低迷和种植效益下降影响，2009年棉花、麻、糖料等其他农作物播种面积大幅度减少，减少的面积大都改种粮食。

2009年全国油料播种面积为1360万公顷，比上年增加76万公顷，增长6%。油料种植面积扩大的主要原因是：受国家加大政策扶助力度，以及近年来食用油价格较好等因素影响，南方油菜籽产区不断增加冬闲地油菜种植面积，全国油菜籽种植面积扭转连续4年下滑局面，2008年和2009年连续两年扩大。

2. 棉花和糖料播种面积大幅减少

2009 年全国棉花播种面积 495 万公顷左右，比上年减少 80 万公顷左右，下降 14% 左右。2009 年棉花种植面积大幅度减少，产量大幅度下降的主要原因是：受国际金融危机影响，中国纺织行业出口受阻，对棉花需求大幅度下降，棉花价格持续低迷，种棉效益较低，农民大幅度调减棉花种植面积。尤其是新疆棉区棉花种植面积减少近 33 万公顷，减幅近 20%。长江、黄淮棉区棉花种植面积近年来持续减少。

由于糖价走低，农民减少种植面积。2009 年全国糖料种植面积 188 万公顷，比上年减少 11 万公顷，减少 5.5%。

（四）农村劳动力总量减少，受教育水平提高

乡村就业人员占全社会就业人员的比重继续下降。2008 年末，乡村就业人员为 47270 万人，占全社会就业人员总数的 61.0%，比上年下降 0.9 个百分点。乡村就业人员比上年减少 370 万人，减少 0.8%。2009 年乡镇企业就业人员为 15451 万人，比上年增加 361 万人，增长 2.4%。分三次产业看，第一产业就业人员为 30654 万人，占全社会就业人员总数的 39.6%，比上年下降了 1.2 个百分点。从受教育程度看，农村劳动力受教育程度继续提高。据对农村 6.8 万户农户的抽样调查，平均每百个农村劳动力中，不识字或识字很少的占 6.1%，比上年减少 0.2 个百分点；小学文化程度的占 25.3%，比上年减少 0.5 个百分点；初中文化程度的占 52.8%，比上年减少 0.1 个百分点；高中文化程度的占 11.4%，比上年提高 0.4 个百分点；中专文化程度的占 2.7%，比上年提高 0.2 个百分点；大专及以上文化程度的占 1.7%，比上年提高 0.3 个百分点。

（五）主要农业资源投入和农村环境保护

2009 年，政府继续加强对土地资源的管理，土地整理复垦开发补充耕地 26.9 万公顷。全年水资源总量 23763 亿立方米，比上年减少

13.4%；人均水资源1784.9立方米，减少13.8%。全年总用水量5933亿立方米，比上年增长0.4%。其中，农业用水增加0.6%，生态补水减少9.8%。全年完成造林面积588万公顷，其中人工造林完成389万公顷。新增综合治理水土流失面积4.8万平方公里，新增实施水土流失地区封育保护面积2.7万平方公里。全年农作物受灾面积4721万公顷，比上年增加18.1%。其中，绝收492万公顷，增加22.0%。2009年加强了以农田水利为重点的农业基础设施建设。各级政府加大投入力度，提高农业综合生产能力，大型灌区节水改造投资大幅增加，小型农田水利建设得到加强，全年新增有效灌溉面积147.1万公顷，新增节水灌溉面积182.6万公顷。

（六）农业生产资料价格略降

据统计，2009年农业生产资料价格略有下降，全年农业生产资料价格下降了2.5%。一是化肥价格比上年下降6.3%。其中，氮肥、磷肥价格分别比上年下降6.9%和7.9%，钾肥价格比上年上涨1.9%。二是农药及农药器械价格比上年略涨0.1%。农药价格与上年持平，农药器械价格上涨1.5%。机械化农具价格上涨0.9%。三是农业生产服务费用上涨7.9%。其中，机械作业费比上年上涨8.4%，排灌费上涨5.0%。四是农用种子价格上涨6.5%，农用薄膜价格下降6.1%。五是饲料、产品畜价格涨跌互现。饲料价格上涨2.4%，产品畜价格大幅下降17.3%。

三　主要农作物单位面积产量

2009年粮食单产因严重自然灾害下降。初步统计，2009年全国粮食每公顷产量4871.4公斤，比上年减少79.4公斤，下降1.6%，这是粮食单产近6年来首次下降。2009年粮食生长期间自然灾害特别是旱灾较重，而且旱灾主要发生在粮食主产区、发生在作物生长关键期，对全国粮食单产影响较大。据民政部门统计，2009 年全国农作物旱灾受灾面积达 2926 万公顷，比上年增加 1712 万公顷，增加 1 倍多。受严重自然灾害影响，辽宁、吉林和内蒙古粮食单产下降 10% 以上。从主要粮食品种单产看，水稻单产略增，小麦和玉米受严重春旱和伏旱影响，单产下降，玉米单产下降 5% 以上。

2009 油料作物、棉花和糖料等主要经济作物单产均不同程度下降。初步统计，油料每公顷产量 2302.3 公斤，比上年减少 2.8 公斤，下降 0.1%。棉花每公顷产量 1302.0 公斤，比上年减少 10 公斤，下降 0.8%；糖料每公顷产量 67437.8 公斤，比上年减少 1641.8 公斤，下降 2.4%。

第五章
农村产业结构

2009 年，中国农业生产在国家继续加大支农政策力度的作用下，克服了不利的气候条件的影响，农、林、牧、渔各业实现了稳步增长。农业内部结构变化表现为：种植业、林业、渔业增加值比重上升，畜牧业比重下降。农村产业结构中，第一产业增加值比重下降，非农产业比重上升。

一 农村产业结构的变化及主要特征

(一) 农业结构的变化及主要特征

2009 年国家继续加大了支农惠农的政策措施，各地克服了不利的气候条件的影响，农林牧渔业生产实现了稳步增长。初步统计，2009 年第一产业增加值达 35477 亿元（包括农林牧渔服务业增加值），按可比口径计算，比上年实际增长 4.2%。第一产业内部，农业比重为 55.5%，比上年提高 1.6 个百分点；林业比重为 4.5%，渔业比重为 9.7%，均比上年略有提高；畜牧比重为 27.2%，比上年下降 2.4 个百分点（见表 5 - 1）。

1. 农业成为拉动农林牧渔业增加值增长的最主要因素

2009 年各地强化抗旱、防冻措施落实，克服了不利的气候条件的影响，粮食总产量继续增长，油料生产发展较好。特别是近年来设施农业发展较快，使蔬菜、瓜果生产继续稳步增长。初步核算，2009 年全国

表 5-1　农林牧渔业增加值构成

单位：%

年　份	2000	2001	2002	2003	2004	2005	2006	2007	2008	2009
农　业	59.5	59.3	58.8	55.6	55.7	55.3	58.1	53.7	53.9	55.5
林　业	4.5	4.3	4.4	4.8	4.3	4.2	4.5	4.4	4.3	4.5
畜牧业	24.9	25.6	25.9	26.8	28.1	28.2	24.2	29.6	29.6	27.2
渔　业	11.1	10.8	10.9	10.3	9.8	10.1	10.1	9.5	9.4	9.7

说明：从 2003 年起农林牧渔业增加值包括农林牧渔服务业增加值，本表的各业比例是按包括农林牧渔服务业增加值在内的第一产业增加值计算的。2006 年为第二次农业普查后调整数，2009 年为预计数。

农业增加值为 19699 亿元，比 2008 年增长 3.1%，增幅较 2008 年回落 1.3 个百分点。虽然 2009 年农业增幅比 2008 年有所回落，但是农业仍是拉动农林牧渔业增加值增长的主要因素，对农林牧渔业增加值增长的贡献达 41%。

2. 畜牧业是拉动农林牧渔业增加值增长的第二大动力

2009 年国家六部委联合下发的《防止生猪价格过度下跌调控预案》以及国家预警信息和冻肉收储等一系列政策的实施稳定了生猪生产，对市场信心的回升起到了不小的作用，家禽生产保持增长，牛奶生产逐渐恢复，畜牧业保持了平稳增长的态势。预计 2009 年全国畜牧业增加值为 9640 亿元，比 2008 年增长 5.5%，增幅比 2008 年回落 1.3 个百分点，对农林牧渔业增加值增长的贡献达 35.5%。

3. 渔业发展平稳

2009 年受国家支持渔业发展政策和生产资料价格下降的影响，渔民生产积极性较高，放养面积和投苗量增加，南方省份加快了网箱养鱼和池塘养殖，单产有所提高；东北的特色水产养殖业成为渔业增长的主要动力。加上渔业流通和服务业不断扩大，促进了渔业的持续发展。预计 2009 年全国渔业增加值为 3431 亿元，比 2008 年增长 5.6%。

4. 林业继续发展

2009 年国家加大对基础设施投资力度，造林补贴增加，有的省在完成各项造林任务的同时，快速推进适应本地种植的林木基地建设，营林造林面积增长较快。此外，北方的干果，南方有地方特色的经济林产业发展较好，促进了林业的增长。预计 2009 年全国林业增加值达 1581 亿元，比 2008 年增长 6%。

（二）非农产业结构变化及其特征[*]

1. 乡镇企业发展速度继续回落

2009 年全国乡镇企业增加值 92500 亿元，同比增长 10%，增幅比上年回落 1.7 个百分点；工业增加值 64500 亿元，同比增长 9.7%，增幅比上年回落 1.5 个百分点；完成营业收入 381600 亿元，同比增长 9.7%，增幅比上年回落 1.5 个百分点；实现利润 22400 亿元，同比增长 8.2%，增幅比上年回落 3.7 个百分点；上交税金 9500 亿元，同比增长 8.4%，增幅比上年回落 4.5 个百分点；出口交货值 30000 亿元，同比下降 14.5%；支付劳动者报酬 17000 亿元，同比增长 7.4%，增幅比上年回落 2.6 个百分点。全年累计完成工业总产值 265000 亿元，实现工业销售产值 251000 亿元，产品销售率为 94.7%，产销衔接良好。

2. 东部地区企稳回升，中、西部地区及东北地区发展稳定

2009 年，受国际金融危机影响，东部地区出口额大幅下降，给乡镇企业带来严重冲击，2009 年上半年，多数东部地区乡镇企业增速低于全国平均水平。中、西部地区和东北地区多数地区发展良好。2009 年下半年，东部地区企稳向好趋势逐步明显，中、西部地区受东部地区投资加快的拉动，经济增长加快；加上中、西部地区农产品加工业近年来一直维持较快发展，在出口方面受国际金融危机的影响不大，因此中、西部地区乡镇企业总体发展速度高于东部地区。

3. 固定资产投资增长较快

2009 年，受相对宽松的货币政策和产业结构升级等因素的影响，

---

* 此部分非农产业数据为引用乡镇企业数据。

乡镇企业固定资产投资快速增长。预计 2009 年全国乡镇企业固定资产投资达 40000 亿元左右，比上年增长 20.2%。乡镇企业固定资产投资的快速增长，不仅拉动了本年乡镇企业的经济增长，同时也为乡镇企业今后的发展奠定了坚实的基础。

农村非农产业增加值构成见表 5－2。

表 5－2　农村非农产业增加值构成

单位：%

年　份	工　业	建筑业	交通运输业	商饮服务业
1995	76.3	9.1	5.7	8.9
1997	78.4	8.1	3.7	9.8
1999	68.9	8.2	6.4	16.5
2000	69.3	7.7	6.1	16.9
2001	67.6	7.9	6.3	18.2
2002	70.3	7.1	5.6	17.0
2003	70.9	7.2	5.5	16.4
2004	70.9	7.0	22.1	
2005	71.2	6.9	21.9	
2006	71.0	6.9	22.0	
2007	69.8	7.5	22.7	
2008	69.8	7.3	22.9	
2009	69.7	7.4	22.9	

说明：a. 农村非农产业增加值数据为农业部统计乡镇企业增加值中扣除农业部分后得来的；b. 2004 年以后商饮服务业和交通运输业作为合计项计算。

（三）农村产业结构变化及其特征

2009 年农村经济保持了良好发展势头，农村产业结构比重与上年相比，第一产业比重下降，第二、第三产业比重上升。2009 年，第一产业在粮食产量略增，畜产品产量增长减缓的影响下，增加值增速较 2008 年下降 1.3 个百分点，占农村三次产业的比重为 27.7%，比 2008 年下降 1.4 个百分点；第二产业逐步走出国际金融危机影响，企稳回升，所占比重为 55.7%，上升了 1.1 个百分点；第三产业比重为 16.6%，比上年上升了 0.3 个百分点（见表 5－3）。

表 5-3　农村各业增加值构成

单位：%

年　份	第一产业	第二产业	第三产业
1997	48.5	44.5	7.0
1999	37.0	49.6	13.4
2000	35.3	50.4	14.3
2001	32.8	51.9	15.3
2002	30.5	52.9	16.6
2003	28.3	54.9	16.8
2004	33.1	52.1	14.8
2005	32.6	52.6	14.8
2006	29.6	54.8	15.6
2007	28.1	55.6	16.3
2008	29.1	54.6	16.3
2009	27.7	55.7	16.6

说明：为保持历史数据可比性，本表第一产业增加值未包括第一产业服务业。

农村第二、第三产业比重提高的主要原因是：

第一，东部地区乡镇企业发展企稳回升，中、西部地区及东北地区发展稳定。乡镇企业连续几年平稳较快发展，一个重要原因是出口增长快，特别是东部地区的上海、江苏、浙江、广东、福建等省（市）的乡镇企业产品出口交货值占工业总产值的比重大大高于全国平均水平。2009 年下半年，东部地区企稳向好的趋势逐步明显，为全国农村第二产业发展起到了重要作用；中、西部地区和东北地区农产品加工业比重较大，近年来又一直维持较快的发展水平，同时在出口方面受国际金融危机影响较小，加上东部地区的劳动密集型传统产业向中、西部地区梯度转移步伐加快，投资拉动了当地经济增长。

第二，农产品加工业保持较快增长。2009 年，各地对农产品加工业、特别是食品行业的投入增加，全国农产品加工业保持较快增长，在稳定种植业、养殖业的发展，吸收农民转移就业和增加农民现金收入上作出了突出贡献。预计 2009 年全国规模以上乡镇工业中的农产品加工业累计实现增加值14800 亿元，同比增长10.2%，其中食品工业实现增加值同比增长 10.4%。

第三，第三产业持续快速发展。2009 年，全国乡镇企业第三产业预计实现增加值 21200 亿元，同比增长 12.3%，比全国平均增幅高 2.3 个百分点，占全部乡镇企业增加值的比重由上年的 22.4% 上升到22.9%。家电下乡、农机下乡等刺激农村市场的扩内需措施见到成效，农村商业、服务业保持了稳健的发展态势。同时休闲观光农业的迅速发展，有力地带动了住宿及餐饮业的繁荣。第三产业已成为乡镇企业发展的新亮点。

二　农村产业结构影响因素及趋势

2010 年，国际金融危机影响依然存在，农业发展的新旧矛盾相互交织，农村经济发展形势更为复杂，粮食稳定发展更加严峻。随着国家继续扶持农业的政策陆续出台，农业防灾减灾和动植物疫病防控落实更加有力，农业各项改革也会不断推进，中国农业农村经济发展活力和后劲将增强。

（一）农业发展影响因素及趋势

农业内部，在 2009 年粮食生产首次实现近 40 年来连续 6 年增产，油料、蔬菜、水果等全面丰收的基础上，2010 年农业生产的增长非常困难。特别是 2009 年入冬以来的全国大范围的雨雪天气，使粮食、油料等农产品产量的增长更加困难，加上新疆棉花产区棉花面积的减少，预计农业产值和增加值增幅提高的可能性很小。随着设施农业的发展，预计 2010 年蔬菜、水果、茶叶、花卉等园艺产品增加值将继续增加。

2010 年，猪肉、禽蛋、禽肉等供应将趋于平稳。2009 年生猪出栏量为近年来较高水平，在有效保障市场供应、满足消费需求的同时，预计生猪供求有望趋于平衡，价格保持基本平稳。家禽生产若没有重大疫情，将继续增长，家禽产值增幅有所好转。奶产品生产逐渐走出"三

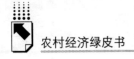

聚氰胺事件"的影响，逐渐走出低迷。预计2010年畜牧业在没有大的疫病和灾情的情况下，增加值增幅将与2009年基本一致。

随着渔业生产资金投入的不断增加，基础条件逐步改善，改变了长期以来渔业基础设施建设投入比重偏小的局面。2009年中央财政明显增加了增殖放流的转移支付项目，渔业专项资金首次安排池塘改造和亲本更新补贴资金，渔港、养殖池塘等渔业基础条件建设明显加强。随着国内资金投入的增加，国外经济的回暖，预计2010年国内外水产品需求有所增加，渔业增加值继续增长。

（二）非农产业发展影响因素及趋势

2010年乡镇企业发展面临着三方面的严峻挑战，一是外贸出口形势不容乐观；二是节能减排任务艰巨；三是乡镇企业总体竞争实力较弱。同时，乡镇企业也面临着五个方面的有利条件：一是国家加大了对中小乡镇企业的扶持力度；二是2010年中央将出台有关促进消费和拉动民间投资的政策措施；三是中央把积极稳妥推进城镇化，提升城镇发展质量和水平作为经济结构调整的重点；四是中央坚持更加积极的就业政策；五是各地在应对危机方面采取了一系列积极的应对举措，累积效应将逐渐释放。因此，2010年乡镇企业的增长将逐步回升。

第六章
农产品市场供求与价格

2009 年，在国家一系列的支农、惠农、强农政策的强有力支持下，中国农业生产继续呈现平稳发展的良好形势，国内主要大宗农产品供求基本平衡，食品价格温和上扬，均在国家可控范围之内，没有出现大起大落的现象。

一　总体情况

2009 年，中国连续出台措施，鼓励农业生产，调控供应，刺激需求，稳定国内农产品供求和价格形势。一方面，国家继续提高粮食最低收购价，刺激粮食生产，保障粮食供应。从 2009 年新粮上市起，白小麦（三等，下同）、红小麦和混合麦每 50 公斤最低收购价分别提高到 87 元、83 元和 83 元，比 2008 年分别提高 10 元、11 元和 11 元，提高幅度分别为 13%、15.3% 和 15.3%；早籼稻（三等，下同）、中晚籼稻和粳稻最低收购价格分别提高到每 50 公斤 90 元、92 元和 95 元，均比 2008 年提高 13 元，提高幅度分别为 16.9%、16.5% 和 15.9%。另一方面，2009 年国家扩大了粮食、棉花、食用植物油、猪肉储备，要求地方粮油储备要按规定规模全部落实到位，适时启动主要农产品临时收储，稳定市场价格。1～8 月，国家加强了对棉价的干预，通过调高纺织品出口退税率、灵活使用国家收储和放储政策，确保棉价走势稳定。5 月初反映生猪盈亏状况的猪粮比价跌至平衡点以下，6 月，国家适时启动了《防止生猪价格过度下跌调控预案》，逆转了生猪价格持续下滑的势头，对缓解市场供大于求矛盾、保持生猪生产和价格稳定起到了积极作用。此外，2009年，国家还加强"北粮南运"，继续实行相关运费补贴和减免政策，支持销区企业到产区采购。把握好主要农产品进出口时机和节奏，支持优势农产品出口，防止部分品种过度进口冲击国内市场。

与之相伴随的是，农业增加值稳定增长，农产品消费保持强劲，出口止跌企稳，并在年底出现回升。国家统计局公布的数据显示，2009年全年中国食品价格同比上涨0.7%，涨幅比上年缩小13.9个百分点。其中，粮食、鲜蛋、水产品和鲜果消费价格分别比上年上涨5.6%、1.5%、2.5%和9.1%，涨幅分别比上年缩小1.4、2.0、11.7和0.1个百分点；鲜菜价格同比上涨15.4%，涨幅比上年扩大4.9个百分点；肉禽及制品价格同比下降8.7%，而上年则大幅上涨23.8%。

2009年，中国农产品进出口总额为913.8亿美元，同比下降7.3%。其中，出口392.1亿美元，同比下降2.5%；进口521.7亿美元，同比下降10.6%。贸易逆差为129.6亿美元，同比下降28.4%，连续6年呈逆差走势。

二 粮食

（一）粮食消费稳步增长

受人口增加、居民收入不断提高和粮食加工转化增长较快等因素影响，2009年中国粮食消费继续保持平稳增长的态势。中国粮食消费现状及特点主要表现为：从粮食消费总量看，中国是粮食消费大国。居民口粮、饲料用粮、工业用粮和种子用粮是当前中国粮食消费的主要方式。粮食消费呈刚性增长态势，其中，间接粮食消费成为拉动粮食消费增长的主动力，直接消费动力不足。从粮食消费结构看，口粮消费稳中趋降，但口粮消费日趋求精，对精深加工粮食的需求已成为一种消费趋势；同时在人们生活节奏加快和对食物安全日益重视的情况下，粮食品牌消费正得到越来越多消费者的认可和喜爱，品牌化消费趋势在 2009 年有所体现。此外，中国粮食消费结构特点还体现在，饲料用粮持续增长，工业用粮增加较快，种子用量平稳略降。从全年来看，虽然粮食产量有所增长，但食品需求继续增加，粮食消费量与产量继续维持基本平衡态势。

（二）粮食生产连续 6 年取得丰收

2009 年中国虽然发生了严重的旱灾，但因粮食播种面积继续增加、抗旱举措有力，粮食生产依然取得丰收。据国家统计局的数据，2009 年中国粮食播种面积 10897 万公顷，较 2008 年增加 217 万公顷。其中，夏粮面积 2716 万公顷，增加 34 万公顷；早稻面积 586 万公顷，增加 15 万公顷；秋粮面积 7512 万公顷，增加 86 万公顷。2009 年夏粮产量达到 1.23 亿吨，同比增长 2.2%。2009 年全国粮食总产量 53082 万吨，比上年增加 211 万吨，增长 0.4%，实现连续 6 年增产，也是连续 3 年产量稳定在 5 亿吨以上。

（三）谷物进口量增加一倍，出口量减少逾两成

2009 年，中国谷物进口 315.1 万吨，同比增长 104.5%；进口额 9.0 亿美元，同比增加 22.7%。出口 137.1 万吨，同比下降 26.3%；出口额 7.4 亿美元，同比下降 5.7%。逆差 1.6 亿美元（2008 年顺差 0.5 亿美元）。其中大米出口 76.3 万吨，同比下降 21.2%；玉米出口 12.9 万吨，同比下降 49.0%；小麦进口 90.3 万吨，而 2008 年仅进口 3.2 万吨。大麦进口 173.8 万吨，同比增加 61.5%。

（四）粮食价格持续温和上涨

2009 年，粮食市场价格总体持续温和上涨，没有出现短期价格明显波动的情况，原粮平均收购价格月度变化幅度除个别月份略高于 2% 外，绝大多数月份在 1% 左右。根据国家发展改革委员会价格监测中心的数据，2009 年 12 月下旬，主产区国有、非国有粮食企业原粮平均收

购价格为每 50 公斤（下同）93.44 元，比 2008 年底累计上涨 9.11 元，涨幅 10.81%，涨幅自 2005 年以来首次超过 10%；其中，小麦、稻谷和玉米价格分别为 97.61 元、99.85 元和 78.23 元，分别比 2008 年上涨 13.39%、5.67% 和 20.17%。2009 年全年原粮平均收购价格为 89.62 元，比 2008 年上涨 6.02%；其中，小麦、稻谷和玉米收购价格分别为 91.61 元、97.49 元和 74.09 元，分别上涨 12.12%、5.63% 和 0.06%。国内四大粮食（小麦、稻谷、玉米、大豆）平均收购价走势见图 6-1。

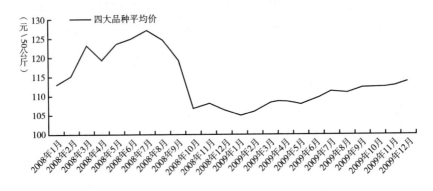

图 6-1　2008~2009 年国内四大粮食品种平均收购价格

不同粮食品种价格走势略有不同。

小麦：2009 年小麦播种面积为 2421 万公顷，较 2008 年略有增长。2009 年小麦产量约为 11495 万吨，较 2008 年增长 249 万吨，增长 2.2%。从价格走势上看，2009 年，除第二季度连续出现 3 个月的小幅下滑外，其余月份均有小幅上涨。12 月份全国白小麦、混合麦和红小麦混等收购价格分别为每 50 公斤 100.52 元、96.60 元和 88.85 元，全年累计分别上涨 16.44%、11.19% 和 8.25%（见图 6-2）。

稻谷：2009 年稻谷播种面积为 2968 万公顷，较 2008 年增长 44 万公顷，增长 1.5%。2009 年稻谷产量约为 19580 万吨，较 2008 年增长 390 万吨，增长 2.0%。从价格走势上看，2009 年三大稻谷品种走势差异很大，粳稻价格较大幅度上涨，走势明显强于籼稻。12 月份全国早籼稻、晚籼稻和粳稻混等每 50 公斤收购价格分别为 94.85 元、95.43 元

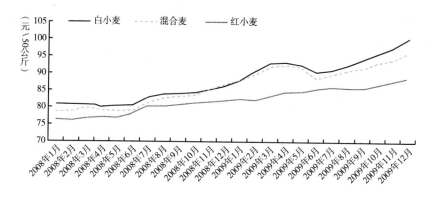

图6-2　2008~2009年小麦收购价格走势

和109.57元（见图6-3），早籼稻价格比上年同期下降1.73%，晚籼稻价格上涨0.44%，粳稻价格累计大幅上涨18.63%。不同地区粳稻收购价格涨势存在较大区别。东北三省粳稻每50公斤收购价格全年累计平均上涨23.38元，比江苏高4.38元，比安徽高近10元。

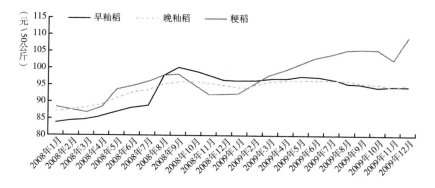

图6-3　2008~2009年国内稻谷收购价格走势

玉米：2009年玉米播种面积为3046万公顷，较2008年增加60万公顷，增长2.0%。2009年玉米产量约为16300万吨，较2008年减少292万吨，减少1.8%。2009年国内玉米品质总体不如往年，尤其是东北地区较为严重。受干旱、降雨少等天气影响，东北地区玉米成熟度较差，按玉米新国标测算，中等（二等）以上的玉米所占比例非常少，黑龙江部分地区的玉米绝大部分甚至连国标中等都达不到，而且水分也较往年偏高。山东、河北等玉米主产区的玉米品质与上年相比差异不大。2009 年，玉米价格呈先扬后抑。前 9 个月，从上年底的每 50 公斤 66.26 元持续上扬至 83.13 元，涨幅达到 25.5%，第四季度有所下滑。12 月份全国玉米混等品每 50 公斤收购价格为 77.71 元，累计上涨 17.28%（见图 6－4）。

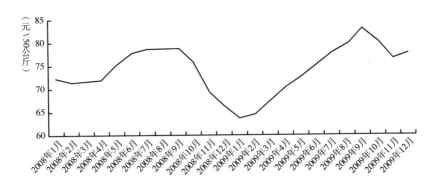

图 6－4　2008～2009 年国内玉米收购价格走势

大豆：2009 年大豆的播种面积为 880 万公顷，较 2008 年减少 33 万公顷，减少 3.6%。2009 年大豆产量约为 1450 万吨，较 2008 年减少 105 万吨，减少 6.7%。2009 年，国内大豆价格在上年底的低位温和上升。12 月份全国大豆每 50 公斤收购价格为 185.95 元，累计上涨 5.18%（见图 6－5）。

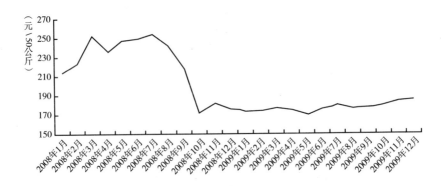

图 6－5　2008～2009 年国内大豆收购价格走势

（五）国际市场粮价低位波动

2009 年，尽管全球经济在上年金融危机后持续复苏，原油、金属、油脂等商品价格大幅上扬，但受制于宽裕的全球粮食供需关系，粮食市场弱势运行。2009 年，除年底大米价格出现一轮上涨外，全年国际粮价总体在 2008 年底的低位小幅波动，各月变化不大，年底价格略高于上年底，但全年粮价总体水平比 2008 年有较大下降。2009 年 12 月份，粮食现货、期货平均价格比 2008 年 12 月分别高 5.8% 和 1.7%，其中小麦价格低于 2008 年底水平，玉米、大米价格高于 2008 年底水平。全年粮食现货、期货平均价格分别比 2008 年低 18% 和 32%。

小麦价格震荡走低。2009 年，国际市场小麦价格除在 5 月、10 月和 11 月出现小幅反弹外，其余时间均出现小幅下降。2009 年 12 月份，美国硬麦 FOB 价、芝加哥软红冬小麦期货价分别为 207 美元/吨和 195 美元/吨，比 2008 年 12 月分别下降了 10% 和 2%。1～12 月，小麦现货、期货平均价格分别为 222 美元/吨和 195 美元/吨，比 2008 年均下降约 100 美元，降幅分别为 33% 和 34%。

玉米价格低位运行。尽管期间受到原油价格飙升带动，玉米价格在年中有所上涨，但由于供应充足，2009 年玉米价格仍呈低位运行走势。12 月，美国玉米现货、芝加哥玉米期货价分别为 174 美元/吨和 154 美元/吨，比 2008 年 12 月份分别上涨 9% 和 7%。1～12 月，玉米现货、期货平均价格分别为 167 美元/吨和 147 美元/吨，比 2008 年分别下降 25% 和 29%。

大米价格持续低位波动，年底出现上升。2009 年前 10 个月，国际市场大米价格基本维持在 2008 年末的低位运行，11 月开始受到泰国政府公布稻谷收购政策及印度、菲律宾出现天气灾害等因素的刺激，大米价格出现较大上涨，11 月、12 月泰国大米出口价格环比涨幅均达到 13%。12 月泰国大米（含碎 25%）出口价格、芝加哥交易

所糙米期货价格分别为 527 美元/吨和 330 美元/吨,同比分别上涨了
22% 和 5%。1～12 月,泰国大米现货、芝加哥糙米期货平均价格分
别为 456 美元/吨和 293 美元/吨,均比 2008 年下降 24%(见
图 6-6)。

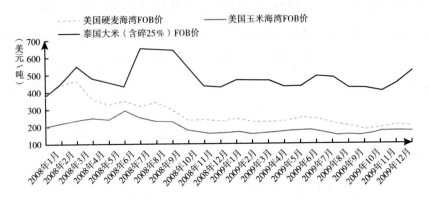

图 6-6 2008～2009 年国际市场粮食价格变化走势

(六)成品粮价格温和上涨

2009 年,国内成品粮市场价格以持续温和上涨为主,成品粮平均零
售价格各月涨幅在 1% 以内。12 月下旬,36 个大中城市成品粮平均零售
价格为每 500 克(下同)1.80 元,比 2008 年底上涨 0.11 元,上涨
6.51%;其中,面粉、大米零售价格分别为 1.80 元和 1.79 元(见图6-7),

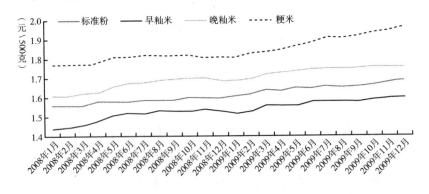

图 6-7 2008～2009 年 36 个大中城市成品粮价格走势

分别上涨5.88%和7.19%。全年成品粮平均零售价格为1.74元，比2008年上涨4.19%；其中，面粉、大米价格分别为1.75元和1.73元，分别上涨4.17%和4.22%。

此外，2009年国内饲料价格小幅上涨。12月下旬，全国豆粕、麦麸平均零售价格分别为每公斤3.81元和1.64元，比上年同期分别上涨8.24%和8.61%。

三 经济作物、蔬菜、水果

（一）棉花

2009年全国棉花种植面积为495万公顷，同比减少14%；棉花产量为640万吨，同比减少14.6%。相比之下，2009年中国纱产量为2406万吨，增长10%左右，棉纺用化纤量大约为922万吨。据统计，2009年全年棉纺原料供应量与需求量相差269万吨。中国的棉花进口量自2007年以来逐年下降。据海关统计数据，2009年中国棉花进口量152.7万吨，同比下降27.7%；进口额21.5亿美元，同比下降39.0%。出口棉花8831.0吨，同比下降59.5%；出口额1884.8万美元，同比下降54.9%。2009年，国家抛储棉花263.2万吨，而2008年度国家共收储棉花277万吨。

2009年，国内棉花价格运行可以分为两个阶段。第一阶段，由于国家一系列针对纺织产业的扶持政策和托市收购棉花政策实施，棉价温和上扬，回升至2002年以来水平，中棉328B级价格从10400元/吨上涨到13000元/吨。第二阶段，自2009年9月1日开始的新棉花作物年度，由于2008年棉贱伤农，2009年国内棉花种植面积减少。同时，加上9月之后，受阴雨天气、病虫害影响，棉花产量和质量下降。而在全球范围内，由于棉花在与其他农作物的种植效益对比中长期处于劣势，棉花播种面积因其他农产品扩张而不断缩减。在供需关系趋向紧张的核心因素主导下，资金开始大规模流入棉花期货市场，棉价在多重因素的共同作用下出现加速上涨。2009年12月全国籽棉收购均价达3.52元/斤，较上年同期上涨53.71%。

（二）油料

2009年油菜籽播种面积为720万公顷，较2008年增长61万公顷，增长9.2%。油菜籽总产量为1350万吨，较2008年增长140万吨，增长11.6%。《国家粮食安全中长期规划纲要（2008~2020年）》数据显示，最近几年中国食用植物油消费持续增加。《国家粮食安全中长期规划纲要（2008~2020年）》预测，到2010年中国居民人均食用植物油消费约达到17.8公斤，消费需求总量2410万吨。2009年，中国进口食用油籽4633.1万吨，同比增长18.8%；出口109.4万吨，同比下降7.9%。其中，大豆进口4254.6万吨，同比增长13.6%。油菜籽进口328.6万吨，同比增长152.3%。

2009年，中国进口食用植物油961.2万吨，同比增长17.6%；进口额66.7亿美元，同比下降25.8%。出口12.7万吨，同比下降49.0%。其中，豆油进口239.1万吨，同比下降7.5%。棕榈油进口644.1万吨，同比增长21.9%。菜油进口46.8万吨，同比增长73.3%。

2009年前期国内食用油价格一直低位波动，12月份，受国际市场油脂价格上涨影响，国内食用油价格出现明显上涨，引发市场各方关注。12下旬，36个大中城市散装豆油、菜籽油和5升桶装大豆调和油、花生油零售价格分别为4.54元/500克、5.01元/500克、51.31元/桶和90.40元/桶，环比涨幅分别为2.95%、4.38%、3.28%和2.39%，其中，沈阳、长春、上海、福州、厦门、南昌、郑州、武汉、长沙、成都、银川等城市价格上涨10%左右。与上年同期相比，四种食用油价格分别下降3.61%、7.22%、7.2%和14.22%。2008~2009年36个大中城市食用油价格走势见图6-8。

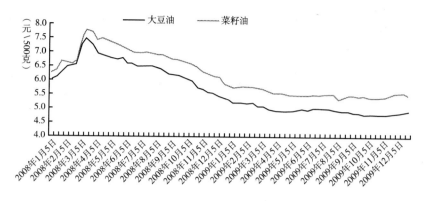

图 6 - 8 2008 ~ 2009 年 36 个大中城市食用油价格走势

（三）糖料

2009 年度中国食糖产量预计为 1200 万吨，较上年度下降 3.5%，创下 4 年来新低；食糖消费量从 1400 万吨稳步增长到 1430 万吨，国内供求状态进一步偏紧。产量下降的原因主要来自甜菜糖，2009 年度甜菜糖产量为 60 万吨，较上年度的 90 万吨下降了 33.3%。而 2009 年度的甘蔗糖产量也微幅下降，预计为 1140 万吨。甘蔗糖和甜菜糖种植面积的下降主要来自其他作物的竞争。2009 年，中国进口食糖 106.5 万吨，同比增长 36.5%；进口额 3.8 亿美元，同比增长 18.8%。出口 6.4 万吨，同比增长 3.2%；出口额 3365.2 万美元，同比增长 18.2%。

2009 年，国内食糖价格呈上半年稳步上扬，下半年加速上涨走势。年初在国家收储政策支持下稳步回升，随后在产量大减的情况下继续上升。食糖期货价格从 1 月份的最低 2962 元/吨上涨至 4 月份的阶段性高点 3930 元/吨，涨幅达 32.7%。7 月份由于消费预期不佳造成期价回落，但随后在国庆节前消费备货的启动以及国际糖价加速突破上涨的激励下，价格一度冲击 5000 元/吨。而年末在数据利多支持以及国内商品"通胀"预期推动下加速上扬，期货价格 12 月份达到 2009 年的阶段性高点 5490 元/吨。国内各地现货价格也在 2009 年出现较大涨幅，其中南宁地区现货报价从年初的 2800 元/吨上涨至 12 月份的阶段性高点 5000 元/吨，涨幅达 78.6%。

（四）蔬菜

受节日需求增加及极端天气灾害等因素影响，2009 年第一、第四季度国内蔬菜价格大幅度波动，虽然夏季价格呈季节性回落，但全年仍较大幅度高于上年同期（见图 6 - 9）。尤其是 12 月份，国内大部分地区出现持续强降温或雨雪天气，蔬菜价格明显上涨，当月 36 个大中城市黄瓜、西红柿、青椒等 15 种蔬菜平均零售价格为每 500 克 2.48 元，比上月上涨 16.4%，其中黄瓜、茄子、豆角、韭菜价格涨幅在 25% 以上。2009 年底，36 个大中城市青椒、西红柿、油菜等 15 种主要品种蔬菜平均零售价为每 500 克 2.54 元，比上年同期上涨近 32%。2009 年全年，国内 15 种蔬菜平均零售价格为每 500 克 2.12 元，比上年上涨 11%。

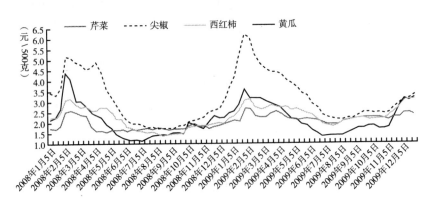

图 6 - 9　2008 ~ 2009 年 36 个大中城市部分蔬菜价格走势

2009 年，蔬菜出口基本稳定。全年出口 802.6 万吨，同比下降 2.1%；出口额 67.7 亿美元，同比增长 5.2%，呈量减额增态势。进口 8.8 万吨，同比下降 15.3%；进口额 1.0 亿美元，同比下降 10.9%。贸易顺差 66.7 亿美元，同比扩大 5.5%。

（五）水果

2009 年，国内水果价格走势总体一致，先扬后抑，接近年底又出现小幅反弹。前 3 个月价格维持低位，4 月份开始出现较大幅度上升。6 月初 36 个大中城市香蕉平均零售价格达到全年最高 3.47 元/500 克，比年初上涨了 31.4%；苹果价格在 8 月中旬达到全年最高 5.59 元/500克，比年初上涨 59.3%（见图 6 - 10）。此后，由于新水果上市，价格接连下滑。最低时 11 月底香蕉价格降至 2.51 元，苹果价格跌至 3.77元，年底略有上升。

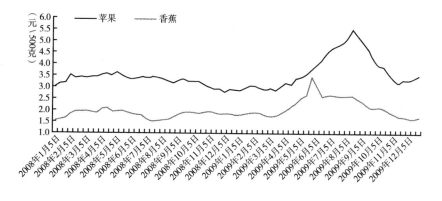

图 6 - 10　2008～2009 年国内主要水果价格走势

2009 年，中国水果进口快速上升。全年进口水果 230.8 万吨，同比增长 36.4%；进口额 16.3 亿美元，同比增长 37.0%。出口 525.5 万吨，同比增长 8.6%；出口额 38.3 亿美元，同比下降 9.3%，呈量增额减态势。贸易顺差 22.0 亿美元，同比缩小 27.6%。

四　肉蛋等畜产品

2009 年国内畜牧业稳步发展，生猪生产稳定增长，规模养殖发展迅速，生猪生产能力明显增强，市场供大于求的矛盾时有显现。据农业部统计，2009 年生猪存栏量、出栏量分别为 4.7 亿头、6.4 亿头，分别比上年增长 1.5% 和 5.7%。2009 年底，全国能繁母猪存栏量为 4956.9 万头，比上年增加 1.6%，比国家调控目标均衡水平高 19.8%；全国猪肉产量 4889 万吨，比上年增长 5.8%。2009 年中国畜产品贸易萎缩。全年畜产品出口额 39.1 亿美元，同比下降 10.9%；进口额 66.0 亿美元，同比下降 14.6%；贸易逆差 26.9 亿美元，同比缩小 19.2%。

猪肉：2009 年春节过后猪肉价格呈持续下降走势，3～5 月各月环比降幅均在 6% 左右，5 月初反映生猪盈亏状况的猪粮比价跌至平衡点以下，5 月底 36 个大中城市集市猪肉（精瘦肉）平均零售价格为 10.12 元/500 克，比年初高点下降 22%。6 月，国家适时启动了《防止生猪价格过度下跌调控预案》，逆转了生猪价格持续下滑的势头，对缓解市场供大于求矛盾、保持生猪生产和价格稳定起到了积极作用，肉价止跌企稳并出现回升，第四季度价格虽然出现小幅震荡，但总体仍呈上涨走势（见图 6-11）。12 月底猪肉平均零售价格为 11.83 元/500 克，比 5 月底上涨 17%，与年初高点价位相比下降 8.6%。2009 年全年，猪肉平均零售价格为 11.37 元/500 克，下降 17.6%。

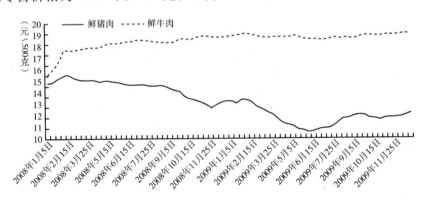

图 6-11 2008～2009 年 36 个大中城市猪肉、牛肉价格走势

牛羊肉：近年来牛羊肉价格呈持续小幅上涨之势，主要是牛羊肉生产与生猪生产相比发展较慢，而市场需求稳步增长所致。由于肉牛生产周期较长，肉羊生产受草场退化、承载规模限制，牛羊肉市场供应增长

赶不上居民对优质牛羊肉需求的增长，2009 年牛羊肉价格总体小幅上涨，除 3~4 月略有下降外，其他月份环比涨幅大多在 0.5% ~ 1.0% 之间。12 月底 36 个大中城市牛肉、羊肉平均零售价格分别为 17.07元/500 克和 18.17 元/500 克，分别比年初上涨 2.2% 和 2.4%。

鸡蛋：2009 年第一季度，鸡蛋价格延续上年末的下降走势，进入第二季度价格开始上涨，9 月下旬涨至年内最高峰，随后稍有回调，但仍在较高价位运行。12 月底鸡蛋平均零售价格为 3.82 元/500 克，比 9月份最高价下降 8.39%，比年初上涨 10.1%。

五　水产品

由于 2008 年水产品价格整体高位运行，刺激了养殖者的积极性，2009 年，国内水产投苗数量和面积均高于上年同期水平，大宗和名优品种养殖均有不同程度增长。供应量的增加抑制价格上升。另外，金融危机尚未完全见底，出口市场未出现明显好转，推动国内水产品市场价格的下滑。2009 年上半年全国水产品批发市场综合平均交易价格为15.13 元/公斤，同比下降 1.85%，其中海水产品和淡水产品价格同比分别下降 0.81% 和 3.18%。下半年随着需求回升，价格略有提高。年底受海水结冰影响，海参等海产品生长缓慢，深海养殖的水产品不少被断裂的冰排冲走，养殖户受损严重。贝类、蟹类市场供应明显不足，价格涨幅在 20% ~60% 之间，个别海鲜价格甚至超过往年春节。全年来看，海水鱼价格平稳上涨，均价同比增长 6% 左右；贝类产品价格大幅下降，鲍鱼跌幅最大达到 25%；海水虾类价格上涨明显，蟹类价格涨跌互现。淡水鱼总体价格低于上年同期，个别品种价格上涨。2008 ~2009 年 36 个大中城市鱼类价格走势见图 6 - 12。

2009 年中国水产品贸易平稳，出口额 107.1 亿美元，同比增长0.9%，再创新高；进口额 52.6 亿美元，同比下降 2.6%；贸易顺差为54.4 亿美元，同比扩大 5.0%。

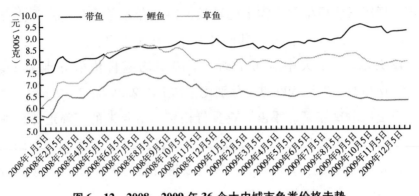

图6-12 2008~2009年36个大中城市鱼类价格走势

六 农资市场

2009年，国内农资价格震荡下行。年底受天然气供应紧张、煤炭和工业用电价格上涨等影响，以及化肥冬储市场逐步启动，农资价格略有反弹。12月下旬，全国国产碳酸氢铵、尿素、过磷酸钙和磷酸二铵平均零售价格分别为每公斤0.65元、1.90元、0.62元和2.95元，与上年同期相比，4个品种价格分别下降13.33%、5.94%、19.48%和30.42%。国产氯化钾、进口氯化钾和国产三元复合肥、进口三元复合肥平均零售价格分别为每公斤3.37元、3.79元、2.61元和3.12元。2008~2009年全国化肥价格走势见图6-13。

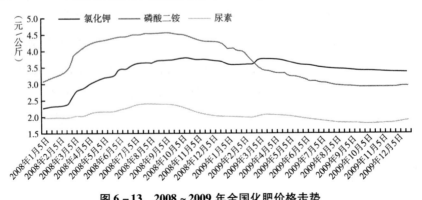

图6-13 2008~2009年全国化肥价格走势

七　2010 年主要农产品价格走势预测

（一）国内粮食价格走势判断

影响 2010 年国内粮价的因素主要有以下几方面。

1. 粮食连年丰收，粮价具备基本稳定的物质基础

2009 年全国粮食实现连续 6 年增产，2010 年粮食生产政策支持力度会进一步加大，其中最低收购价已明确将进一步有所提高，加之当前粮价总体处于较高价位，这些都有利于粮食生产保持平稳发展，预计正常情况下，粮食产量有望继续保持较高水平。

此外，政策性粮食库存总体充足、国家调控能力较强。目前国有粮食企业原粮总库存超过 4500 亿斤，库存消费比达 40% 以上，大大超过国际公认的 17% ~ 18% 的安全线水平，库存充裕，市场供应充足，为 2010 年市场粮价和价格总水平保持基本稳定打下了良好基础。

2. 种粮成本会有所增长，将对粮价产生一定推涨作用

2009 年，因化肥价格下降，购肥支出有一定减少，粮食生产成本此前连续多年持续增长的势头得到了抑制。但从目前情况看，2010 年粮食种植成本很可能再次出现一定增长。受煤炭、天然气等原材料价格攀升影响，化肥价格已止跌反弹，预计后期用肥旺季化肥价格还将进一步上涨。此外，人工成本上升，2009 年成品油价格累计涨幅较大并可能进一步上涨，土地租金可能因粮价水涨船高等都将导致 2010 年粮食生产成本有所增加，并会一定程度推动粮价上升。

3. 稻谷品种结构性矛盾影响可能进一步显现，将是不利粮价稳定的主要因素

随着东北大米南下西进，南方传统的籼米消费市场表现出越来越明显的粳米消费倾向，西南和西北地区东北粳米需求量也明显增加，而生产品种结构调整还明显跟不上需求变化，2009 年稻谷市场粳强籼弱的运行格局就集中反映了这种结构矛盾。新的一年里，稻谷品种结构矛盾的不利影响可能进一步显现。粳稻米方面，因前期粳稻价格涨幅明显大于粳米，粳米价格预计将陆续补涨；更需要引起注意的是，由于主产区新粳稻要等到2010年9月、10月份才将陆续上市，随着农民可供出售粳稻进一步减少，不排除因囤积、炒作等原因导致粳稻、粳米价格在中后期出现新的大幅上涨，并引发粮价全面较快上涨的可能。籼稻方面，在南方部分以种植籼稻为主的粮棉混种地区因棉花价格大涨可能影响到部分农民种粮积极性，同时托市籼稻如持续销售不畅，可能影响到2010年新粮的收购。

初步判断2010年国内粮食市场总体仍有望保持基本平稳运行态势，价格温和上涨的可能性较大，成品粮价格受补涨因素影响涨幅可能稍大于原粮，但部分品种出现阶段性较大波动也存有一定可能，需要加以关注和防范。

（二）国际粮食价格走势预测

尽管2009年世界主要经济体相继公布数据显示全球经济逐步从2008年的经济危机中恢复，但由于前几年国际粮价大幅走高刺激了各国扩大粮食播种面积，致使2009年度全球粮食产量快速增加，而2009年粮食市场需求仍未出现明显增长，且粮食品种金融投资属性较弱，导致2009年国际粮价走势大大弱于原油、金属、油脂等商品。

2010年将处于粮食市场产需关系改善的时期，若全球经济按预期持续回暖，将有利于推动粮食需求增加，而从粮价周期性波动特征看，国际粮价底部盘整过程即将完成，2010年国际粮价将呈先稳后升走势。

1. 全球粮食市场产需关系改善，推动国际粮价从低位回升

从2010年全球粮食市场的产需变化来看，尽管粮食产量仍可能高于需求，但产量有减少趋势，需求量呈现增长态势，2010年将处于粮食市场产需关系改善的时期，对粮食价格产生提升作用。根据美国农业部最新的报告，2009/2010年度世界谷物产量预计比上年度下降1.52%

至 21.97 亿吨，需求量比上年度提高 1.73% 达到 21.84 亿吨，当年谷物产量仅略比需求量高 0.59%，而上年度产量比需求量高 3.9%。

2. 高库存、低贸易量将抑制粮价涨幅

2010 年，粮食产需关系虽然会有所改善，但高库存仍是粮食市场面临的主要问题，也将是抑制粮价上涨速度的主要因素。根据美国农业部最新的预测，2009/2010 年度世界粮食期末库存量预计达到 4.57 亿吨，是 8 年以来的最高位，比上年度增加 2.87%。从对粮价变化有重要参考作用的库存消费比看，目前全球粮食库存消费比为 20.9%，大大高于 17% 的安全水平，将抑制粮价涨幅。仅从供需上看，历年若库存消费比高于 20%，粮价均未出现大幅上涨的情况。

由于一些主要进口国粮食产量都有不同程度增加，粮食进口需求明显减少，美国农业部预测 2009/2010 年度世界谷物贸易量将比上年下降 5.4%，近 8 年来首次出现下降，不利于粮价大幅度上涨。

3. 国际粮价底部运行期即将完成，预计 2010 年前期将继续低位运行，后期有可能步入缓慢上升周期之中

从粮食价格周期波动特性分析看，2008 年 6 月国际粮价达到上一轮周期的峰值，2008 年 7 ~ 12 月，小麦、玉米、大米价格分别下降 37%、45% 和 4%，2008 年末基本达到周期性谷底。从以往来看，粮价低位盘整期为 1 年半至 2 年，而从 2009 年开始，粮价已开始转入底部盘整期，时间已经长达 1 年。因此，初步判断，2010 年前期国际粮价将延续盘整，后期有可能步入缓慢上升通道。

4. 预计 2010 年下半年开始的新粮食生产年度总体将利于后期粮价上升

2010 年下半年全球粮食市场将步入新的生产年度，尽管新粮食生产年度粮食产需仍存变数，但综合近期主要机构预测来看，2010/2011 年度粮食产量继续减少、需求继续增加的可能性较大，粮食供需关系将得到进一步改善。

目前，世界主要预测机构均认为 2010 年全球经济将快速复苏，原油、金属类价格继续看涨的气氛浓厚。2005～2008 年国际粮价大幅上升，其中一个重要原因是国际油价大幅上涨推动生物燃料加工的玉米工业需求大量增加，改变了三种粮食生产、消费比例关系。而 2009 年，国际油价已经持续攀升至每桶 80 美元，加之当前清洁能源的呼声高涨，2010 年玉米的工业需求可能抬头，对粮价回升产生推动作用。

综合以上因素，2010 年前期，国际粮价将延续目前的低位小幅波动走势，后期借机回升的可能性较大，但在高库存、低贸易的影响下，价格涨幅受限。具体品种走势略有差异。

2010 年前期受庞大库存压制，小麦价格将可能继续低位波动，后期随着产需关系的继续改善，价格将会回升。由于 2008 年下半年开始小麦价格持续低迷，促使 2009/2010 年度全球小麦播种面积减少，产量有所下降。根据美国农业部最近报告，2009/2010 年度世界小麦产量预计为 6.74 亿吨，比上年度下降 1.20%；需求量比上年度增长 1.16% 至 6.47 亿吨，当年产量比需求量高 4.2%，低于上一年度的 6.7%，产需关系有所改善；但期末库存仍将提高 16.59% 达到 1.91 亿吨的历史高位，库存消费比达到 29.5%，大大高于安全水平。受此影响，预计 2010 年前期小麦价格将延续 2009 年的低位震荡走势。

自 6 月份开始北半球小麦将进入新的生产年度，2010 年初国际谷物理事会预计 2010/2011 年度全球小麦种植面积可能比上年度减少 1 个百分点，小麦产量减少 2300 万吨为 3 年来的最低水平；荷兰合作银行也表示，2010/2011 年度全球小麦库存消费比将降至 24%。产需关系继续有所改善将推动价格回升。

玉米市场需求趋升，库存下降，价格稳中趋升。美国农业部最近报告认为，2009/2010 年度世界玉米产量将连续 2 年减少，而需求量将比上年度增加 3.58% 至 8.03 亿吨，产需关系由上一年度的产高于需 2.1% 转为需高于产 1.7%；期末库存将比上年度减少 9.01%，库存消费比降至 16.4%，低于 17% 的安全水平线；而全球玉米贸易量将由上年的大幅萎缩 16% 转为增长 4% 左右。

从 2010 年 8 月开始的新生产年度看，荷兰合作银行年初发布的预测报告认为，2010/2011 年度全球玉米产量可能提高 3.2%，但由于需求快速增长，2010/2011 年度全球玉米期末库存预计比本年度继续下降 5.9% 左右，这将是 2006/2007 年度以来的最低水平。此外，由于玉米市场金融属性相对较强，玉米价格受国际金融市场及原油价格的影响越来越大。2009 年原油价格大幅上涨，后期玉米工业需求将会增加。总体看，2010 年国际玉米价格走势主要将以稳中小幅上升为主。

大米价格将先降后升。目前，全球大米市场处于需略高于产的紧平衡状态。美国农业部最新报告预测 2009/2010 年度世界大米产量为 4.34 亿吨，比上年度减少 2.71%；需求量为 4.36 亿吨，略高于产量，比上年度增加 0.28%。2009 年后期，市场预期印度、菲律宾稻米产量可能大幅减少，国际大米价格连续出现大幅上涨。但最近印度政府表示，尽管夏季稻米产量可能大幅减少 18%，但 2009/2010 年度印度冬播稻米产量可能增长 400 万吨，稻米供应依然充足，所以不需要在短期内进口大米。随着全球大米供应担忧减弱，2010 年上半年价格涨势将会缓和。

但是，国际大米价格受泰国政府收储等政策影响较大，泰国政府有可能在上半年释放库存后，下半年继续采取有利于本国农户的收储政策；市场分析认为由于 2009 年出口大幅增长，到 2010 年 3 月、4 月越南大米库存将降至较低水平；而印度尼西亚政府在 2009 年底表示将在 2010 年加强控制大米出口销售，这些因素将对大米价格产生拉升作用。

此外，应当看到，2009 年国际投机资金主要集中在能源、金属、油脂类商品中，在流动性充裕的背景下，2010 年有可能借机转投前期涨幅较小、目前价位较低的粮食品种，粮食产品的金融属性有可能得到进一步提高，从而推高粮价，值得密切关注。

（三）油脂价格走势判断

国内油料油脂价格主要受国际市场价格影响。受近两年大豆价格高企影响，一些主产国大豆种植面积不同程度增加，本年度世界大豆产量大幅上升。美国农业部 2009 年 12 月报告预测 2009/2010 年度世界大豆产量为 2.5025 亿吨，比上年度增加 18.68%。世界大豆消费量为 2.3375 亿吨，比上年度增加 6.03%，产量比消费量多 1650 万吨。同时，大幅增加的产量使得期末库存大幅增加至 5709 万吨，比上年度增加 34.61%。与上一年度 958 万吨的产需缺口相比，本年度世界大豆供需关系发生明显变化，产量增加且产大于需、期末库存增加等因素将使得大豆价格缺乏大幅上涨的支撑。豆油产大于需的状况与大豆相似，美国农业部预计 2009/2010 年度全球豆油产量为 3769 万吨，消费量 3748 万吨，与上年度相比分别增加 5.52% 和 5.04%，产量比消费量多 21 万吨，这也是近 3 年豆油首次产大于需。因此预计 2010 年国内外大豆、豆油价格将弱势运行。

（四）棉花价格走势判断

从国内外各个机构对中国棉花产量的预测数据来看，2010 年中国棉花产量将会减少，棉花质量不乐观。根据全球棉花咨询委员会（ICAC）发布的全球棉花供需报告来看，2009/2010 年度，全球棉花产量预计为 2230 万吨，同比下降 5%。这主要是由于中国的产量下降 16%，仅为 675 万吨。2009/2010 年度，全球纺织用棉预计会恢复 2%，达到 2360 万吨。据 ICAC 2010 年 1 月预测数据，2009/2010 年度平均 CotlookA 指数为 70 美分/磅，将较上年度的平均价格提高 14%。随着国外棉价趋涨，加上国内棉花缺口压力的推动，2010 年国内市场棉价整体仍将高位运行。

第七章
农产品国际贸易与国际竞争力

2009 年虽然世界经济出现了复苏迹象，但是制约经济增长的不确定因素仍然存在，世界经济和发达经济体远远没有恢复到金融危机之前水平。由于受世界经济衰退的影响，中国农产品对外贸易连续 9 年增长之后，首次出现农产品进口额、出口额均同比下降。如何在新的形势下，积极应对国际市场变化带来的负面影响，推动农产品对外贸易持续、健康发展，无疑是对中国农业提出了新的挑战和考验。

一 农产品进出口基本情况及其特点

（一）农产品进出口基本情况

根据海关统计资料，2009 年中国农产品进出口总额达 913.8 亿美元，比 2008 年下降 7.3%。其中，农产品出口额 392.1 亿美元，下降 2.5%；农产品进口额 521.7 亿美元，下降 10.6%。农产品进出口逆差由 2008 年的 181.1 亿美元下降至 129.6 亿美元，减少 28.4%。农产品进出口贸易额及其增长情况分别见表 7-1 和图 7-1。

（二）农产品进出口主要特点

1. 农产品进出口贸易出现回落

2009 年中国农产品对外贸易出现了新变化，即在金融危机进一步扩散到实体经济领域的背景下，国际市场农产品消费需求萎缩导致中国

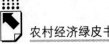

表7-1 农产品进出口贸易额及其增长

单位：亿美元，%

年 份	1999	2000	2002	2003	2004	2005	2006	2007	2008	2009
数 额										
进出口	216.3	268.2	305.8	403.6	514.2	558.3	630.2	775.7	985.5	913.8
出 口	134.7	156.2	181.4	214.3	233.9	271.8	310.3	366.0	402.2	392.1
进 口	81.6	112.0	124.4	189.3	280.3	286.5	319.9	409.7	583.3	521.7
增长率										
进出口	-2.3	24.0	9.6	32.0	27.4	8.6	12.9	23.1	27.8	-7.3
出 口	-2.5	16.0	12.9	18.1	9.1	16.2	14.2	17.9	10.6	-2.5
进 口	-1.9	37.3	5.2	52.2	48.1	2.2	11.7	28.1	43.1	-10.6

资料来源：根据国家海关信息中心有关数据整理。

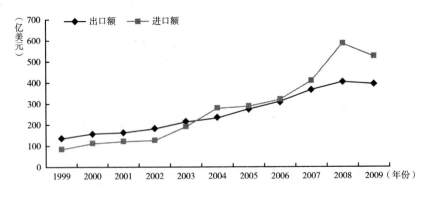

图7-1 农产品进出口贸易额增长

农产品进出口贸易额下降，这是自2000年以来，中国农产品对外贸易额连续9年增长之后的首次下降。表7-2显示，在主要农产品出口中，谷物出口明显减少，水产品出口略有增长，蔬菜、畜产品出口减少，水果出口增长较大；在主要农产品进口中，大豆进口数量增长但进口额减少，食用植物油、食糖、水果和小麦进口明显增长，棉花进口下降幅度较大，蔬菜、畜产品、水产品进口减少。但是，2000年以来，中国农产品进出口贸易增长远高于世界农产品贸易增长的平均水平。世界贸易组织（WTO）公布的发展报告指出，2000～2008年世界农产品出口额年均增长4%。同期，中国农产品出口额年均增长13.02%。

表 7 - 2　2009 年中国主要农产品进出口

品　种	出口（万吨）	比上年增长（%）	进口（万吨）	比上年增长（%）
大米	76.3	-21.2	35.7	21.0
小麦	0.8	-93.3	90.3	2705.3
玉米	12.9	-49.0	8.5	73.5
大豆	34.6	-25.7	4254.6	13.6
棉花	0.8	-59.5	152.7	-27.7
食用植物油	12.7	-49.0	961.2	17.6
食糖	6.4	3.2	106.5	36.5
蔬菜	802.6	-2.1	8.8	-15.3
水果	525.5	8.6	230.6	36.4
畜产品（亿美元）	39.1	-10.9	66.0	-14.6
水产品（亿美元）	107.1	0.9	52.6	-2.6

资料来源：根据国家海关信息中心有关数据整理。

2. 农产品进出口贸易逆差减少

2008 年中国农产品进出口贸易逆差急剧上升，成为历史上农产品贸易逆差最大的年份。2009 年中国农产品贸易逆差比上年下降 28.6%。中国农产品贸易逆差缩小与国际市场部分农产品价格下降密切相关，而金融危机是导致国际市场部分农产品价格下降的主要原因。特别是大豆和食用植物油价格下降，对中国农产品贸易逆差减少具有明显作用。以大豆进口为例，2009 年中国大豆进口量比上年增长 13.6%，但大豆进口额比上年减少 30.28 亿美元，同比减少 13.9%。

3. 农产品进出口贸易触底回升

中国海关统计资料显示，2009 年 2 月，中国农产品出口额比上年同期下降 16.9%，这是农产品出口额同比下降幅度最大的月份。2009 年 1 月，中国农产品进口额比上年同期下降 36.3%，这是农产品进口额同比下降幅度最大的月份。此后，中国农产品进口额、出口额同比下降幅度分别减少。2009 年 6 月，农产品出口额同比下降 1.2%，农产品进口额同比下降 1.0%。从全年分月度情况来看，中国农产品进出口贸易具有较为明显的触底回升走势。从国内不同行业来看，农产品进出口贸易较其他行业对外贸易首先触底回升，这不仅与世界经济回暖走势有关，而且与农产品需求特征和国家有关政策密切关联。

4. 面临着农产品贸易争端增加

世界经济衰退引发贸易保护主义回潮，对中国农产品出口产生不利影响。根据农业部的最新统计，目前全球35%的反倾销调查和71%的反补贴调查是针对中国出口产品，一些国家频繁使用《实施卫生与植物卫生措施协定》、《技术性贸易壁垒协定》等非关税贸易壁垒手段制约中国农产品，贸易保护主义导致中国优势农产品出口经常受阻。2009年6月，美国首次将"2009年食品安全加强法案"引入并提交国会辩论。根据新法案规定，境外向美国出口食品的企业，必须每年向美国食品和药物管理局（FDA）登记并缴纳登记费。同时，FDA将以更高的频率对境外企业进行检查，企业面临因检查不合格而失去向美国出口登记资格的风险。日本实施"肯定列表制度"后，对中国蔬菜出口日本产生明显的不利影响。

5. 大豆进口呈现量增价跌状况

2009年中国大豆进口数量继续增长，高达4255万吨，比上年增长13.6%，进口量创历史新纪录。但是大豆进口金额为187.9亿美元，比上年减少13.9%，造成大豆进口量增价跌的主要原因有：一是金融危机导致石油价格大幅度下滑，减少了食用油籽的工业性需求，即生物柴油生产受到抑制；二是2008年全球食用油籽增产2670万吨，大大缓解了大豆供给紧张的局面，促使国际市场大豆价格明显下降；三是国内食用植物油需求仍然旺盛，同时，我国耕地、水等农业资源相对不足限制了国内大豆产量增长；四是国内外大豆价格倒挂，国产大豆价格明显高于进口大豆到岸价格，以及进口大豆榨油率较高，增加了油脂企业对进口大豆的需求。

6. 蔬菜水果出口总体保持稳定

2009年中国蔬菜、水果出口总体上保持稳定，蔬菜出口量803万吨，比上年减少 2.1%；蔬菜出口额 67.7 亿美元，比上年增长 5.2%。水果出口量 525.5 万吨，比上年增长 8.6%；水果出口额 38.3 亿美元，比上年减少 9.2%。从产品结构看，中国蔬菜及其制品出口分为三大部分：一是鲜冷冻蔬菜出口；二是加工保藏蔬菜出口；三是干蔬菜出口。中国水果及其制品出口也分为三大部分：一是鲜冷冻水果出口；二是水果罐头出口；三是水果汁出口。从贸易区域看，日本、美国、韩国、马来西亚、俄罗斯和德国是中国蔬菜的主要进口国，美国、越南、俄罗斯、印度尼西亚和日本是中国水果的主要进口国。

二　影响农产品对外贸易发展的主要因素

2009 年是世界经济急剧下滑的一年，也是中国经受外部不利因素考验的一年，农产品进出口贸易受此影响出现了下降。但是，从中国农产品对外贸易走势来看，一方面中国农产品贸易下降幅度较小，另一方面具有明显的触底回升态势。如何看待这种农产品贸易特点，以及分析其主要影响因素，有助于我们把握中国农产品进出口贸易未来走向。

（一）全球经济衰退导致农产品贸易下降

1. 经济衰退造成消费需求萎缩

2009 年世界经济遭受国际金融危机的重创，国际货币基金组织预测 2009 年世界经济实际增长率为 -1.1%，这是第二次世界大战后的首次负增长。本轮金融危机对消费需求的冲击显而易见，例如，日本总务省统计局最新数据显示，2009 年 1～11 月，日本消费者物价指数（不含生鲜食品）平均值同比下降 1.42%，食品消费指数（不含酒精饮料）平均值同比下降 0.65%。

2. 需求萎缩导致国际贸易下降

全球性消费需求萎缩导致了世界贸易下降。世界贸易组织预计，2009 年世界贸易（剔除价格和汇率影响）将下降 10%；同时，世界银行发布的最新报告指出，① 2009 年世界贸易量下降 14.4%。2009 年 1~9 月，美国、欧盟 27 国、日本的出口额分别同比下降 23.0%、29.58% 和 32.9%，进口额分别同比下降 31.2%、34.78% 和 31.7%。尽管中国 CDP 增长达到 8.7%，但在世界经济严重衰退和消费需求萎缩的背景下，中国对外贸易仍然出现明显下降。据商务部最新预测，2009 年中国外贸出口下降 16% 左右。

（二）全球经济衰退引发贸易保护主义抬头

1. 贸易保护主义做法明显增加

世界银行提供的资料显示，② 2009 年 1~3 季度，全球范围内新提出的保护主义请求比上年同期增加 30.3%。美国实施的贸易保护主义尤为突出，2009 年奥巴马总统签署的美国经济刺激计划中，包含了"购买美国货"条款，这是典型的贸易保护主义做法。美国国际贸易委员会的数据表明，③ 截至 11 月底，2009 年美国各类贸易救济案件约为 50 宗，其中超过一半是针对中国，其余指向墨西哥、韩国、意大利、阿根廷、印度尼西亚等。

2. 保护主义的实质是转嫁危机

2009 年美国频繁采用保护主义措施，主要动因有两个：一方面是迫于国内工会组织的压力，美国工会反对国际贸易，他们认为国际贸易抢走了美国制造业就业岗位；另一方面，美国政府希望采取贸易保护主义措施，减少本国贸易逆差。近年来，美国政府调整经济的一个重要举措就是减少贸易逆差。为此，美国政府采用美元贬值和贸易保护主义的做法，以求美国经济走出金融危机的困境。保护主义行为可能在短期给发起国带来某些好处，但是从长期来看，将会拖累世界经济繁荣，特别是阻碍发展中国家经济增长。

---

① 《世行上调经济增长预期》，2010 年 1 月 22 日《北京日报》。
② 《美频用贸易救济　世界经济笼罩阴影》，新华社华盛顿 2009 年 12 月 24 日电。
③ 《美频用贸易救济　世界经济笼罩阴影》，新华社华盛顿 2009 年 12 月 24 日电。

（三）坚持开放和惠农政策，稳定农产品对外贸易

1. 坚持对外开放，深化国际贸易合作

中国坚持改革开放和互利共赢方针，国内经济保持相对平稳、较快发展。巨大的市场需求和经济增长潜力，支撑着中国农产品对外贸易持续、较快发展。中国履行加入 WTO 承诺责任的同时，依据中国—东盟自由贸易协定、中国—智利自由贸易协定、中国—巴基斯坦自由贸易协定、中国—新西兰自由贸易协定、中国—新加坡自由贸易协定、中国—秘鲁自由贸易协定，扩大双边多边经贸合作，不断促进区域经济发展，这对推动农产品对外贸易发展提供了坚实的基础。2009 年中国对东盟的农产品出口额同比增长约 16.9%，占全部农产品出口总额的 13.6%，比上年提高 2.3 个百分点。

2. 多种措施夯实农产品对外贸易的基础

近几年，中国政府继续加大对农业和农村经济发展的支持，主要包括：稳定发展粮食生产，以市场需求为导向调整农业结构，加强农业基础设施建设，多渠道促进农民增收，加大扶贫开发力度，等等。为此，中国政府大幅度增加了农业和农村投入，通过提高粮食最低收购价、适时调节重要农产品储备、增加粮食直补、良种补贴、农机具购置补贴和农资综合补贴、加强农业社会化服务、加强食品安全意识等措施，增强农业生产能力，提高农产品质量和农业生产效益，夯实农产品对外贸易发展基础。上述扩大对外开放和惠农强农政策措施，对减缓中国农产品进出口下降发挥了积极作用。

3. 坚持主要粮食供给立足国内生产

中国是发展中人口大国和农业大国，基本国情决定中国粮食供给必须立足于国内生产。2004 年以来，中央把加强农业特别是粮食生产作为宏观调控的重要任务，出台了一系列直接、有效的政策措施，并取得令人瞩目的成效。2009 年中国粮食产量再创历史新高，连续 6 年增产，连续 3 年稳定在 1 万亿斤以上。中国主粮供应充足不仅可以从容地应对世界粮食危机，而且能够主动调节国内粮食供求平衡。

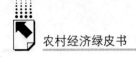
（四）农产品贸易逆差缩小的主要原因

1. 国际市场部分农产品价格下跌，进口成本下降

2009 年中国农产品进出口逆差明显减小，主要是农产品进口额下降幅度大于农产品出口额下降幅度。在世界粮食和油料作物产量增长的同时，全球粮油消费需求减少，特别是粮食和油料作物的工业性消费大大降低，这使国际市场粮油价格显著回落。例如，2009 年与 2008 年相比，国际市场小麦、大米、玉米和大豆价格分别下降 33.75%、14.68%、23.87% 和 19.21%。大豆等产品国际市场价格的回落，对农产品进口成本下降具有重要作用。2009 年国际市场大豆价格回落对中国农产品进出口逆差缩小的贡献份额为 58.3%，其中包括石油价格下跌带来国际航运成本下降的因素。

2. 有关部委措施有利于农产品出口

除了中国政府加大对农业和农村经济发展的政策支持，有关部委也制定了支持农产品出口的相关措施。例如，国家质检总局系统开展"质量和安全年"，加强现场指导和监督，督促企业建立健全食品质量保障体系和产品追溯体系，提升企业质量管理水平；同时，主动改进服务模式，提高农产品通关效率，减免检验检疫费用，帮助企业克服国外技术贸易壁垒。商务部系统开展食品与药品安全培训，组织企业考察和开拓国际市场，支持出口企业实施"公司＋基地＋标准化"经营，鼓励开展各种形式联合，不断提高农产品出口质量。财政部、国家税务总局实施《关于提高劳动密集型产品等商品增值税出口退税率的通知》，提高林产品和部分水产品的出口退税率。上述措施对稳定农产品出口发挥了重要作用。

三 农产品国际竞争力

近两年，世界粮食危机和金融危机带来的冲击表明，提高中国农业竞争力的问题更显突出。加入 WTO 以来，中国水产品和园艺产品继续保持比较优势，但是粮食、油料作物、棉花等比较优势下降。农产品竞争力受到制约的深层次因素依然存在，有待于在改革和发展中逐步解决。

（一）中国农产品竞争力尚未显著增强

加入 WTO 以来，中国农产品出口额增长较快，2003～2007 年中国农产品出口额年平均增长率达 14.3%，已经成为世界上第五大农产品出口国（集团），但在相当程度上，中国农产品出口额增长是借助于世界农产品进口市场整体规模扩大，因为 2003～2007 年世界农产品出口总额呈现加速增长，年平均增长率达到 13.56%。与此同时，中国农业生产规模小、劳动力素质不高和生产效率较低等问题并未发生根本改变，这些因素明显地制约着农业竞争力提高。在中国农产品出口中，初级农产品仍占较大比重，商务部有关贸易统计报告显示，2009 年中国农产品出口金额中，加工产品和深加工产品占 24.3%，劳动密集型产业优势的潜力尚未充分开发。这也印证了虽然中国农产品出口较快增长，但是农产品竞争力并未显著增强。

（二）主要粮食品种仍然保持高自给率

在国家大力支持农业和强调粮食生产的政策条件下，中国水稻、小麦和玉米综合生产能力可以基本满足国内消费者的需要，13 亿人口大国的粮食安全有了可靠的保证。2009 年中国主要粮食自给率仍然很高，国产水稻、小麦和玉米的国内市场占有率分别为 99.8%、99.2% 和99.9%。但是从 2000～2007 年的粮食国际竞争力来看，小麦生产明显缺乏比较优势，玉米生产有比较优势但在减弱，水稻生产有比较优势但有波动，大豆生产则明显缺乏比较优势（见表 7-3）。特别是当世界粮食价格处于较低水平时，就会对国内粮食生产形成一定的冲击压力。例如，2009 年国际市场大豆、小麦、玉米价格明显低于国内市场（见表7-4）。这表明，与一些农业发达国家相比，中国粮食竞争力还需要进一步提高。中国政府为了保证国内粮食安全，一方面采取加大支农惠农政策力度，另一方面依靠 WTO 关税配额管理防止冲击。值得注意的是，2009 年国内大豆供求缺口进一步扩大，国产大豆的国内市场占有率下降至 25.5%，这与国产大豆产量减少及消费需求上升密切相关。

表 7-3　2000～2007 年中国主要农产品的比较优势度

单位：%

年　份	2000	2001	2002	2003	2004	2005	2006	2007
小　麦	-0.06	-0.09	-0.29	-0.27	-0.11	-0.37	-0.68	-0.62
稻　谷	0.19	0.42	0.42	0.40	0.26	0.37	0.39	0.41
玉　米	0.85	0.51	0.75	0.92	0.79	0.74	0.41	0.43
棉　花	-0.10	-0.57	-0.17	-0.15	-0.06	-0.73	-0.66	-0.63
大　豆	-0.07	-0.23	-0.19	-0.59	-0.13	-0.47	-0.68	-0.56
油菜籽	-0.43	-0.37	-0.34	-0.29	-0.21	-0.59	-0.69	-0.64
蔬　菜	0.92	0.91	0.90	0.90	0.84	0.83	0.83	0.83
苹　果	0.72	0.67	0.70	0.69	0.57	0.60	0.59	0.60
生　猪	0.50	0.45	0.45	0.39	0.05	0.08	-0.01	0.09

说明：在与国际市场同类产品比较时，当某种农产品的比较优势度为正值时，表示该农产品生产具有一定的比较优势；当比较优势度为负值时，表示该农产品生产处于比较劣势。

资料来源：2000～2006 年数据来自农业部《中国农产品贸易发展报告 2008》，2007 年数据由作者计算。

表 7-4　中国与国际市场主要粮食产品价格比较

单位：元/千克，%

年　份	小　麦			大　米			玉　米			大　豆		
	国际	中国	差距	国际	中国	差距	国际	中国	差距	国际	中国	差距
2001	0.89	1.11	24.7	1.27	1.54	21.3	0.74	1.13	52.7	1.50	2.07	38.0
2002	1.08	1.06	-1.8	1.46	1.48	1.4	0.82	1.02	24.4	1.67	2.11	26.3
2003	1.18	1.13	-4.2	1.52	1.57	3.3	0.89	1.10	23.6	2.04	2.65	29.9
2004	1.26	1.54	22.2	1.85	2.36	27.6	0.96	1.25	30.2	2.43	3.22	32.5
2005	1.15	1.50	30.4	2.10	2.27	8.1	0.81	1.22	50.6	1.99	2.78	39.6
2006	1.32	1.44	9.1	2.13	2.30	8.0	0.97	1.30	34.0	1.84	2.69	46.2
2007	1.80	1.54	-14.4	2.26	2.43	7.5	1.25	1.53	22.4	2.39	3.27	36.8
2008	2.40	1.74	-27.5	4.21	2.82	-33.0	1.55	1.62	4.5	3.28	4.70	43.3
2009	1.59	1.84	15.7	4.01	2.92	-27.2	1.18	1.63	38.1	2.65	3.58	35.1

说明：a. 差距 = （中国市场粮食价格-国际市场粮食价格）/国际市场粮食价格。b. 小麦、玉米和大豆国际价格为美国海湾离岸价，大米国际价格为曼谷价格；小麦、大米、玉米和大豆国内价格为全国平均批发价格。

资料来源：2001～2008 年数据摘自《中国农村经济形势分析与预测（2008～2009）》。2009 年数据根据郑州粮食批发市场、美国小麦协会、美国谷物协会、美国大豆协会、《粮油市场报》、《国际商报》等统计资料整理。

（三）棉花、食用植物油对外依存度较大

近年来，在国际金融危机、人民币升值等多种因素的影响下，纺织品服装出口受到较大影响，中国纺织业发展明显减速，同时人造纤维消费比重增加，这些均导致了棉花进口量的下降。尽管棉花进口量持续下降，但是中国棉花进口量仍然相当大。2007 年棉花进口 261.63 万吨，相当于国产棉花的 34%；2008 年棉花进口 218.93 万吨，相当于国产棉花的 29%。按照纺纱用棉比例估算，上述两年的棉花自给率分别为 63% 和 58%。中国棉花对外依存度较大的主要原因有：一是国内耕地较为紧缺，大幅增加棉花播种面积的难度较大。2008 年中国棉花种植面积达到 575.4 万公顷，如果要从棉花数量上保证基本自给，至少需要新增 230 万公顷棉花种植。二是棉花生产缺乏比较优势，棉花国际竞争力明显不足。2000～2007 年，由于机械化程度低、种植规模较小、劳动力成本增加、人民币升值等原因，中国棉花生产的比较优势总体上趋于下降（见表 7－3）。

在大量进口大豆等食用油籽的同时，中国大量进口食用植物油。2007 年中国进口食用植物油 839.7 万吨，2008 年进口食用植物油 817.1 万吨。从产品结构看，主要进口棕榈油、豆油和菜籽油，这三种植物油进口量合计约占世界食用植物油贸易量的 18%，中国已成为世界上食用植物油进口量最大的国家，其主要原因有：一是国内经济发展和人口增长，直接导致食用植物油消费需求持续增长；二是国内耕地紧张难以大规模增加油料作物的播种面积；三是油料作物生产缺乏比较优势。以油菜籽为例，2000～2007 年中国油菜籽生产不仅缺乏比较优势，而且其比较优势总体上处于下降趋势（见表 7－3）。

（四）蔬菜、水果出口仍然保持增长趋势

蔬菜、水果是中国具有比较优势的农产品。2002～2009 年，中国蔬菜出口量增长 72.3%，水果出口量增长 151.2%，这体现了农产品国

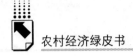

际贸易中比较优势的作用。蔬菜、水果作为劳动密集型产品，发挥了中国农村劳动力成本较低和果菜品种繁多的优势。

近几年，由于劳动力成本上升和人民币升值等因素，中国蔬菜的比较优势有所下降，但在总体上仍然保持明显的比较优势（见表 7 - 3）；同时，出口蔬菜的质量安全性不断提高，应对国外技术壁垒的能力有所增强，这也有利于保持蔬菜国际竞争力。从产品结构看，2008 年中国蔬菜产品出口额居前十位的有：番茄酱罐头、鲜或冷藏蒜头、蘑菇罐头、姜、辣椒干、芦笋罐头、干燥或脱水大蒜、鲜或冷藏胡萝卜、干香菇、鲜或冷藏洋葱。从贸易区域看，亚洲仍然是中国蔬菜出口的最大市场，其余依次是欧洲、北美洲、非洲、南美洲和大洋洲市场。日本、美国、韩国、马来西亚、俄罗斯、德国、意大利和印度尼西亚是中国蔬菜出口的主要国家。

近年来，虽然水果出口增速明显放缓，但仍是中国农产品出口的主要类别之一。在国际市场上，中国水果总体上具有比较优势，苹果的比较优势相当明显（见表 7 - 3）。值得注意的是，如何进一步提高水果的品质和质量安全性，这需要从生物技术、栽培技术、加工技术和生态环境等多方面不断努力。从产品结构看，中国水果产品出口额位居前列的品种有：鲜苹果、鲜柑橘、鲜梨、葡萄、桃、香蕉、猕猴桃和菠萝等鲜冷水果；苹果汁、柑橘汁等水果汁；菠萝罐头、桃罐头等水果罐头；葡萄干、龙眼干等水果加工品。从贸易区域看，中国水果的主要出口市场是美国、俄罗斯、越南、印度尼西亚、日本、马来西亚、泰国和荷兰。

四　政策评价与形势展望

近年来，为应对世界经济和国际市场的复杂多变形势，中国政府在大力加强农业基础建设的同时，出台了一系列相关政策措施，促进优势农产品出口和适时适度调控农产品进口等，这对农产品对外贸易长期、稳定和健康发展具有积极作用。这里，我们仅对有关政策措施进行简单评述并对农产品对外贸易形势作概略性展望。

（一）政策评价

1. "一稳两保"政策取得积极的成效

为了应对金融危机带来的严重冲击，中国政府部署了进一步稳定对外贸易的六项措施，一是完善出口信用保险政策；二是完善出口税收政策；三是大力解决外贸企业融资难问题；四是进一步减轻外贸企业负担；五是完善加工贸易政策；六是支持各类所有制企业"走出去"以带动出口贸易。这些政策围绕"稳外需、保市场、保份额"的目标，通过国家有关部委和金融系统，实施财政扶持、出口退税、银行信贷、信用保险等措施，力促中国对外贸易稳定发展。2009 年，中央财政安排农业"四项补贴"资金 1274.5 亿元，同比增长 23.7%；2008 年以来财政部、国家税务总局数次提高包括农产品在内的出口产品退税率；国家进出口银行对果汁生产等农产品出口企业进行重点信贷支持；中国信用保险公司开设农产品出口特别保险试点业务等。此外，自 2009 年 7 月 1 日起，国家取消小麦、大米、大豆等农产品的出口暂定关税。这些政策措施目的明确、针对性强和综合协调性强，产生了明显的短期效果，特别是对一些中小外贸企业渡过难关起到了重要作用，发挥了"一稳两保"的政策效应。

2. 稳步推进食品质量安全性体系建设

近几年，中国政府大力推进食品和农产品质量安全管理制度建设，在颁布《中华人民共和国农产品质量安全法》、《中华人民共和国动物防疫法》、国家质量监督检验检疫总局发布《食品召回管理规定》和《出入境水生物检验检疫监督管理办法》，以及《国务院关于加强食品等产品安全监督管理的特别规定》等法律法规之后，2009 年又颁布了《中华人民共和国食品安全法》。该法提出了建立食品安全风险评估、建立进出口食品的进出口商和出口食品生产企业的信誉记录等有关制度，以贯彻落实有关食品和农产品质量安全性的法律精神。这些法律法规对提高全社会的食品质量安全意识，特别是对提高农产品生产者和加工者的质量工作责任感和管理措施落实，对提高中国农产品质量安全性具有十分重要的作用。同时，我们也应该看到，在推进符合市场经济要求并体现国家法律精神的对外贸易体制建设方面，尤其是建立真正意义上的行业管理组织和加快外贸企业兼并整合等方面，尚无取得突破性进展。

3. 谨慎推进转基因农作物研究和应用

在保证粮食安全的背景下，中国政府对转基因生物技术始终采取了"科学规划、积极研究、稳步推进、加强管理"的发展政策。2009 年，农业部对三种转基因农作物发放了生产应用安全证书，这是中国首次为转基因粮食作物颁发安全证书，这不仅表明中国在生物技术研究及产业化方面获得了重大进展，而且还表明中国政府高度重视转基因技术对粮食增产的重要作用，力争进入转基因高新技术研发的制高点，并把发展转基因产业上升到战略的高度。中国政府实施转基因农作物新品种培育科技政策，对于增强生物技术自主创新能力，提升中国农业育种技术水平，促进农业增效和农民增收，特别是在国内土地、水资源紧缺的条件下，推进粮食等农产品增产具有重大的现实意义，也为中国政府把握国际市场粮食贸易的主动权提供有力的支撑。

（二）形势展望

1. 世界贸易发展不稳定和不平衡

虽然世界经济已度过了最为艰难的时期，西方国家企业投资欲望开始增强，消费者信心开始回暖，但是这种回升态势仍然具有相当的波动性和脆弱特征，这就决定了世界农产品贸易发展的不稳定性；与此同时，金融危机对世界各地区的影响程度是不同的，各地区经济复苏的进展也并非同步，亚洲经济回升的预期明显高于其他地区。上述两方面因素导致了 2010 年世界经济运行不稳定和地区经济发展的差异性，一些西方国家经济复苏较为缓慢，其贸易发展不可避免地受到影响，这决定了世界农产品贸易发展的不平衡性。在这种发展不平衡的格局下，中国农产品对外贸易发展不仅取决于本国经济发展，而且还取决于其他贸易伙伴国家的经济发展。

2. 农产品贸易摩擦和争端仍将较多

在世界经济尚未明显好转的情况下，贸易保护主义还将继续抬头。受金融危机影响较深的西方国家，仍会通过关税和非关税手段限制他国农产品进入。由于发展中国家与发达国家之间的经济发展差距，对发展中国家来说，农产品和食品质量安全性提高是一个庞大的系统工程和漫长的实施过程。从总体上讲，一方面发达国家技术壁垒对发展中国家的农产品出口具有相当大的负面影响，特别是在西方国家经济下滑和消费需求下降时期，技术壁垒是贸易保护主义的一种惯用手段；另一方面，西方国家利用补贴等方式促进本国（地区）农产品出口，抢占国际市场份额，这些做法无疑会导致国际贸易摩擦明显增加。

3. 中国农产品贸易发展增速将放缓

根据 2010 年世界经济发展预测和 2009 年中国农产品对外贸易情况，我们认为，在世界经济平稳复苏的前提下，中国农产品进出口额将比 2009 年有所增长，并极有可能再创历史新高。但是在未来一段期间，中国农产品进出口贸易增长速度将有所减缓，其主要原因是：一是这次金融危机对西方国家产生的负面影响不仅相当大而且也是长期的，这将导致西方国家消费需求下降和农产品进口增长速度减缓；二是中国作为经济增长较快的人口大国，面临着国内消费需求增长较快的现实，客观上要求对国内外农产品贸易的比例关系进行适当调整；三是中国作为农业资源相对短缺的人口大国，尤其是在工业化和城镇化发展较快时期，耕地和水资源的紧缺程度越来越突出，能否长期支撑农产品出口的快速增长，特别是以初级农产品形式的数量增长，有待于进一步研究。

第八章

农村居民收入与生活[*]

2009 年，在国际金融危机寒流中，由于政府的保供给、促增长、强基础、重民生等政策措施，中国经济实现了回升向好，农业和农村经济总体上保持了稳定发展态势，促进了农村居民收入的持续稳定增长，农村居民收入增长好于预期，农村居民生活水平不断提高，生活质量进一步改善。

一 农村居民收入增长

（一）农村居民纯收入实际增速回升

据对全国 31 个省（区、市）6.8 万个农村住户的抽样调查，2009 年农村居民人均纯收入 5153 元，比上年增加 393 元，增长 8.2%，名义增长回落，比 2008 年下降 6.8 个百分点；扣除价格因素影响，实际增长 8.5%，实际增速回升，比 2008 年上升 0.5 个百分点。

1. 工资性收入稳定增长

2009 年农村居民工资性收入人均 2061 元，比上年增加 208 元，增长 11.2%，增速同比下降 4.9 个百分点。工资性收入对全年农村居民增收的贡献率为 52.9%，比上年提高 11.4 个百分点。

---

[*] 若非特别说明，本章收支增长均未考虑价格因素影响。部分数据因四舍五入的原因，存在与增长率有一定误差的情况。

工资性收入中，在本乡地域内劳动得到的收入人均999元，比2008年增加100元，增长11.1%；外出务工收入人均850元，增加88元，增长11.6%，其中，省内务工收入人均477元，增加67元，增长16.2%；省外务工收入人均373元，增加22元，增长6.1%，省内务工收入增速明显高于省外。

2. 家庭经营纯收入增速回落

2009年农村居民家庭生产经营纯收入人均2527元，比上年增加91元，增长3.7%，增速同比下降7.3个百分点。家庭经营纯收入对全年农村居民增收的贡献率为23.2%，比上年下降15.8个百分点。家庭经营纯收入增速大幅回落主要是畜牧业收入下降。

农村居民家庭经营第一产业纯收入人均1988元，比2008年增加42元，增长2.2%。其中，农业纯收入人均1498元，增加71元，增长5%；畜牧业纯收入人均360元，减少37元，下降9.3%，畜牧业收入大幅下降，主要是生猪价格大幅下跌所致。

农村居民非农产业经营收入保持稳定增长。其中，工业纯收入人均87元，比2008年增加5元，增长6.6%；建筑业纯收入人均78元，增加10元，增长15%；第三产业经营纯收入人均374元，增加33元，增长9.8%。

3. 财产性收入保持较快增长

2009年农村居民财产性收入人均167元，比上年增加19元，增长12.9%，增速同比下降2.6个百分点。在财产性收入中，转让承包土地经营权收入人均19元，增加3元，增长16.1%。

4. 转移性收入继续较快增长，但增速回落

2009年农村居民得到的转移性收入人均398元，比上年增加75元，增长23.1%，增速同比下降22.3个百分点。在转移性收入中，四项农业生产补贴收入（包括粮食直补、农资综合补贴、良种补贴、农机具购置补贴）人均110元，增加15元，增长16.2%，继续保持较快增长，但增速明显低于上年；离退休金、养老金人均85元，增加21元，增长32.2%；领取最低生活保障收入人均9.4元，增加4.6元，增长96.4%。

5. 纯收入构成

2009 年农村居民家庭经营纯收入占人均纯收入比重的 49.0%，比 2008 年下降 2.1 个百分点，农村居民家庭经营纯收入比重自 1983 年以来首次下降到 50% 以下。工资性收入比重为 40.0%，比 2008 年提高 1.1 个百分点。转移性纯收入比重为 7.7%，比 2008 年提高 0.9 个百分点。财产性纯收入比重为 3.3%，比 2008 年提高 0.1 个百分点（见图 8 - 1）。

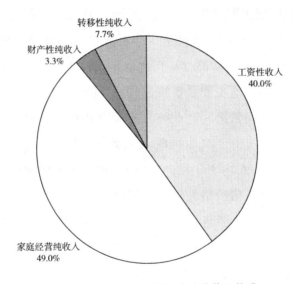

图 8 - 1　2009 年农村居民人均纯收入构成

（二）农村居民纯收入名义增速减缓

1. 名义增长速度为近 6 年最低

2009 年农村居民人均纯收入名义增长速度为 8.2%，比前 5 年各年至少低 2 个百分点以上，比增速最高的 2007 年低 7.2 个百分点，是近 6 年来名义增长速度最低的 1 年。从收入来源来看，工资性收入增速为近 5 年最低，家庭经营纯收入和财产性收入增速均为近 6 年最低，转移性收入虽增长较快，但增速仍低于上年。

2. 收入增加额为近 3 年最少

2009 年农村居民人均纯收入虽然比上年增加 393 元，但仍比 2008

年少增长 227 元，比 2007 年少增长 160 元。从收入构成来看，工资性收入、家庭经营纯收入和财产性收入增加额均为近 3 年最低，转移性收入虽增长较多，但增加额仍低于上年。

（三）农村居民现金收入增加，收入差异有所扩大

1. 现金纯收入稳定增加

2009 年农村居民全年纯收入中，现金纯收入稳定增加，农村居民全年现金纯收入人均 4543 元，比 2008 年增加 513 元，增长 12.7%，增幅比 2008 年下降 1.6 个百分点。

2. 收入差异有所扩大

2009 年，反映农村居民收入分配差距的基尼系数有所扩大，农村居民人均纯收入的基尼系数为 0.3850，比 2008 年扩大 0.0074（见图 8-2）；城乡居民收入差距也有所扩大，由 2008 年的 3.31∶1 扩大到 2009 年的 3.33∶1。

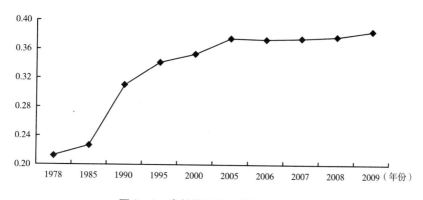

图 8-2　农村居民收入基尼系数变化

（四）不同地区和不同收入组农村居民收入增长有喜有忧

1. 西部地区农村居民收入增速较快

2009 年，不同地区农村居民收入稳定增长。按照近年的四大地区（东、中、西、东北）地理位置划分分析，东部、中部、西部、东北四

大地区农村居民人均纯收入增长中，西部地区农村居民收入增速最高。东部、中部、西部、东北四大地区农村居民人均纯收入增长速度分别为8.4%、7.6%、8.5%和7.0%。西部地区12个省（区、市）中，有9个省份农村居民人均纯收入增长速度高于全国平均增长速度；收入最少的甘肃省农村居民人均纯收入增加256元，增长9.4%。

2. 低收入组农村居民收入增长相对缓慢

按农户收入5等分分组的农村居民收入水平分析，2009年低收入组农户的人均纯收入为1549元，比上年增加49元，增长3.3%；次低收入组农户的人均纯收入为3110元，增加175元，增长6.0%；中等收入组农户人均纯收入为4502元，增加299元，增长7.1%；次高收入组农户的人均纯收入为6468元，增加539元，增长9.1%；高收入组农户人均纯收入为12319元，增加1029元，增长9.1%（见表8-1）。

表8-1　按农户收入5等分分组的农村居民纯收入比较

单位：元/人，%

类　　别	低收入户	次低收入户	中等收入户	次高收入户	高收入户
2008年农村居民纯收入	1500	2935	4203	5929	11290
2009年农村居民纯收入	1549	3110	4502	6468	12319
2009年比2008年增加	49	175	299	539	1029
2009年比2008年增长	3.3	6.0	7.1	9.1	9.1

二　农村居民生活消费增长

（一）农村居民生活消费支出实际增速提高

1. 生活消费支出稳定增长

2009年农村居民生活消费支出人均3993元，比上年增加332元，增长9.1%，扣除价格因素影响，实际增长9.4%，增速提高2.8个百分点。其中，商品性支出人均2837元，增加219元，增长8.4%；服务性支出人均 1156 元，增加 113 元，增长 10.9%。

（1）食品支出增速大幅回落。2009 年农村居民食品消费支出人均 1636 元，比上年增加 37 元，增长 2.3%，增速下降 12.8 个百分点。农村居民食品消费支出占生活消费支出的 41%，比上年下降了 2.7 个百分点。在食品消费支出中，粮食支出人均 342 元，增加 5 元，增长 1.5%；蔬菜及制品支出人均 152 元，增加 13 元，增长 9.2%；肉禽蛋奶及制品支出人均 412 元，减少 13 元，下降 3%；在外饮食支出人均 224 元，增加 15 元，增长 7.1%。食品支出增速的大幅回落是因为受到猪肉、食用油等食品价格大幅下降的影响。2009 年，人均购买猪肉 8.8 公斤，增长 14.6%，而支出下降 4.7%；人均购买食用油 5.3 公斤，增长 0.5%，而支出下降 21.6%。

（2）衣着支出平稳增长。2009 年农村居民衣着消费支出人均 232 元，比上年增加 21 元，增长 9.8%，增速提高 0.3 个百分点。其中，购买服装支出人均 156 元，增加 14 元，增长 9.7%；购买鞋类支出人均 58 元，增加 6 元，增长 10.9%。

（3）居住支出继续较快增长。2009 年农村居民居住支出人均 805 元，比上年增加 126 元，增长 18.6%，增速提高 0.3 个百分点。农村住房改造力度的加大，直接带动了建筑、购买生活用房及其雇工等居住消费支出的大幅增长。其中，建筑生活用房材料支出人均 276 元，增加 53 元，增长 24%；购买生活用房支出人均 86 元，增加 25 元，增长 40.7%；建筑、维修生活用房雇工支出人均 98 元，增加 23 元，增长 30%；购买生活用水电支出人均 94 元，增加 13 元，增长 15.4%。

（4）家庭设备用品及服务支出较快增长。2009 年农村居民家庭设备用品及服务支出人均 205 元，比上年增加 31 元，增长 17.7%，增速提高 1 个百分点。家庭设备支出的较快增长主要得益于家电下乡等惠民政策的实施。其中，购买机电设备支出人均 70 元，增加 14 元，增长 25.1%；购买家具支出人均 36 元，增加 6 元，增长 20%。

（5）交通通信支出平稳增长。2009 年农村居民交通通信支出人均

403 元，比上年增加 43 元，增长 11.9%，增速提高 2.2 个百分点。其中，购买交通工具支出人均 121 元，增加 30 元，增长 33.7%；购买交通工具用燃料支出人均 46 元，增加 5 元，增长 12.1%；购买通信工具支出人均 28 元，减少 3 元，下降 9.1%；通信费支出人均 123 元，增加 8 元，增长 6.6%。

（6）文教娱乐支出增速加快。2009 年农村居民文教娱乐支出人均 341 元，比上年增加 26 元，增长 8.3%，增速提高 5.4 个百分点。其中，购买文教娱乐用机电消费品支出人均 43 元，增加 6 元，增长 15.8%；文体娱乐服务消费支出人均 34 元，增加 8 元，增长 28.6%；学杂费支出人均 151 元，与上年同期基本持平。

（7）医疗保健支出继续较快增长。2009 年农村居民医疗保健支出人均 287 元，比上年增加 41 元，增长 16.9%，增速下降 0.1 个百分点。其中，购买药品支出人均 103 元，增加 12 元，增长 12.6%；医疗费支出人均 175 元，增加 28 元，增长 19.4%。

（8）其他商品和服务支出平稳增长。2009 年农村居民其他商品和服务支出人均 84 元，比上年增加 7 元，增长 9.7%。

2. 生活消费支出构成

与 2008 年比较，2009 年农村居民生活消费结构变动呈现 4 升 2 降 2 平态势，即居住、家庭设备和用品、交通和通信、医疗保健支出比重上升，食品、文教娱乐支出比重下降，衣着、其他商品和服务支出比重持平。

2009 年农村居民各项支出占生活消费支出的比重及变化具体是：食品支出占 41.0%，比 2008 年下降 2.7 个百分点；居住支出占 20.2%，比 2008 年提高 1.7 个百分点；交通和通信支出占 10.1%，比 2008 年提高 0.3 个百分点；文化教育、娱乐支出占 8.5%，比 2008 年下降 0.1 个百分点；医疗保健支出占 7.2%，比 2008 年提高 0.5 个百分点；衣着支出占 5.8%，与 2008 年基本持平；家庭设备和用品支出占 5.1%，比 2008 年提高 0.3 个百分点；其他商品和服务支出占 2.1%，与 2008 年基本持平（见图 8－3）。

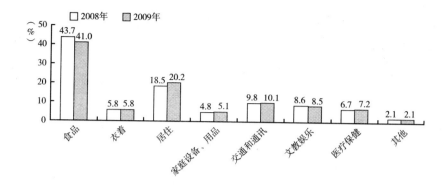

图 8 - 3 农村居民生活消费支出构成比较

（二）农村居民生活质量改善情况

1. 主要食品消费量有增有减

2009 年农村居民消费粮食人均 190.8 公斤，比 2008 年减少 9.5 公斤，下降 4.8%；消费蔬菜人均 98.4 公斤，比 2008 年减少 1.3 公斤，下降 1.3%；消费禽蛋人均 5.3 公斤，比 2008 年下降 2.1%；但消费肉类人均 21.5 公斤，比 2008 年增长 6.9%；消费奶及奶制品人均 3.6 公斤，比 2008 年增长 4.9%；消费水产品人均 5.3 公斤，与 2008 年基本持平；消费瓜果人均 20.5 公斤，比 2008 年增长 6.0%；消费坚果人均 1.1 公斤，比 2008 年增长 13%。

2. 居住条件和居住环境持续改善

2009 年农村居民人均居住面积 33.6 平方米，比 2008 年增长 3.6%。64% 的农户人均居住面积大于 25 平方米，比上年提高 2.5 个百分点。钢筋混凝土结构住房面积人均 14.5 平方米，比 2008 年增长 8.3%，居住在钢筋混凝土结构住房中的农户占 36.2%，比 2008 年提高 1.9 个百分点。砖木结构住房面积人均 15.1 平方米，比 2008 年增长 1.5%，居住在砖木结构住房中的农户占 58.7%，比 2008 年下降 0.1 个百分点。

在农村居民住房面积增加的同时，居住条件持续改善。主要表现在：一是住房卫生条件持续改善，2009 年使用水冲式卫生厕所的农户占 19.6%，比 2008 年提高了 2.1 个百分点；无厕所的农户占 6.5%，比 2008 年减少 0.9 个百分点。二是使用清洁能源的农户有增有减，2009 年使用清洁燃油、燃气的农户占 22.1%，比 2008 年下降 0.2 个百分点；使用电的农户占 4.3%，比 2008 年提高 1.2 个百分点；使用沼气的农户占 3.6%，比 2008 年提高 0.4 个百分点。三是饮用水更加卫生，2009 年饮用自来水的农户占 46%，比 2008 年提高了 2.8 个百分点；而饮用浅井水、江河湖泊塘等非卫生水的农户占 23.1%，比 2008 年减少 1.3 个百分点。四是住房外部环境改善，2009 年有 46.5% 的农户住宅外有水泥或柏油状路面，比 2008 年提高了 4.1 个百分点；2009 年还有 22.2% 的农户住宅外有石头或石板等硬质路面。

3. 主要耐用消费品拥有量明显增加

2009 年在中央刺激消费的一系列政策措施下，农村居民家庭年末主要耐用消费品拥有量明显增加。平均每百户农村居民家庭拥有彩色电视机 108.9 台，比 2008 年增加 9.7 台，增长 9.8%；洗衣机 53.1 台，增加 4.0 台，增长 8.2%；电冰箱 37.1 台，增加 6.9 台，增长 22.9%；摩托车 56.6 辆，增加 4.2 辆，增长 8.0%；电动自行车 18.7 辆，增加 4.3 辆，增长 29.6%；移动电话 115.2 部，增加 19.1 部，增长 19.9%；空调 12.2 台，增加 2.4 台，增长 24.6%；抽油烟机 9.7 台，增加 1.2 台，增长 14.5%；微波炉 7.5 台，增加 1.3 台，增长 20.8%；热水器 23.7 台，增加 3.9 台，增长 19.8%，其中具有节能功能的太阳能热水器 12.7 台，增长 33.9%，占热水器的 53.3%，比重提高 5.6 个百分点；此外，2009 年平均每百户农村居民家庭拥有生活用汽车 2.1 辆，比 2008 年增长 58.6%；家用计算机 7.5 台，比 2008 年增长 39.2%。

（三）农村居民生活消费现金支出、消费差距

1. 现金消费支出比重提高

2009 年农村居民生活消费现金支出 3505 元，占生活消费总支出的比重为87.8%，比2008年提高了1.5个百分点。其中，用于购买食品的现金支出所占比重为72.2%，比2008年提高1.2个百分点；居住现金支出所占比重为96.0%，比2008年提高了1.4个百分点。此外，在外用餐支出稳定增加。2009年农村居民在外饮食支出人均224元，增加15元，增长7.1%。

2. 西部地区农村居民消费水平增长较快

2009年西部地区农村居民消费水平增长较快。东部、中部、西部、东北四大地区农村居民人均生活消费支出增长分别为7.2%、7.3%、13.0%和11.5%。其中，西部地区12个省（区、市）中，有8个省份农村居民生活消费支出增长高于全国平均增长速度；生活消费支出最少的贵州省农村居民生活消费支出增加256元，增长11.8%。

3. 各收入组农户消费水平有不同程度增长

按农户收入5等分分组的农村居民消费水平分析，2009年各收入组农户消费水平均有不同程度增长。其中低收入组农户的生活消费支出人均2355元，比2008年增加210元，增长9.8%；次低收入组农户的生活消费支出人均2871元，增加218元，增长8.2%；中等收入组农户的生活消费支出人均3546元，增加260元，增长7.9%；次高收入组农户的生活消费支出人均4592元，增加401元，增长9.6%；高收入组农户的生活消费支出人均7486元，增加632元，增长9.2%（见表8-2）。

表8-2　按农户收入5等分分组的农村居民生活消费水平比较

单位：元/人，%

类　别	低收入户	次低收入户	中等收入户	次高收入户	高收入户
2008年农村居民生活消费	2145	2653	3286	4191	6854
2009年农村居民生活消费	2355	2871	3546	4592	7486
2009年比2008年增加	210	218	260	401	632
2009年比2008年增长	9.8	8.2	7.9	9.6	9.2

第九章
农村区域经济发展

2009 年，是新世纪以来我国经济发展最为困难的一年。面对历史罕见的国际金融危机的严重冲击，面对多年不遇的自然灾害的重大考验，面对国内外农产品市场异常波动的不利影响，通过全国上下的共同努力，农业农村经济发展取得了好形势。随着国家一系列支持中、西部地区发展政策的出台，东、中、西部地区农业农村生产、固定资产投资、农民收入及消费等方面差距缩小，但由于中、西部地区和东部地区在各个方面仍存在较大差距，应继续加大对中、西部地区的财政和政策支持力度，以统筹各区域更加和谐的发展。

一 农村区域经济发展状况及主要特点[*]

（一）中部地区农业增长依然快于东、西部地区

2009 年，我国农业生产经受住了各种自然灾害的考验，实现了农业生产的继续增长，但各地区增速均有大幅回落。初步预计，2009 年我国东、中、西部地区农业现价总产值分别为 27339 亿元、22207 亿元和 11180 亿元（见图 9-1），分别比上年增长 4.6%、6.1% 和 2.2%，增速比上年分别回落 11.6、15.9 和 16.0 个百分点。中部地区农业总产值的增速持续领先，但由于总体增速较低，各地区农业总产值占全国农业总产值的比重与上年相比变化不大。

---

[*] 若无特别说明，本章中数据及增速均为现价计算。

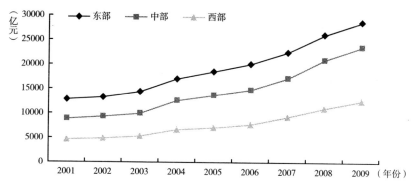

图9-1　东、中、西部地区农业总产值

说明：2009 年为预计数。

（二）东、中、西部地区农民收入和消费增速均大幅下降，中部地区下降最多

2009 年，东、中、西部地区农民人均纯收入分别为 6742.8 元、4864.8 元和 3685.6 元，分别比上年增长 8.3%、7.4% 和 9.0%，增速比上年分别回落 4.8、8.8 和 7.3 个百分点。西部地区依然保持了相对强劲的增长势头，中部地区增速下降最多。

从农民收入的结构上看，工资性收入占农民人均纯收入的比重继续提高，家庭经营收入占农民人均纯收入的比重继续下降。2009 年，东、中、西部地区农民工资性收入占农民人均纯收入的比重分别为 48.1%、34.8% 和 33.5%，分别比上年提高 1.3 个百分点、0.6 个百分点和 0.9 个百分点；家庭经营收入占农民人均纯收入的比重分别为 41.0%、55.4% 和 54.1%，分别比上年下降 2.2、1.7 和 2.4 个百分点。

农村居民人均生活消费支出增速下降，其中中部地区下降最为明显。2009 年，东、中、西部地区农村居民人均生活消费支出分别为 4889.0 元、3714.8 元和 3170.0 元，分别比上年增长 7.5%、8.1% 和 14.1%，增速比上年分别回落 4.5、7.1 和 0.5 个百分点。

（三）西部地区农村固定资产投资大幅增长，东、中部地区略有回落

2009 年，东、中、西部地区农村固定资产投资额分别为 18967.6 亿元、6740.7 亿元和 4999.0 亿元，与上年相比，分别增长 17.4%、25.5% 和 92.5%。西部地区增速比上年增加 63.8 个百分点，东、中部地区增速比上年分别下降 1.6 和 0.3 个百分点。由于西部地区农村固定资产投资增速大幅提高，导致西部地区农村固定资产投资占全国农村固定资产投资的比重比上年增加 5.5 个百分点，达到 16.3%；东部地区农村固定资产投资增长速度低于上年，所占比重下降 5.2 个百分点，为 61.8%；中部地区所占比重为 22.0%，比上年下降 0.3 个百分点。

（四）各地区县以下社会消费品零售额增速放缓

县以下社会消费品零售额可以从一定程度上反映出农民的消费状况。2009 年，东、中、西部地区县以下社会消费品零售额分别为 15616 亿元、6589 亿元和 3784 亿元，分别比上年增长 11.3%、10.2% 和 10.3%，增速分别比上年回落 8.2、11.5 和 8.1 个百分点，东部地区增长速度高于中、西部地区。从区域构成上看，东部地区县以下社会消费品零售额占全国县以下社会消费品零售额的比重为 60.1%，中部地区的比重为 25.4%，西部地区的比重为 14.6%。

（五）中、西部地区农村全面建设小康进程加快，但与东部地区的差距依然明显

2008 年，东、中、西部地区农村全面建设小康实现程度分别为 67.6%、44.5% 和 21.3%，分别比上年提升 5.6、6.4 和 6.3 个百分点，这是自 2000 年以来，中、西部地区全面建设小康进程首次快于东部地区。

虽然中、西部地区农村全面建设小康进程加快，但是在人口素质、经济发展和生活质量方面与东部地区的差距依然很大。在人口素质方面，东、中、西部地区农村全面建设小康实现程度分别为34.1%、17.9%和－49.9%，东部地区比中部地区高16.2个百分点，比西部地区高84个百分点，西部地区落后明显；在经济发展方面，东、中、西部地区农村全面建设小康实现程度分别为70.5%、31.2%和9.9%，中、西部地区与东部地区的差距分别为39.3和60.6个百分点，中、西部地区与东部地区的差距比上年分别缩小2.4和4.3个百分点；在生活质量方面，东、中、西部地区农村全面建设小康实现程度分别为74.5%、48.6%和31.2%，中、西部地区与东部地区的差距分别为25.9和43.4个百分点，其中中部地区与东部地区的差距比上年缩小1.3个百分点，西部地区与东部地区的差距比上年扩大0.4个百分点。

二　近年来农村区域经济发展特点及趋势

（一）农业生产全面增长，中、西部地区在农业生产方面与东部地区的差距进一步缩小

2001～2009年，东、中、西部地区农业生产快速发展，东部地区农业总产值由12803亿元增加到27339亿元，增长113.5%，年均增长9.9%；中部地区农业总产值由8835亿元增加到22207亿元，增长151.3%，年均增长12.2%；西部地区农业总产值由4542亿元增加到11180亿元，增长146.2%，年均增长11.9%。中、西部地区增长明显快于东部地区，中、西部地区与东部地区农业生产的差距逐渐缩小。2001年，中部地区农业总产值仅为东部地区的61%，2009年则提高到81.2%，提高了20.2个百分点；2001年，西部地区农业总产值仅为东部地区的35.5%，2009年则提高到40.9%，提高了5.4个百分点。东

部地区农业生产总值占全国的比重由 2001 年的 48.9% 下降到 2009 年的 45.0%，中部地区比重由 33.7% 上升到 36.6%，西部地区比重由 17.4% 上升到 18.4%。

我国的气候和地理条件决定了我国农业生产区域比较优势明显的特点。农业、林业和牧业生产方面，中、西部地区的区位商大于 1，具有相对优势，而渔业生产方面，东部地区的区位商大于 1，具有相对优势。随着我国各种农业补贴政策的实施及对优势产区集中发展的支持，中、西部地区的区域相对优势将进一步扩大，农业生产方面与东部地区的差距将进一步缩小。

（二）东、中、西部地区农民收入差距缩小，收入结构调整

从近年来农民人均纯收入的变化情况可以看出，东、中、西部地区农民收入的差距在逐渐缩小。东部地区农民人均纯收入由 2001 年的 3266.7 元增加至 2009 年的 6742.8 元，年均增长 9.5%；中部地区农民人均纯收入由 2001 年的 2165.2 元增加至 2009 年的 4864.8 元，年均增长 10.6%；西部地区农民人均纯收入由 2001 年的 1662.2 元增加至 2009 年的 3685.6 元，年均增长 10.5%。中、西部地区农民人均纯收入的增速大于东部地区，中、西部地区与东部地区之间的差距有所缩小（见表 9-1）。

表 9-1　东、中、西部地区农民人均纯收入水平及差距

单位：元，%

年　份	2001	2003	2004	2005	2006	2007	2008	2009
东部地区	3266.7	3616.6	3986.8	4417.0	4859.0	5504.9	6223.4	6742.8
中部地区	2165.2	2382.0	2726.6	2999.0	3331.0	3896.9	4530.0	4864.8
西部地区	1662.2	1883.7	2090.8	2300.0	2487.0	2908.8	3381.7	3685.6
东部比中部高	50.9	51.8	46.2	47.3	45.9	41.3	37.4	38.6
东部比西部高	96.5	92.0	90.7	92.0	95.4	89.2	84.0	82.9
中部比西部高	30.3	26.5	30.4	30.4	33.9	34.0	34.0	32.0

说明：2009 年为预计数。

从农民人均纯收入的结构上看，中、西部地区家庭经营收入所占比重最大，而东部地区工资性收入所占比重最大，东、中、西部地区农民工资性收入、转移性收入和财产性收入所占比重均呈逐年上升趋势，而家庭经营收入所占比重逐年下降。

东、中、西部地区农民人均纯收入中，工资性收入比重由2000年的40.0%、26.7%和24.4%提高到2009年的48.1%、34.8%和33.5%，分别提高了8.1、8.1和9.1个百分点；家庭经营收入所占比重由2000年的53.9%、69.3%和69.9%下降到2009年的41.0%、55.4%和54.1%，分别下降了12.9、13.9和15.8个百分点；转移性收入所占比重由2000年的2.3%、1.3%和2.1%提高到2009年的4.0%、2.4%和2.5%，分别提高了1.7、1.1和0.4个百分点；财产性收入所占比重由2000年的3.8%、2.7%和3.6%提高到2009年的6.9%、7.3%和9.9%，分别提高了3.1、4.6和6.3个百分点（见表9-2）。

表9-2 东、中、西部地区农民收入构成

单位：%

年 份	工资性收入	家庭经营性收入	转移性收入	财产性收入
东部地区				
2000	40.0	53.9	2.3	3.8
2002	43.5	49.6	2.6	4.3
2004	43.4	49.3	3.3	4.1
2006	46.5	45.1	3.4	5.0
2007	46.3	44.8	3.8	5.2
2008	46.8	43.2	4.0	6.1
2009	48.1	41.0	4.0	6.9
中部地区				
2000	26.7	69.3	1.3	2.7
2002	29.2	66.6	1.3	2.9
2004	29.0	66.1	1.7	3.2
2006	33.5	60.2	1.9	4.4
2007	34.1	58.6	2.4	5.0
2008	34.2	57.1	2.2	6.5
2009	34.8	55.4	2.4	7.3

续表 9 – 2

年　份	工资性收入	家庭经营性收入	转移性收入	财产性收入
西部地区				
2000	24.4	69.9	2.1	3.6
2002	26.7	66.9	2.0	4.4
2004	27.4	66.1	2.2	4.3
2006	31.8	60.0	2.4	5.9
2007	32.3	59.0	2.4	6.2
2008	32.6	56.5	2.4	8.5
2009	33.5	54.1	2.5	9.9

说明：2009 年为预计数。

（三）西部地区农村固定资产投资增速高于东、中部地区

2001～2009 年，东部地区农村固定资产投资由 4565.7 亿元增加到 18967.6 亿元，年均增长 19.5%；中部地区农村固定资产投资由 1693.3 亿元增加到 6740.7 亿元，年均增长 18.8%；西部地区农村固定资产投资由 953.2 亿元增长到 4999.0 亿元，年均增长 23.0%（见图 9 – 2）。

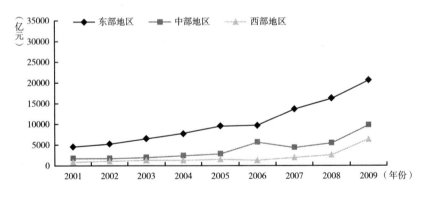

图 9 – 2　东、中、西部地区农村固定资产投资额

说明：2009 年为预计数。

从农村固定资产投资的区域构成上看，东部地区农村固定资产投资占全国的比重由 2001 年的 63.3% 下降到 2009 年的 61.8%，中部地区所占比重由 2001 年的 23.5% 下降到 2009 年的 22.0%，西部地区所占比重

由 2001 年的 13.2% 上升到 2009 年的 16.3%。2009 年西部地区农村固定资产投资的大幅增长，扭转了与东部地区差距扩大的局面。

预算内固定资产投资优先投向农业基础设施建设和农村民生工程，以及建材下乡等惠农政策必定带动农村固定资产投资的快速增长。

（四）县以下社会消费品零售额稳步增长，西部地区增加最快

2001～2009 年，各地区县以下社会消费品零售额稳步增长。东、中、西部地区县以下社会消费品零售额分别由 2001 年的 5977 亿元、2646 亿元和 1342 亿元增加到 2009 年的 15616 亿元、6589 亿元和 3784 亿元，年均增长分别为 12.8%、12.1% 和 13.8%。由于西部地区县以下社会消费品零售额增长较快，带动西部地区县以下社会消费品零售额占全国的比重由 2001 年的 13.5% 上升到 14.6%，提高了 1.1 个百分点；东部地区比重比 2001 年上升 0.1 个百分点；中部地区比重下降。随着国家一系列助农民增收、促农民消费的政策的实施，县以下社会消费品零售额将继续快速增长。

（五）小康建设稳步前进，中、西部地区与东部地区小康实现水平的差距拉大，西部地区要实现到 2020 年全面小康的目标难度较大

东、中、西部地区农村全面小康实现程度分别由 2003 年的 35.6%、13.8% 和 -9.7% 提高到 2008 年的 67.6%、44.5% 和 21.3%，分别提高了 32、30.7 和 31 个百分点。2008 年，东部地区比中部地区全面小康的实现程度高 23.1 个百分点，中部地区与东部地区的差距比 2003 年扩大 1.3 个百分点；东部地区比西部地区全面小康实现程度高 46.3 个百分点，西部地区与东部地区的差距比 2003 年扩大 1 个百分点。以此速度推算，到 2020 年，东部地区应可如期实现全面建设小康社会的目标，但西部地区要实现农村全面建设小康社会的目标仍存在较大难度。

第十章
农村生态环境与可持续发展

中国农村生态环境保护与可持续发展具有重大意义，为国家食品安全战略提供水土资源保障，为经济社会发展提供国土生态安全保障，为居民福利改善提供环境质量安全保障。

2009 年，中国农村生态环境与可持续发展管理取得重大进展，主要表现为以下五方面：①耕地资源管理从数量控制跨入质量管理阶段，2009 年 12 月发布的中国耕地质量等级调查与评定成果为耕地资源质量管理的监督和决策奠定了科学基础。② 2009 年 11 月公布的第七次全国森林资源清查结果显示，中国森林覆盖率达到 20%，已经实现了"十一五"规划中的目标。③ 2009 年底完成的全国第一次污染源普查结果，权威性地公布了中国农业污染数据，显示出农业环境污染成为中国环境污染的重要来源；同时，开展了"以奖促治"为政策工具的农村环境综合整治示范建设，开启中国农村环境保护的新篇章。④直接改善农村人口福利的农村饮水工程进展迅速，2009 年解决了 6069 万农村人口饮用水安全。⑤农村沼气从分散型向规模化发展。

展望 2010 年，中国农村生态环境与可持续发展管理将主要面临以下五方面的挑战。一是耕地数量控制和质量管理将是长期性战略。二是 21 世纪初期启动的一些为期 10 年的重大林业生态工程进入尾声，需要研究实现可持续性管理的后续配套政策；同时，目前正在快速推进的林权改革，迫切需要出台相应的森林资源保护相配套政策。三是关系到生态安全和食品安全保障意义的草地资源管理，将会是2010 年乃至今后 10 年中国农村生态环境与可持续发展的重点之一，目前中国草地资源管理存在组织和资金投入严重不足。四是随着城镇化进程的不断加快，农村环境污染问题突出，如何深化目前实施的"以奖促治"政策以及探索农村环境保护制度安排，将是农村环境综合整治工作从点到面推进的关键环节。五是在经济增长过程中，由于耕地、林地和草地资源的保护和利用，涉及经济、社会、生态目标和不同利益相关方，进一步深化以产权改革为核心的农村自然资源管理体制，完善生态补偿政策工具，对农村生态环境和持续发展具有重要意义。

一　农村生态环境状况

（一）生态资源状况

1. 耕地资源状况

2008 年全国耕地面积 12172 万公顷，占国土面积的 12.7%。2009年底耕地面积仍然沿用这一数据，其来源是第一次全国土地资源调查结果。到 2009 年 12 月底，全国第二次土地调查已经基本完成，具体数据要待进一步核实后公布。

在耕地数量控制的基础上对耕地质量状况的关注日益增加，国土资源部 2009 年 12 月发布了中国耕地质量等级调查与评定成果。[①] 全国耕地分等工作历时 10 年，将全国 18 亿亩耕地分成了 1000 万个单元，涵盖 2608 个县级单位，建立标准样地 5 万多块。以县级土地利用现状图为基础，汇总编绘了全国 1:50 万、1:450 万农用地等别图；建立了1:50万农用地分等国家级汇总数据库。这是国家统一组织的对全国农用地质量进行的第一次全面调查，第一次全面摸清全国耕地等别与分布状况，实现全国耕地等别的统一可比。耕地等级的评定，为实现相同等

---

① 国土资源部门户网站，2009 年 12 月 24 日。

级的耕地占补平衡、基本农田调整划定等奠定了科学基础。

2. 森林资源状况

2009 年 11 月国务院公布的第七次全国森林资源清查结果显示,[①]全国森林面积 1.95 亿公顷,森林覆盖率 20.36%,活立木总蓄积149.13 亿立方米,森林蓄积 137.21 亿立方米;天然林面积 1.2 亿公顷,天然林蓄积 114.02 亿立方米;人工林保存面积 0.62 亿公顷,蓄积19.61 亿立方米,人工林面积继续保持世界首位。

第七次全国森林资源清查与第六次清查相比,森林面积净增2054.3 万公顷,全国森林覆盖率上升了 2.15 个百分点,森林蓄积净增11.23 亿立方米;天然林面积净增 393.05 万公顷,天然林蓄积净增6.76 亿立方米;人工林面积净增 843.11 万公顷,人工林蓄积净增 4.47亿立方米。未成林造林地面积 1046.18 万公顷,其中乔木树种面积637.01 万公顷,增长了 30.17%。

第七次全国森林资源清查结果表明,中国森林资源进入了快速发展时期,中国确立的以生态建设为主的林业发展战略和采取的一系列重大政策措施取得了巨大成效。

第七次全国森林资源清查于 2004 年开始,到 2008 年结束,历时 5年。全国共实测固定样地 41.5 万个,判读遥感样地 284.44 万个,获取清查数据 1.6 亿组,数据涉及森林资源数量、质量、结构、分布的现状和动态,以及森林生态状况和功能效益等方面。

3. 草地资源状况

草原是中国面积最大的陆地生态系统。中国现有天然草地近 4 亿公顷,其中可利用面积 3.1 亿公顷,占全国国土面积的 41.7%,相当于耕地面积的 4 倍、森林面积的 3.6 倍。[②] 中国草地资源的现状是:面积减小、资源退化。草地作为农业资源,它与耕地、森林有着相互转化的关

---

① 2009 年 11 月 18 日《中国绿色时报》。

② 章力建:《关于加强我国草原资源保护的思考》,《中国草原》,农业部草原监理中心主办,2009 年 12 月 8 日。

系。由于人口压力的增大，许多水热条件好、适宜开垦的草地已变为农田。大量调查发现，草地减少、消失的直接成因在于人为开垦草原。

国务院发展研究中心 2009 年发布的《国家草原项目效果评估与草原治理政策完善》主题报告中指出：[1] 目前中国严重退化草原近 1.8 亿公顷，并以每年 200 万公顷的速度继续扩张，天然草原面积每年减少 65 万~70 万公顷，同时草原质量不断下降。约占草原总面积 84.4% 的西部和北方地区是中国草原退化最为严重的地区，退化草原已达草原总面积的 75% 以上，尤以沙化为主。

4. 农业用水量状况

2008 年全国农业用水总量 3663.5 亿立方米，占用水总量的 62%；2000 年以来全国农业用水总量占全部用水总量的 2/3 左右，但呈下降趋势（见表 10 – 1）。

表 10 – 1　农业用水总量的变化

单位：亿立方米，%

年　份	2000	2002	2003	2004	2005	2006	2007	2008
用水总量	5497.6	5497.3	5320.4	5547.8	5633	5795	5818.7	5910
农业用水量	3783.5	3736.2	3432.8	3585.7	3580	3664.4	3599.5	3663.5
农业占总量	68.8	68.0	64.5	64.6	63.6	63.2	61.9	62.0

资料来源：《中国统计年鉴 2009》，中国统计出版社，2009，第 394 页。

5. 生态退化状况

中国目前有 1/3 以上的国土面积存在水土流失问题，严重水土流失县 646 个，几乎每个流域、每个省都有。值得注意的是，经济最贫困地区往往也是水土流失最严重地区。在贫困地区，水土流失防治投入严重不足，防治速度缓慢。

2009 年由水利部、中国科学院和中国工程院联合公布的《中国水

---

[1]　国务院发展研究中心："草原生态治理与牧区经济社会发展研讨会"主题报告，2009 年 4 月 19 日。

土流失与生态安全综合科学考察》结果显示，50 年来，中国因水土流失损失耕地 5000 多万亩。[①]

（二）农村环境状况

在发展农业的过程中，化肥、农药、地膜的使用，对粮食的增产发挥了重要的作用。但是在部分地区，由于不合理使用，也造成了一定程度的农业面源污染。养殖业的快速发展也造成了一定程度的面源污染。

1. 化肥施用量

2000 ~ 2008 年，农用化肥施用量持续增加，由 4146.4 万吨增加到 5239 万吨，年均增长 3.0% （见表 10 - 2）。农用化肥施用量的持续增加，为增加粮食产量作出贡献的同时，在局部地区成为农业面源污染的来源。

表 10 - 2　2000 ~ 2008 年全国农用化肥施用量

单位：万吨，%

年　份	2000	2002	2003	2004	2005	2006	2007	2008
化肥施用量	4146.4	4339.4	4411.6	4636.6	4766.2	4927.7	5107.8	5239
增长率	—	2.0	1.7	5.1	2.8	3.4	3.7	2.8

资料来源：《中国统计年鉴 2009》，中国统计出版社，2009，第 453 页。

2. 畜牧养殖规模

畜牧业已发展成为中国农业的支柱产业，为保障农产品供给、促进农民增收作出了重要贡献。2008 年底，全国大牲畜存栏 12250.7 万头，其中牛 10576 万头；羊 28084.9 万只。2008 年，全国肉猪出栏 61016.6 万头。2000 年以来，大牲畜和牛的养殖规模呈下降趋势；肉猪出栏头数有较大增长，羊的养殖规模相对稳定（见表 10 - 3）。由于养殖废弃物的开发利用和治理工作相对滞后，造成的环境污染问题日益突出。

---

① 转引自 2009 年 12 月 30 日《中国环境报》。

表 10 - 3   主要牲畜饲养情况

单位：万头，万只

年份	大牲畜年底头数		肉猪出栏头数	羊年底只数
	总数	其中:牛		
2000	14638. 1	12353. 2	51862. 3	27948. 2
2001	13980. 9	11809. 2	53281. 1	27625
2002	13672. 3	11567. 8	54143. 9	28240. 9
2003	13467. 3	11434. 4	55701. 8	29307. 4
2004	13191. 4	11235. 4	57278. 5	30426
2005	12894. 8	10990. 8	60367. 4	29792. 7
2006	12287. 1	10465. 1	61207. 3	28369. 8
2007	12309. 3	10594. 9	56508. 3	28564. 7
2008	12250. 7	10576	61016. 6	28084. 9
2008 年较 2000 年增长	- 16. 3	- 14. 5	17. 7	0. 49

资料来源:《中国统计年鉴2009》，中国统计出版社，2009，第469~470 页。

3. 农业面源污染

2009 年底完成的第一次全国污染源普查，首次将农业源、县级政府所在地以外全部城镇的生活源以及垃圾处理厂的渗滤液等纳入调查范围。普查结果显示，[①] 2007 年全国废水中化学需氧量为3028.96 万吨，总磷为42.32 万吨，总氮为472.89 万吨。

农业源污染物排放对水环境的影响较大，2007 年，其化学需氧量排放量为1324.09 万吨，占化学需氧量排放总量的43.7% 。农业源也是总氮、总磷排放的主要来源，其排放量分别为270.46 万吨和28.47 万吨，分别占排放总量的57.2% 和67.4% 。从这次普查的结果看，在农业源污染中，比较突出的是畜禽养殖业污染问题，畜禽养殖业的化学需氧量、总氮和总磷分别占农业源的96% 、38% 和56% 。要从根本上解决中国的水污染问题，必须把农业源污染防治纳入环境保护的重要议程。

① 人民网，http://env.people.com.cn/，2010 年2 月9 日。

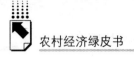

二　农村生态环境保护和管理进展

（一）耕地资源政策和工程进展

1. 耕地保护政策进展

中国的耕地保护以健全和完善法律、制度和政策为核心内容。2009年耕地保护政策进展表现为建立基本农田永久保护制度和加强占补平衡补充耕地质量建设与管理。

（1）建立基本农田永久保护制度。到2009年，中国已建立了116个国家基本农田保护示范区，涉及基本农田面积1.33亿亩，覆盖了全国主要农作物种植区。中共十七届三中全会《中共中央关于推进农村改革发展若干重大问题的决定》明确提出要划定永久基本农田，建立保护补偿机制，确保基本农田总量不减少、用途不改变、质量有提高。为此，2009年12月国土资源部、农业部联合下发《关于划定基本农田实行永久保护的通知》，对基本农田永久保护从以下六方面提出了具体要求：①落实中央要求、实行永久保护，开创基本农田保护工作新局面；②合理调整、科学划定，确保基本农田落地到户；③加强信息化建设、推行网络化报备制度，实现基本农田动态管理；④严格占用审批、及时补划到位，确保基本农田的数量和质量；⑤实行年度变更调查、强化督察考核，提升基本农田监管水平；⑥加大投入、创新机制，强化基本农田保护和建设。

（2）加强占补平衡补充耕地质量建设与管理。为进一步贯彻落实《土地管理法》确定的占用耕地补偿制度，补充与被占用耕地数量和质量相当的耕地，坚守18亿亩耕地红线，确保国家粮食安全，针对一些地方对补充耕地质量缺乏有效管理，以及普遍存在的对耕地重用轻养、补充耕地过程中重工程建设轻地力培肥等问题，国土资源部、农业部决定进一步强化措施，加大占补平衡补充耕地质量建设和管理力度。2009年12月国土资源部、农业部联合下发《关于加强占补平衡补充耕地质

144

量建设与管理的通知》，提出以下五点要求：①切实提高认识，高度重视补充耕地质量建设与管理；②采取有效措施，组织实施好补充耕地项目；③严格把好关口，搞好占补平衡补充耕地的验收工作；④持续加大投入，确保补充耕地质量不断提高；⑤强化监督管理，推动补充耕地质量建设与管理跃上新台阶。

2. 基本农田建设

基本农田建设是中国耕地保护的重要手段。2009 年基本农田建设的进展表现为农田水利建设和农业综合开发项目中的改造中低产田、建设高标准农田。

2008～2009 年度各级财政用于农田水利基本建设的投入为 885.08 亿元，比上年增加 361.77 亿元，增长 69%。其中，中央财政投入 327.48 亿元，省级财政投入 217.06 亿元，分别比上年增长 140%、83.4%。中央和省级财政投入增加有力地带动了地方、群众和其他社会组织的投入，本年度受益农户、民营及其他社会组织投入农田水利基本建设的资金达 349.42 亿元。[①]

2009 年中央财政加大农业综合开发投入力度，累计安排资金 166 亿元，[②] 比上年增加近 30%。在中央投入带动下，各地财政、农民和社会投资积极参与，全年总投入达到 447.48 亿元。2009 年累计改造中低产田、建设高标准农田 2660 万亩，新增粮食生产能力 32.73 亿公斤，为实现粮食持续增收作出了积极贡献。

2009 年中央财政资金重点投向粮食主产区，中央投入到 13 个粮食主产省份的资金超过 100 亿元。新增的中央投入主要用于中低产田改造和高标准农田建设，重点扶持开发潜力大的粮食生产大县（市），实行田、水、路、林、山综合治理，并大幅提高项目区亩产投入标准，力争建成一批集中连片、旱涝保收、高产稳产的粮食核心产区。

---

① 《回良玉副总理在全国冬春农田水利基本建设工作会议上的讲话》，2009 年 12 月 25 日，中国水土保持生态建设网。
② 《中央财政 166 亿元投入农业综合开发》，2010 年 1 月 6 日《人民日报》。

为适应现代农业的新要求，2009 年启动国家农业综合开发高标准农田建设示范工程。利用新增中央建设投资预算 18 亿元资金，[1] 率先在吉林、河南等 25 个省（区、市）和新疆生产建设兵团、黑龙江省农垦总局，建立 170 万亩水利化、田园化的"永久粮仓"，同时启动与之配套的 87 个中型灌区节水改造项目。

（二）重大林业生态工程建设

2008 年林业用地总面积 28492.56 万公顷，全国造林总面积 535.44 万公顷，[2] 其中，重大林业生态工程造林总面积 343.82 万公顷，占全国造林总面积的 64%；天然林保护工程、退耕还林工程、防护林建设工程和京津风沙源治理工程对全国造林总面积的贡献分别为 19%、22%、14% 和 9%（见表 10 - 4）。防护林工程建设期为 1978 ~ 2050 年，是一项长期的生态工程，其对全国造林总面积的贡献相对稳定；而 21 世纪初启动的大规模林业生态工程建设，已经取得了重大历史性进展。

表 10 - 4　全国造林面积和重大林业生态工程的贡献

单位：万公顷，%

| 年份 | 全国造林总面积 | 林业重点工程造林总面积 | | 各工程造林占全国造林面积比重 | | | | |
		面积	占全国造林面积比重	天然林保护工程	退耕还林工程	防护林建设工程	京津风沙源治理工程	速生丰产林建设工程
2000	510.5	—		—	—	—	—	—
2001	495.3	316.0	63.8	19.1	17.6	20.9	4.4	1.8
2002	777.1	677.7	87.2	11.0	56.9	10.0	8.7	0.6
2003	911.9	826.3	90.6	7.5	67.9	5.9	9.0	0.2
2004	559.9	480.3	85.8	11.5	57.5	8.0	8.5	0.4
2005	364.8	310.9	85.2	11.6	52.8	10.1	11.2	0.3
2007	390.8	268.2	68.6	18.8	27.0	14.7	8.1	0.1
2008	535.4	343.8	64.2	18.8	22.2	14.3	8.8	0.1

资料来源：《中国统计年鉴 2009》，中国统计出版社，2009，第 417 ~ 418 页。

[1] 《中央财政 166 亿元投入农业综合开发》，2010 年 1 月 6 日《人民日报》。
[2] 本数据来自《中国统计年鉴 2009》第 417 页。另根据 2010 年 2 月 4 日国家林业局通报 2009 年全国营造林综合核查结果，2008 年全国营造林综合核实面积 535.8 万公顷。中央政府门户网站。

2009 年，全国共安排造林计划 548 万公顷（其中包括 2008 年第四季度新增投资中安排的造林任务 254.7 万公顷），比 2008 年增长 13.99%。据统计，全年完成造林面积 588.5 万公顷，比 2008 年增长 9.92%。[①]

2001～2008 年，林业重点工程造林总面积占全国造林总面积的比重在 64%～100%,[②] 其中 2002～2006 年的 5 年间，其比重达到 85%～100%，表明这 5 年为林业重点工程重要的时期（见表 10-4）。这一时期最大的贡献来自于退耕还林工程，2002～2005 年，退耕还林工程对全国造林总面积的贡献率超过 50%。随着天然林保护工程（2000～2010 年）、退耕还林工程（执行期 2002～2006 年，延长期为 8 年）、京津风沙源治理工程（2002～2012 年），逐步进入到实施的后期阶段，重大林业生态工程对全国造林总面积的贡献率趋于稳定，进一步增加森林面积的难度增加。

（三）草原保护和建设

草原生态建设是中国重大生态工程的一部分，主要在西部地区。2000 年以来，国家在西部地区投入草原生态治理资金 201.74 亿元，先后组织实施了退牧还草、京津风沙源草地治理、西南岩溶地区草地治理工程等一系列重大草原生态工程，集中治理生态脆弱和严重退化草原，局部地区生态环境明显改善。

退牧还草工程从 2003 年开始实施，截至 2009 年，中央财政累计在西部地区投入资金 179 亿元，围栏封育草原 6.77 亿亩，工程区产草量比非工程区提高 68%。京津风沙源治理工程从 2000 年开始实施，中央累计在西部地区投入资金 21.69 亿元，安排 3528 万亩草原治理任务，严重沙化草原面积缩减 20% 以上。西南岩溶地区草地治理工程投入资

---

① 《2009 年全国林业经济运行状况报告》。
② 根据《中国统计年鉴 2009》第 417～418 页数据计算。

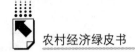
金 1.05 亿元，完成草原建设任务 40 万亩，岩石裸露率降低 19 个百分点。

但是，草原畜牧业基础设施建设严重滞后，牲畜棚圈、人工饲草地建设严重不足，目前全国累计人工种草面积只有 4.3 亿亩，占天然草原面积的 1/7。

（四）水土流失综合防治

2009 年水土流失综合防治进展表现为，国家水土保持重点治理工程取得新进展和水土保持工作领域进一步拓宽。

2009 年，全国共完成综合防治面积 7.5 万平方公里，其中综合治理 4.8 万平方公里，封育保护 2.7 万平方公里。国家水土保持投入保持稳定增长，长江上中游、黄河上中游、石漠化治理、黑土地保护、丹江口库区水源保护等水土保持重点建设工程稳步推进，年内治理水土流失 2.1 万平方公里。全国生态自然修复步伐明显加快，已有 27 个省份的 1200 个县实施了全面封禁，累计实施封育保护面积 72 万平方公里，其中 40 万平方公里的生态环境得到初步修复。

2009 年水土保持试点工作重点为三方面：①在北京密云水库、河北王快水库和湖北丹江口水库等 10 座水库（包括水源区）开展了水土保持面源污染防治试点。②在全国 30 个省（自治区、直辖市）的 81 条小流域继续开展生态清洁小流域试点工程建设工作，进一步探索了生态清洁小流域建设经验，形成政府主导、多部门配合、群众广泛参与的有效机制。③水土保持生态补偿机制连续 3 年写进中央 1 号文件，陕西、山西、河北等省已进入实质性补偿阶段，水土保持生态补偿机制建设取得新进展。

（五）"以奖促治"推进农村环境综合整治

2008 年 7 月，国务院召开全国农村环境保护工作电话会议，作出了"以奖促治"重大决策，旨在通过加大农村环境保护投入，逐步完善农村环境基础设施，调动广大农民投身农村环境保护的积极性和主动性，推动农村环境综合整治，并设立由中央财政出资的农村环境保护"以奖促治"和"以奖代补"专项财政资金，专项用于农村环境综合整治。

"以奖促治"是推进农村环境综合整治的重大政策措施，它的实施范围原则上以建制村为基本治理单元，政策重点支持农村饮用水水源地保护、生活污水和垃圾处理、畜禽养殖污染和历史遗留的农村工矿污染治理、农业面源污染和土壤污染防治等与村庄环境质量密切相关的整治措施。

对经济欠发达和不发达地区严重危害农村居民健康、群众反映强烈的突出环境问题，要通过"以奖促治"，事前给予财政资金补助，采取有力措施进行整治，重在解决突出问题；对已开展生态建设示范、生态环境达标村镇，要通过"以奖代补"，事后给予财政资金奖励，重在巩固和提高治理成效。

2009 年 2 月，国务院办公厅转发了环境保护部、财政部、国家发改委《关于实行"以奖促治"加快解决突出的农村环境问题的实施方案》，明确了"以奖促治"政策的总体要求、工作目标和实施程序等内容。

2009 年 4 月，环境保护部召开农村环境综合整治"以奖促治"和自然生态保护工作研讨会，确定当前和今后一个时期，以实行"以奖促治"、"以奖代补"政策和强化监管为主线，以建立健全农村环境综合整治目标责任制为保障，以加强农村环境监管能力建设为基础，以完善农村环境经济政策和推广农村环保适用技术为支撑，针对重点流域、区域和问题突出地区开展集中整治，着力解决危害群众身体健康、威胁城乡居民食品安全、影响农村可持续发展的突出环境问题，改善农村环境质量，积极探索农村环境保护新道路。

2009 年，中央财政加大投资力度，安排资金约 10 亿元，用以支持1200 多个环境问题突出的村庄开展环境综合整治，支持 170 多个全国

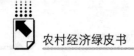

环境优美乡镇、国家级生态村开展生态示范建设，900 多万群众直接受益，带动各地农村环保投资近 15 亿元。①

（六）农村饮水工程

从 2006 年开始，中国开始全面实施农村饮水安全工程。根据国务院批准的《全国农村饮水安全工程"十一五"规划》，"十一五"时期全国计划解决 1.6 亿农村居民饮水安全问题，到 2015 年全部解决全国 3.2 亿农村人口的饮水安全问题。中共十七届三中全会明确要求此项工作进一步"提速"，力争在 2013 年解决农村饮水安全问题。2006～2009 年，中央累计安排资金 390 亿元用于农村饮水安全工程，2009 年解决了 6069 万农村人口饮用水安全。②

水利部近几年的调查、审计和评估表明，饮水安全工程发挥了四大效益：一是促进了社会和谐，密切了党群、干群关系。二是改善了生活条件，提高了农民的健康水平。据测算，项目区户均年节省医药费支出 200 元左右。三是解放了农村生产力，促进了农村经济发展。据测算，实施农村饮水安全工程，全国项目区户均年节省 53 个挑水工日，其中，42% 用于外出打工，86% 的农民增加了收入。四是促进了民族团结，维护了社会稳定。农村饮水安全工程投入注意向少数民族地区倾斜，使少数民族地区的群众减少了因水引发的纠纷，促进了民族团结。③

（七）农村沼气工程

截至 2008 年底，全国农村已经建成户用沼气池 3050 万户，针对畜禽养殖场、大中型养殖场的大中型沼气池 2700 处。据初步统计，2009

---

① 2009 年 12 月 30 日《中国环境报》。
② 2010 年 2 月 8 日中央电视台《新闻联播》。
③ 《农村饮水安全工程》，科技网，2010 年 1 月 14 日。

年又增加了 450 万户左右的农村户用沼气。这些沼气池的建设，消化和处理了大量的人畜粪便和其他污染物。[①] 2009 年农村沼气工程主要进展有以下三方面。

第一，农村沼气投资格局发生了变化。过去以户用为主转向现在以多元发展为主，从而带动投资结构发生变化。在沼气投资结构中，户用沼气由 2008 年的 81.6% 下降到 2009 年的 47.6%，大中型沼气由 2008 年的 3% 提高到 2009 年的 35.1%。

第二，探索农村沼气服务体系建设新模式。随着农村沼气的大范围推广，服务体系支撑不足的问题日渐突出。2008 年开始乡村服务体系项目建设，各地探索出了农村沼气服务网点体系五种模式：专业合作社型、社团组织型、公司经营型、个人经营型和政府引导型。为了加强沼气服务体系建设，2009 年 5 月，国家发改委和农业部联合印发《关于下达农村沼气项目 2009 年第二批新增中央预算内投资计划的通知》，决定提高对沼气服务网点的补助标准，对东、中、西部地区，中央补助标准分别为 2.5 万元、3.5 万元、4.5 万元。[②]

第三，沼气原料发生变化。长期以来沼气的原料只是粪便，现在开发利用秸秆，拓宽了沼气的原料领域。

三　农村生态环境和可持续发展展望

（一）耕地资源数量控制和质量管理是长期战略

为了粮食安全的耕地资源保障，国家"十一五"规划中提出耕地资源保护和利用目标为：[③] 到 2010 年，耕地保有量保持在 12120 万公顷；基本农田确保 10400 万公顷；新增建设用地 195 万公顷；新增建设

---

① 人民网，2010 年 2 月 9 日。

② 《农村沼气发展进入新阶段》，国际新能源网，2010 年 1 月 6 日。

③ 国土资源部：《全国土地利用总体规划纲要（2006～2020）》。

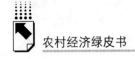

用地占用耕地控制在 100 万公顷以内等目标。

尽管按照目前执行的耕地占补平衡制度，2009 年能够实现耕地资源数量管理目标。但是，伴随着中国工业化和城乡统筹的进程，承担着粮食安全资源保障重任的耕地，仍将长期面临着数量控制和质量管理两方面的挑战。从数量上讲，建设用地的过快增长仍将给耕地保护造成重大压力；从质量上讲，土地退化、水土流失、占优补劣、基本农田建设投入机制不完善等，是制约耕地资源稳定和提高的因素。为了保证粮食安全和耕地安全，中国将会一如既往地实行最严格的耕地保护制度。

（二）多渠道筹措资金增加农田水利建设投入

根据国家粮食安全中长期规划纲要，到 2020 年全国需要增加粮食生产能力 1000 亿斤。目前，农田水利对农业的支撑能力明显不足，全国有一半耕地缺少基本灌排条件；很多灌区工程不配套，老化失修严重；一些设施特别是中小型水利设施老化失修严重。农业抗御水旱灾害的能力还十分薄弱，每年水旱灾害造成粮食损失大约 1000 亿斤。

推进国家新增千亿斤粮食生产能力建设，加强农田水利基本建设是最有潜力可挖的途径之一。水利部门测算，目前仅每年冬春农田水利基本建设投入的劳动工日，比 20 世纪末约减少 100 亿个，按每个工日 10元计算，相当于每年减少投入 1000 亿元。[①] 农田水利欠账太多，有些地方已难以为继。因此，要努力建立中央和地方财政投入农田水利基本建设的新机制，研究制定吸引农民资金、信贷资金以及社会各方面资金投入农田水利基本建设的新政策。

（三）迫切需要出台与集体林权制度改革相配套的森林资源保护政策

第七次全国森林资源清查结果显示，中国森林覆盖率达到 20%，

---

① 《回良玉副总理在全国冬春农田水利基本建设工作会议上的讲话》，《中国水利》，中国水利报社主办，2009 年 11 月 10 日。

已经实现了"十一五"规划中的森林覆盖率目标，[①] 目前中国人工林已经达到 5000 万公顷，居世界第一位。中国森林资源进入了快速发展时期，确立的以生态建设为主的林业发展战略和采取的一系列重大政策措施取得了巨大成效。尽管如此，中国仍然存在着森林资源不足、质量不高、造林难度越来越大等问题。

2009 年中央召开的首次林业工作会议，全面部署推进集体林权制度改革工作，提出改革要达到的目标是，用 5 年左右的时间，对 25 亿亩集体林地的产权全部通过承包落实到户，真正使农民成为林地的经营主体，由此，集体林权制度改革在全国推开。在集体林权改革的广大农村，面临着利益关系的再调整和林业经营方式的转变。在新的产权制度和经营方式下，如何实现森林资源保护和持续利用，迫切需要尽快出台相配套的森林资源保护政策。在此背景下，凸显森林生态价值和效益补偿机制等重大的理论和现实问题，生态补偿成为重要的政策举措。

（四）逐步增加草地资源保护和建设的投入

近 10 年来，中国用于生态环境保护建设的资金近 10000 亿元，草原累计投入仅 240 亿元，仅占 2.4%。在有限的投入中，也主要以实施草原围栏等生态保护措施为主，内容单一。2000～2008 年的 9 年中，平均每年每亩草原的投入只有 0.4 元。[②] 退牧还草工程作为目前草原上最大的建设项目，实施中在资金投入方面存在着两大问题。①退牧还草工程中饲料粮补助标准偏低，非青藏高原地区禁牧草原每亩年补助 4.95 元，休牧草原每亩补助 1.24 元，补助期限为 5 年；青藏高原地区

---

① "十一五"规划中森林资源保护与利用目标为：到 2010 年，森林覆盖率达到 20%，森林蓄积量达到 132 亿立方米。其中：国家保护的重点公益林面积达到 0.51 亿公顷，占国土面积的 5.37%；国家工程保护的天然林面积达到 0.57 亿公顷，占国土面积的 6.0%。

② 《国家应加大草原保护建设投入力度》，2009 年 11 月 20 日《农民日报》，中国畜牧兽医信息网。

补助标准减半，补助期限为 10 年。目前中国绝大部分地区草原的亩产草价值都在 10 元以上，现行的补贴标准远远低于草原的实际价值，不足以弥补农牧民因草原围栏造成的直接损失。②在同一重大生态工程中，林草建设补助标准差异大。如京津风沙源治理工程，飞播造林每亩 120 元，全部由中央投入，而飞播种草每亩 100 元，中央只投入 50 元。致使一些地方因无力配套而放弃种草，不顾当地具体条件盲目争取植树项目，结果是草没种成，树又没种活。

草地资源的保护和利用，是中国生态环境保护和农村持续发展的重要内容，随着经济增长和重大生态工程的深入开展，需要逐步改善草原保护和利用投入不足的现状。

（五）农村环境综合整治由示范建设向逐步推开转变

2007 年底，国务院办公厅转发的《关于加强农村环境保护工作的意见》中提出了农村环境保护的八项工作重点：①保护好农村饮用水源地。②加大农村生活污染治理力度。③严格控制农村地区工业污染。④加强畜禽水产养殖污染防治。⑤控制农业面源污染。⑥积极防治农村土壤污染。⑦加强农村自然生态保护。⑧加强农村环境监测和监管。这是中国农村环境保护工作的行动纲领和总体部署。

为此，2008 年下半年开始实施"以奖促治"政策，农村环境综合整治示范建设落到实处并取得一定成绩。刚刚公布的全国第一次污染源普查结果进一步定量揭示出，畜禽养殖、农村生活垃圾、化肥农药是中国重要的污染源，已初见成效的"以奖促治"政策，具有可操作性和见效快的优势，将成为 2010 年农村环境保护工作的重点和亮点，由此将推动农村环境综合整治工作的深入开展。

但从长远看，要实现防治农业面源污染和农村生产生活废弃物可持续管理的目标，中国农村环境保护需要制度创新。中国农村环境保护战略，是中国环境保护战略的一个有机组成部分，农村环境问题需要在城乡统筹发展的战略中得到解决。

（六）逐步深化以产权为核心的农村自然资源管理制度改革

以家庭承包制为起点的耕地产权制度改革取得成功，对耕地资源管理具有深刻的影响。随着现代农业的发展，多种创新型耕地资源的经营制度安排正在一些地区进行试点和探索，需要给予足够的关注和相应的政策诱导。

集体林权改革的目标和实施步骤已经确定，不断地发现集体林改中的新问题和出台相应的法规和政策，是这项重大改革成功的重要条件。

20 世纪 80 年代初期效仿农区的做法，牧区对天然草场也进行了以草、畜双承包为内容的产权制度改革。从政府公布的数据看，草地产权制度改革在一些地方取得了成效，而在另外一些地方却面临着困境。这项产权制度改革推行多年，到 2009 年 8 月，全国草原承包经营面积接近 2.2 亿公顷，约占全国草原总面积的 55%。①

深化以产权改革为核心的农田水利管理体制改革，目标是克服管理主体缺失和管理能力薄弱造成农田水利设施老化失修、效益衰减的困境。各地正在探索建立和创新专业管理与群众管理相结合的农田水利基本建设和运行管理体制机制，包括通过承包、租赁、拍卖、股份合作、农民用水户协会参与等方式促进使用权流转，落实管护责任。在这一进程中，同样面临着诸多挑战。

农村自然资源的产权制度安排是首先内生于自然资源的特征，并需要诱导出与自然规律相匹配的经济政策和制度安排。

---

① 高鸿宾：《全国草原工作会议暨草原监理工作会议召开》，《中国草原》，农业部草原监理中心主办，2009 年 8 月 26 日。

第十一章

农垦经济形势分析[*]

2009 年，面对种种严峻挑战，农垦系统积极应对，保持了经济快速增长，粮食等主要农产品产量再创历史新高，企业效益稳中有升，职工收入和生活水平进一步提高。农垦经济成为农业和农村经济发展的一大亮点。

一　农垦经济发展历程

农垦作为中国农业农村经济的重要组成部分和中国国有经济的重要组成部分，是一个具有自身发展特点的经济社会系统，涉及农业、工业、第三产业和社会事业发展的各个方面。新中国成立后，为医治战争创伤、迅速恢复和发展生产，在毛泽东等党中央第一代领导集体的直接领导下，以成建制的人民解放军转业官兵为骨干、吸收大批知识分子、支边青年组成农垦大军，到边疆和内地的荒原地区，进行大规模垦荒造田、兴办了大量的国有农场。由于国有农场特殊的地理位置和组织模式，在开发边疆、建设边疆、保卫边疆、维护民族团结和国家安定等社会政治方面发挥了重大作用。

1978 年，农垦经济已初具规模，拥有国有农场 2038 个，职工 514 万人，总人口 1095.8 万人，耕地 6424 万亩，林地 2707 万亩，种植橡胶 552 万亩，茶果园 150 万亩。到 2008 年末，农垦拥有国有农场 1893

---

[*] 文中除非特别说明，所有资料均来自于农业部农垦局，2009 年数据为预计数。

个，总人口 1303.9 万人（见表 11 - 1），耕地 8248.4 万亩，林地 5200.8 万亩，种植橡胶 629.2 万亩，茶果园 411.8 万亩。

表 11 - 1　1978 年以来农垦基本情况

单位：个，万人

年　份	1978	1980	1990	2000	2005	2007	2008
农场个数	2038	2093	2159	2026	1923	1885	1893
总　人　口	1095.8	1136.9	1181.1	1198.5	1259.5	1287.3	1303.9
职工人数	514	492	526	392	336	330	334.5

新中国成立初期到 1978 年，受高度集权、以行政管理为主要特征的计划经济体制的影响，农垦经济效益不佳。1950～1978 年的 29 年间，有 19 年亏损。因此，自 1978 年以后，农垦系统的改革任务与全国其他各个部门一样繁重而艰巨。

总体上，农垦改革开放经历了 1978～1991 年、1992～2001 年和 2002 年以来三个历史阶段。在第一阶段，全国农垦按照中央的统一部署，解放思想，拨乱反正，在对国有农场进行治理整顿的同时，以单项改革为主，以放权让利、调动企业和职工积极性为重点，开始在企业层面对传统管理体制和经营模式进行多方面、多领域的改革试验。这个阶段，是农垦企业改革的突破和试验探索阶段。第二阶段，是以邓小平南方谈话和党的十四大明确提出中国经济体制改革的目标是建立社会主义市场经济体制为标志。农垦改革以邓小平南方谈话和党的十四大精神为指导，改革重点从企业层面深入到管理体制，从放权让利转入体制、机制创新，从单项改革进入综合配套改革。这个阶段，是农垦改革全面推进阶段。第三阶段，农垦按照中央关于着力解决"三农"问题的总要求，以制度建设为核心，以产业化、集团化、股份化为重点，着力营造良好的体制和政策环境。

经过 30 多年的改革与发展，农垦经济取得了巨大成绩，经济持续较快增长，经济结构不断优化，经济效益稳步提高，职工生活明显改善。在建设现代农业、保障主要农产品供给、维护社会稳定和国家安定等方面发挥着重要作用。

全国农垦生产总值由 1978 年的 75.3 亿元增加到 2009 年的 2664.6 亿元，年均增长 12.1%。分阶段看，1978~1996 年，农垦连续 18 年盈利，利润总额累计达 196.2 亿元。但在 1997~2001 年，受多种因素影响一度出现亏损。直到 2002 年，农垦才扭转亏损局面实现利润 21.1 亿元。此后，农垦经济效益持续高速增长。2004~2008 年是农垦经济增长最快的时期，每年国内生产总值增长率都在 12% 以上。

农垦着力加强第一产业，努力提高第二产业，积极发展第三产业，产业结构得到优化。2009 年，第一、第二、第三产业增加值在农垦生产总值中的比重分别为 34.6%、38.9% 和 26.5%，第二、第三产业占农垦生产总值的比重为 65.4%，比 1978 年提高了 23.4 个百分点。

农业是农垦的基础产业，在农垦经济中占有很大比重。农垦一直承担着保障国家粮食等主要农产品有效供给、示范带动现代农业建设的重大使命。改革开放以来，农垦高度重视农业资源合理配置和开发，按照高产、优质、高效、生态、安全的要求，充分发挥资源、技术和组织优势，建立了一大批规模化经营、机械化作业、标准化生产和产业化经营为一体的大型农产品生产基地。坚持用现代物质条件装备农业，其水平在全国处于领先地位。农垦大宗农产品的优良品种率、农业科技贡献率等指标大大高于全国平均水平。农业生产基础条件的改善，保证了农垦农业生产的可持续发展。

农垦工业是伴随着农垦事业的发展而壮大起来的。改革开放前，农垦工业经历了一个曲折发展的过程，并取得一定成效。1978 年，全国农垦有各类工业企业 6023 家，职工 67 万多人；工业总产值约 35.7 亿元，实现利润 5.4 亿元。改革开放后，农垦工业受到高度重视。1979 年，农垦部成立工业局，负责管理农垦工副业生产。2002 年以前，农垦工业虽然保持较高增长速度，但总体上看，增长比较粗放，劳动密集型工业占了很大比重。随着市场经济的发展和农垦改革的深化，农垦着力调整结构，转变增长方式，积极发展知识和资本密集型工业，工业增长速度、质量和效益逐步提高。2002～2008年，除少数工业产品外，农垦主要工业产品均实现较快增长，产量年均增长速度超过10%的工业产品有18种。工业增加值快速提高。经过几十年的发展，农垦初步形成了以农产品加工为主的工业体系。农垦工业已涉及食品制造、医药制造、饲料加工、纺织、家具制造、设备制造、电力生产、汽车制造等36个行业。农垦工业企业中形成了一大批具有较强竞争力的企业。从区域分布上看，农垦工业结合自身的资源优势、区位条件，在各垦区发展各具特色的工业产业，垦区工业布局逐步合理和优化。部分垦区开展工业园区建设也取得了显著成效。

农垦第三产业是伴随着农垦区的农业、工业发展和职工生活水平的提高逐步发展起来的。在农垦开发建设过程中，一些垦区和农场逐步兴办起一些为自身生产和生活服务的商业，少数垦区还兼营为垦区外社会服务的商业。改革开放初期，农垦第三产业主要为其自身的生产和生活服务，规模小，从业人员少，涉及的领域也比较窄。1978年，农垦独立核算的运输企业只有30家，商业企业只有442家。但自1979年农垦系统试办农工商联合企业以后，以商业为主的第三产业开始作为独立产业逐步发展起来。随着农工商联合企业的兴办和农工商综合经营的发展，商业机构的数量和规模不断扩大，商业经营范围逐步拓宽，商业营销额也大幅度增加。近年来，农垦第三产业保持了平稳较快发展，旅游业、房地产业、现代物流业等产业成为新亮点。农垦社区服务业充分发挥农场组织化程度高的优势，围绕农场和周边农村农业生产和农副产品加工、销售，提供高质量的产前、产中、产后的综合配套服务。不少垦区积极建立贸工农、产供销一体化的服务实体，加强农业专业化服务，农业产业化经营得到有利推进。

农垦始终高度关注民生，最大限度地帮助解决职工群众生产生活中的困难问题，最大限度地解决职工群众最关心的根本利益问题，职工生活质量和生活水平明显提高。1978~2008 年 30 年间，农垦职工平均工资和人均纯收入年均增速分别为 8.8% 和 8.0%。

二 2009 年农垦经济形势

（一）经济发展总体情况

2009 年，受国际金融危机的影响，农垦经济增速有所下降。据初步统计数据显示，预计全年农垦经济可实现生产总值 2664.6 亿元，比 2008 年增加 308.5 亿元，增长 12.2%，高于全国经济平均增长速度 3.5 个百分点。

2009 年，农垦第一产业增加值 921.6 亿元，比上年增长 9.0%；第二产业增加值 1036.5 亿元，增长 16.5%；第三产业增加值 706.5 亿元，增长 11.5%（见表 11－2）。第一、第二、第三产业增加值在农垦生产总值中的比重为 34.6%、38.9%、26.5%（见表 11－3）。

表 11－2　1978 年以来农垦国内生产总值增长变化（当年价）

单位：亿元

年　份	1978	1980	1990	2000	2005	2007	2008	2009
国内生产总值	75.3	95.8	222.2	720.6	1358.6	1981.5	2356.1	2664.6
第一产业	43.7	52.6	112.1	311.3	560.4	729.7	841.9	921.6
第二产业	23.4	30.2	75.0	219.2	417.2	711.8	884.3	1036.5
第三产业	8.2	13.0	35.1	190.1	381.0	540.0	629.9	706.5

表 11－3　农垦三次产业增加值构成

单位：%

年　份	1978	1980	1990	2000	2005	2007	2008	2009
第一产业	58.0	54.9	50.5	43.2	41.2	36.8	35.7	34.6
第二产业	31.1	31.5	33.8	30.4	30.7	35.9	37.5	38.9
第三产业	10.9	13.6	15.8	26.4	28.0	27.3	26.7	26.5

2009 年，农垦企业利润基本保持稳定，税金有所增加。预计全年农垦企业实现利税 211.7 亿元，比上年增长 2.6%，其中利润 60.3 亿元；特别是第二产业效益大幅度提升，实现利润 28.6 亿元，比上年增长 20.5%。

增加投入是农垦经济发展的重要保障。2009 年农垦固定资产投资大幅增加，全年固定资产投资总额完成 1170 亿元，比上年增加 238.8 亿元，增长 25.6%（见表 11－4）。其中，新疆生产建设兵团、黑龙江、河北、湖北和广西垦区的固定资产投资均超过 100 亿元，五垦区预计投资总额 910 亿元，占总投资额的 77.8%。2009 年农垦投资重点包括农业、水利、危旧房改造、生态环境、运输、教育卫生等基础性和公益性建设，对农垦经济又好又快发展起到较好的拉动作用。

表 11－4　1978 年以来农垦固定资产投资及收入增长变化（当年价）

单位：亿元，元

年　份	1978	1980	1990	2000	2005	2007	2008	2009
固定资产投资总额	11.1	16.4	36.5	153.2	449.5	691.6	931.2	1170
职工年平均工资	483	682	1647	5384	8255	10712	12069	—
人均纯收入	228	293	799	3036	4195	5731	6389	6900

2009 年，农垦人均纯收入达 6900 元，增速与前几年基本持平，比全国农民人均纯收入高 1747 元。

（二）农业生产情况

2009 年，农垦农业综合生产能力进一步提高，粮食产量达到 2736 万吨，创历史最高水平。

1. 粮食实现连续 6 年增产

2009 年，农垦克服了特大干旱、低温寡照和病虫害等自然灾害的影响，全年粮食生产保持了持续稳定发展的好势头，连续 6 年创下播种面积、综合单产、总产量"三超历史"的佳绩，粮食综合生产能力跃上了新的台阶。

表 11-5 农垦主要农产品产量

单位：万吨

年 份	1978	1980	1990	2000	2005	2007	2008	2009
粮 食	648	767	1168	1465	1859	2144	2422	2736
棉 花	7.4	8.9	28.1	83.2	124.7	157.6	163.6	141.6
油 料	3.7	12.3	36.5	71.3	66.9	60.4	78.5	75.2
糖 料	94.3	146.1	630.6	589.5	667.5	864.3	846	836.4
干 胶	9.5	10.3	23.1	34.7	32.0	33.4	28.2	33.1
水 果	24.5	26.6	64.8	118.6	178.8	239.6	250.6	286.6

据统计，2009 年农垦粮食播种面积达 6575 万亩，比上年增加 652 万亩，增长 11%，其中水稻面积达 2426 万亩，占农垦系统谷物播种面积的 46.9%。粮食平均亩产达到 416 公斤，比上年增加 7 公斤，增幅为 1.7%。在播种面积和单产双增情况下，全年农垦粮食总产量达 2736 万吨，增产 314 万吨，超出上年增产量 36.4 万吨，增幅达到 13%。粮食增长主要来自于黑龙江等粮食主产垦区。其中，黑龙江垦区粮食总产达 1652.6 万吨，商品粮突破 1500 万吨，可保障近 1 亿人口一年的口粮供应。

2. 棉花、油料和糖料生产有所下滑

受金融危机和种植结构调整等因素影响，2009 年农垦棉花生产下滑，种植面积 943 万亩，比上年减少 191 万亩，下降 16.9%，其中新疆生产建设兵团棉花种植面积 699 万亩，比上年减少 145 万亩，占全系统减少量的 76%，但单产有所提高。2009 年棉花总产量为 141.6 万吨，减产 22.0 万吨，减幅达到 13.4%。其中，新疆生产建设兵团因调整种植结构，棉花产量为 111.4 万吨，减少约 20 万吨，下降 15.2%。2009 年油料种植面积 553 万亩，比上年减少 62 万亩；油料总产量 75.2 万吨，减产 3.3 万吨，下降 4.2%。糖料种植面积 156 万亩，比上年减少 21 万亩；糖料总产量 836.4 万吨，减产 9.6 万吨，下降 1.1%。

表 11-6 农垦耕地和主要农作物播种面积

单位：万亩

年 份	1978	1980	1990	2000	2005	2007	2008	2009
耕 地	6426	6684	6640	7205	7557	7557	8248	—
农作物	6393	7024	6642	7134	7718	8450	8748	—
粮食作物	3924	5363	4893	4746	5064	5579	5923	6575
棉 花	198	245	383	791	974	1206	1134	943
油 料	306	337	459	691	557	508	615	553
糖 料	69	100	228	155	151	182	176	156

3. 畜牧业稳定发展

尽管受国际金融危机和国内畜产品价格走低等大环境不利因素的影响，农垦畜牧业总体上仍保持了稳定发展态势，牲畜存栏保持增长。2009年底，猪存栏1055.6万头，比上年增加86.9万头，增长9.0%；牛存栏288.7万头，比上年增加12.9万头，增长4.7%，其中，奶牛存栏120.4万头，比上年增加0.7万头，增长0.6%；羊存栏1533.6万只，比上年增加81.3万只，增长5.6%；肉类总产量215.4万吨，比上年增加23.4万吨，增长12.2%；牛奶产量333.9万吨，比上年增加13.1万吨，增长4.1%；禽蛋产量28.4万吨，比上年增加2.8万吨，增长10.9%；水产品总产量102.7万吨，比上年增加5.5万吨，增长5.7%（见表11-7）。

表 11-7 农垦畜牧业生产情况

年 份	1978	1980	1990	2000	2005	2007	2008	2009
猪存栏(万头)	477.9	398.9	360.7	478.1	722.8	878.2	968.7	1055.6
奶牛存栏(万头)	13.0	15.3	51.0	51.3	101.6	112.5	119.7	120.4
羊存栏(万只)	643.0	703.7	909.6	1104.7	1591.6	1345.7	1452.3	1533.6
肉类(万吨)	18.4	23.7	41.6	85.0	145.8	177.1	192.1	215.4
牛奶(万吨)	27.1	32.5	95.4	116.5	245.5	291.2	320.8	333.9
禽蛋(万吨)	1.4	2.4	18.0	20.4	22.4	24.0	25.6	28.4

4. 干胶产量实现较快增长

2009 年，全国种植橡胶的地区气候条件比较有利于橡胶树生长和产胶，天然橡胶总产创历史新高。预计全年天然橡胶总产量可达 60 万吨，比上年增长 10.3%。其中，农垦系统干胶总产量预计为 33.1 万吨，比上年增加 4.88 万吨，增长 17.3%；海南垦区 17.8 万吨，比上年增长 15.1%；云南垦区 13.9 万吨，比上年增长 15.4%；广东垦区 1.3 万吨。

5. 水果产量持续增长

2009 年农垦系统水果产量为 286.6 万吨，比上年增加 36.0 万吨，增长 14.4%。热带水果产量增幅较大，价格总体较好，产品质量改善，产业效益进一步提升。

（三）第二、第三产业发展情况

2009 年，农垦工业各项指标均保持增长态势。预计全年实现工业增加值 829.2 亿元，比上年增长 14.5%。在 14 种主要工业产品中，原煤、饮料酒、大米和小麦粉、纱、布、服装、发电量、水泥和砖 10 种产品产量保持平稳增长幅度，机制糖、乳制品、家具、机制纸减产。建筑业在扩大内需政策的拉动下，发展速度大幅度提高。预计建筑业完成增加值 207.3 亿元，增长超过 20%。

2009 年，农垦第三产业在应对金融危机、拉动经济增长方面发挥了重要作用。从 15 个垦区预测的情况看，有 11 个垦区第三产业的增长在两位数以上，其中黑龙江垦区增长 13.1%，广东垦区增长 16.1%，广西垦区增长 22.5%，北京垦区增长 13.3%，新疆生产建设兵团增长 10.8%，辽宁垦区增长 13%，湖北垦区增长 11%，宁夏垦区增长 17.9%，江苏垦区增长 34.7%，安徽垦区增长 10%，天津垦区增长 165%；上海垦区和重庆垦区分别增长 5.4% 和 7%；甘肃、河南垦区下降。第三产业的增长主要表现在产品流通、旅游及商贸服务领域。2009 年全年第三产业增加值 706.6 亿元，比上年增长 11.5%。

三 农垦经济发展的主要措施

2009 年，全国农垦围绕深化改革、加快发展、改善民生、促进和谐的工作主旨，着力解决制约农垦经济发展的各种瓶颈问题，取得明显成效。

（一）深化改革，增强农垦经济发展的活力和动力

1. 完善垦区管理体制和运行机制

全国有 17 个垦区积极推进集团化改革，取得明显成效。2009 年，集团化垦区围绕做强做大的战略目标，完善母子公司体制和法人治理结构，加大集团母公司的管控力度、资源整合重组力度和资本运作力度，市场竞争力和应对风险能力显著提高。如北京农垦在成功收购原三鹿集团核心资产后，又整合华都集团、大发畜产公司，组建了北京首都农业集团有限公司，成为北京最大的农业龙头企业；宁夏农垦以"贺兰山"、"西夏王"和"沙湖"三大品牌为龙头，重组集团资产，促使集团由管理型向经营型转变；海南农垦以推进扁平化管理为重点，加快集团体制改革。非集团化垦区进一步强化指导服务职能，农场功能定位进一步明确。

2. 创新完善农业经营体制

在完善家庭承包经营制度、确保农工土地承包经营权的基础上，积极探索和创新农业经营管理方式，着力提高农业生产经营的组织化程度。如江苏农垦，在充分尊重职工土地承包权益的基础上，通过模拟股份制方式将土地集中经营，大幅度提高了农业的组织化、规模化、集约化水平，实现了农场增效、职工增收；湖北农垦通过土地流转集并，推进规模化经营等。同时，认真落实国有农场税费改革政策，全面规范农工收费项目和收费标准，进一步加强了农工负担的监测和监管，农工负担得到有效控制，防止反弹的机制初步建立。以"专业公司＋基地"

为主要模式的农业产业化经营扎实推进，有效提升了农业整体效益。

3. 深化国有农场内部改革

围绕强化农场生产经营职能，提高运行效率和经济效益，进一步加大了农场内部机构改革和生产经营组织的整合力度。如新疆生产建设兵团压缩了一半多的团场管理机构，减少人员近40%，合并减少生产连队近40%，精简连队非生产人员2000余人；黑龙江农垦撤销了34个分场、2241个生产队；辽宁垦区的农场全部取消三级管理，农工人均管理费负担降低70%。

此外，许多垦区在推进分离企业办社会、现代企业制度建设和所有制结构调整等方面也都取得了新的进展。

（二）加强现代农业建设，增强示范带动能力

1. 建设大型农产品生产基地

围绕建设大规模、高水平、现代化生产基地，采取多种措施，全面提升农产品生产基地的现代化建设水平。加强农田水利等基础设施建设，实施中低产田改造。认真组织开展高产攻关活动，狠抓农业新品种、新技术的集成推广应用，提高土地产出率。加大物质装备投入，着力提升机械化水平，2009年农业综合机械化程度首次突破80%。开展标准化规模化养殖创建活动，推进现代化养殖，养殖生产水平明显提高。

2. 加强农产品质量安全工作

在完善农业标准化体系、质量检验检测体系和认证体系的基础上，以推进标准化生产、实施农垦农产品质量追溯项目为抓手，全面加强农产品质量工作，有力提升了农垦农产品质量。2009年，农垦农产品质量追溯项目推广到23个省（自治区、直辖市）、56个企业，涉及7大类品种、140个产品，初步形成了生产有记录、流向可追踪、信息可查询、质量可追溯的农产品质量安全监管模式。

3. 推进现代农业示范区建设

围绕高科技、高水平、高效益，进一步强化示范区建设工作。目前，全系统除农业部确定的 100 个示范农场外，各垦区根据当地实际，创建了不同层级的现代农业示范区 300 多个，有效地展示了农垦现代农业的形象，发挥了明显的示范带动作用。如黑龙江垦区充分发挥农业产业龙头企业的作用，实施产品加工与原料基地有机结合，带动当地 50 万户，种植基地 2000 万亩，养殖奶牛 9 万头，肉牛 32 万头，生猪 220 万头；新疆生产建设兵团 61 家龙头企业（其中国家级 11 家），带动 38 万农户，种植基地 1200 万亩，养殖牲畜 597 万头，禽类 476 万只；湖北垦区 24 家产业化龙头企业（其中国家级 2 家）带动种植养殖基地农户 17.2 万户，增加就业 37.2 万个。

4. 加快天然橡胶及热作产业发展

2008 年下半年，受国际金融危机的影响，国内外天然橡胶价格大幅下跌，部分橡胶加工企业产品积压严重，资金周转困难，农业部及时与有关部门协调出台了天然橡胶国家收储和其他促销政策，改善了热作产业发展的外部环境。切实加强生产管理和技术推广，狠抓热作病虫害疫情监测和防控工作，提高热作产业生产水平。调整优化产品结构，加大市场营销力度，确保了热作产业高产高效。

（三）发展第二、第三产业，进一步扩大农垦对外开放

1. 积极发展农垦工业

农垦工业深化产权改革，调整结构，强化企业管理，挖掘内部潜力，开拓新兴市场，有效化解了金融危机带来的不利影响。积极采取资产重组、企业并购、扩大引资、加大重大项目建设投资力度、发展工业园区等措施，培育新的经济增长点，促进了工业增长速度、质量的不断提高。如天津农垦控股天津壳牌石油有限公司、上海农垦收购云南糖业、黑龙江农垦收购"贝兰德"奶业等，使优势产业迅速做强做大；广西农垦明阳工业园区引进 28 家企业入驻，实现营业收入 270 多亿元，

成为垦区经济新的增长点。

2. 大力发展第三产业

充分发挥资源、区位和品牌等优势，加快农产品流通、商贸服务、旅游和房地产产业发展。一些垦区围绕发展现代农业，积极培育新的农业服务产业，如黑龙江垦区的"粮食银行"和阳光互助保险公司，有效降低了农业生产和销售风险；一些垦区围绕延长产业链条，积极发展农产品流通业，如重庆垦区建立了年交易量 500 万头的生猪交易市场，为促进带动地方畜牧业发展发挥了重要作用；还有一些垦区围绕拓展农业功能，着力打造具有农垦特色的旅游文化产业，目前全系统已有宾馆、酒店 330 多家、旅行社 153 家、AAA 级以上旅游景点 20 多个，预计全年实现旅游收入约 50 亿元。

3. 稳步实施"走出去"战略

一些有条件的垦区，充分发挥产业化、集团化和管理水平高的优势，扎实推进国际农业资源开发合作，对外经济交流与合作取得新进展。如黑龙江、新疆生产建设兵团、江苏、广东、云南等垦区境外农业合作开发取得新成就，陕西、湖北等垦区承担的 5 个非洲国家农业示范中心项目建设进展顺利，还有一些垦区加强了境外农产品营销网络建设，促进了产品出口。

（四）统筹经济社会发展，着力解决垦区民生问题

1. 不断完善农垦社会保障体系

职工养老、医疗、失业、生育、工伤等基础性社会保险以及最低生活保障、社会救助的参保面不断扩大，从基本覆盖全体职工逐步向覆盖垦区居民迈进，保障水平不断提高，从农场的低水平保障逐步向公平享受社会保障迈进；运转方式不断完善，从系统管理逐步向社会化规范管理迈进。

2. 加大社会建设投入

中央和地方各级政府对农垦改革发展的支持力度加大。全年落实各

项强农惠农政策资金近 50 亿元，比上年明显增加。垦区危旧房改造顺利推进，全年 6 个垦区、290 个农场和单位、23.8 万户职工纳入到国家危旧房改造年度计划，落实中央和地方配套改造资金 21.11 亿元。饮水安全、道路建设、基层卫生院基础设施建设也都开始纳入相应的规划，部分项目已经实施。垦区社会事业稳步发展。

3. 扎实推进农垦扶贫开发

重点加强了低产田改造、小型农田水利、人畜饮水、场内道路建设、危旧房改造等基础设施建设和先进实用种养技术推广等，贫困农场的农业综合生产能力明显提高，交通等生产生活条件得以改善，职工年均收入较上年提高 300 元以上。

4. 加强国有农场土地管理

各垦区认真贯彻落实国土资源部、农业部 2008 年 202 号文件（《关于加强国有农场土地使用管理的意见》），切实加强了耕地保护、土地确权发证、土地维权及监管和土地开发整理，土地资源信息化管理在一些垦区和农场取得突破，大大提高了国有农场土地使用管理水平。目前，全国农垦土地确权发证率达 45.4%，43.7% 的农场完成了确权发证工作。

四　2009 年农垦经济发展存在的主要问题

（一）受国际金融危机等因素影响，商品出口总额减少

在国内外经济环境十分复杂困难的形势下，世界农产品贸易形势发生重大变化，对农垦经济发展的影响加大，农垦对外贸易出现大幅度下滑。全年出口供货商品总金额为 485.7 亿元，比上年减少 269.4 亿元，下降 35.7%。其中，新疆生产建设兵团出口商品额与上年相比降幅近 50%。出口商品供货总额排名前 10 位的垦区是：新疆生产建设兵团 308.1 亿元、广东 33.0 亿元、黑龙江 31.3 亿元、浙江 29.3 亿元、湖北

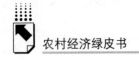

14.0 亿元、辽宁 13.2 亿元、江西 11.5 亿元、上海 9.2 亿元、广西 7.5 亿元、海南 5.6 亿元，10 垦区出口总金额为 462.7 亿元，占全国农垦的 95.3%。

（二） 发展不平衡问题加剧，一些垦区在当地经济社会发展中的地位作用趋于弱化

首先是各产业之间发展不平衡。第一产业增加值比重仍然较高，预计 2009 年仍占 34.6%，第二、第三产业发展相对滞后；畜牧业在农业中的比重仍然偏低，仅占 25% 左右。其次是垦区之间、农场之间发展不平衡。大多数垦区通过改革发展形成了自己的特色、优势产业和支柱产业，经济实力不断增强，职工收入不断增加，在当地的影响力和带动力不断扩大；但有一些垦区发展缓慢，处于边缘化状态。贫困农场数量和其所涉及的人口在全国农垦还占较大比重。第三是个别垦区与地方发展的差距拉大。主要表现为垦区经济总量在当地的比重明显下降，一些农场人均收入低于周边农民平均水平。此外，经济发展与社会事业发展之间、不同群体之间也存在发展不平衡的现象。

（三） 体制机制问题尚未根本解决，成为制约农垦发展和国家政策落实的重要因素

主要表现在两个方面。一是政企关系尚未根本理顺。由于农垦长期实行政企合一的体制，企业承担了办社会、管社会的职能。改革开放以来，农垦不断推进政企分开并取得明显成效，但政企合一、社企不分的问题尚未根本解决，导致企业社会负担沉重。同时，一些垦区的交通、通信、饮水、电力、水利、职工住房、小城镇，以及教育、卫生、文化等基础性、公益性建设，不能纳入地方经济社会发展规划和投资计划；当地政府的有关政策甚至是扶持"三农"发展的政策，仍未完全覆盖垦区。分离企业办社会职能的改革，在一些垦区由于缺乏政府的有力支持，在资产移交、债务处置、人员安置，以及政企分开后农场辖区内社

会事业的管理、经费来源、机构人员编制、农场经营管理职能的划分等方面，仍存在较大困难。二是农垦内部体制改革不到位。实行集团化改革的垦区，母子公司体制、公司法人治理结构以及集权与分权的关系等还有待于进一步完善和理顺。国有农场由市、县管理的垦区，主管部门对农场的协调、服务和监管职能还有待进一步加强。国有农场内部组织结构、管理机构改革调整和分离办社会职能等仍需进一步加大力度。农业经营中，土地承包的主体、方式、费用、期限等还有待进一步规范。

（四）一些涉及职工切身利益的问题没有根本缓解，成为影响垦区社会稳定的隐患

一方面，社会保障制度还不完善。保险覆盖面和保障水平还有待提高。目前，全国农垦还有 10% 的职工没有参加城镇企业职工基本养老保险，53.7% 的职工未参加城镇职工基本医疗保险，50% 以上职工没有参加失业保险、工伤保险和生育保险。个别垦区退休人员月人均养老金仅 400~500 元。企业缴费压力大。随着社会平均工资逐年提高，农场职工养老等社保金的缴费来源主要依靠土地承包费，而土地收益难以相应提高，农场和职工缴费困难。一些历史遗留问题尚未得到妥善解决，主要是部分垦区企业参保前形成的养老金拖欠、企业改制后职工社保金负担主体不明确、事实劳动关系人员和大集体职工的参保问题。另一方面，就业压力不断加大。由于大多数农场远离城镇，职工及子女就业区域封闭、就业渠道少，主要靠农场内部解决，造成大量职工家属、子女待业。特别是近年来，由于受国内外经济环境和国有农场经济结构调整、企业改革的影响，农场第二、第三产业下岗分流人员较多，外出务工人员返场增加，就业压力进一步加大，一定程度上影响垦区稳定。

五　2010 年展望

从当前形势和发展趋势看，国际金融危机影响仍然存在，中国经济

回升的基础还不牢固，国内外市场竞争日趋激烈，制约农垦发展的不确定因素较多。但是，通过长期的改革发展，农垦正处在历史上最好时期之一，为农垦经济社会持续健康发展奠定了良好的基础条件。

2010年，农垦将进一步深化改革，加快分离企业办社会职能，继续完善农业经营体制，深化垦区管理体制改革和多种形式推进国有农场改革，并进一步加强以农田水利为重点的农业基础设施和物质装备建设。在抓好粮棉油生产的基础上加快发展特色高效农业，推进农业标准化生产，抓好农垦现代农业示范区建设，建立健全社会化服务体系，加大先进适用生产技术推广力度等多项措施来加快现代农业建设步伐，提高农业综合生产能力。大力发展第二、第三产业，加快工业化、城镇化进程。转变热作产业发展方式，推动产业不断优化升级。着力保障和改善民生，促进垦区社会和谐稳定。积极推进全方位经济合作，进一步拓展发展空间。

通过实施以上涉及农垦经济和社会发展强有力的各项措施，预计农垦经济和社会事业仍会保持良好的发展势头。2010年，农垦将实现生产总值2950亿元，增长10%；人均纯收入达到7400元，增长7%；农垦粮食生产保持好的形势，产量将达到2700万吨以上，其他农产品产量保持稳定增长，全部完成农垦"十一五"规划目标。

专题一
集体林权制度改革回顾与进展

集体林权制度改革，是理顺林业生产关系，激发林业内在活力，增强林业发展动力的重要保障。改革开放以来，特别是 2008 年 6 月中央 10 号文件颁布，2009 年 6 月中央林业工作会议召开以来，各级党委政府把集体林权制度改革作为统筹城乡经济发展，促进农民增收致富，加快新农村建设步伐的重要手段，积极进取，全力推进，取得了重大成果。

一　集体林权制度的历史沿革

（一）土改时期：分山分林到户

1950～1953 年，政府采取强大的行政手段，将没收的土地和林地，按照"均田地"的思想分给农民，实行农民的土地所有制，通过土地改革，广大农民分得了林地和林木。1950 年 6 月颁布了《中华人民共和国土地改革法》，农村依法实行农民的土地所有制，对"没收和征收的山林、鱼塘、茶山、桐山、桑田、竹林、果园、芦苇地、荒地及其他可分之地，应按适当比例，折合普通土地统一分配之。为利于生产，应优先分给原来从事此项生产的农民，分得此项土地者，可少分或不分普通耕地，其分配不利于经营者，得由当地人民政府根据原有习惯，予以民主管理，并合理经营之。"这是土地改革中山林权属处理的最初法律依据。1951 年 4 月中央政府发布的《关于适当的处理林权、明确管理

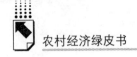

保护责任的指示》，主要是为了在土地改革中做好山林的没收、征收和分配工作。

（二）农业合作化时期：山林入社

1953～1958 年，农村开展了山林入社工作，对农民个体所有的山权、林权进行改造，农民个人仅保有自留山上的林木及房前屋后的零星树木的所有权，山权及成片林木所有权通过折价入社，转为合作社集体所有。1953 年 12 月中共中央通过的《关于发展农业生产合作社的决议》强调指出："为了进一步提高农业生产力，党在农村工作的最根本的任务，就是要逐步实行农业的社会主义改造，使农业能够由落后的小规模生产的个体经济变为先进的大规模生产的合作经济。" 1956年 6 月第一届全国人民代表大会第三次会议通过了《高级农业生产合作社示范章程》，该章程第二条规定：农业生产合作社按照"社会主义的原则把社员私有的主要生产资料转为合作社集体所有，组织集体劳动，实行各尽所能、按劳取酬、不分男女老少，同工同酬。"这是进入合作化初期，由初级合作社逐渐向高级合作社转化的一个时期，农民具有的权益状况是个人拥有林地和林木的所有权、合作社拥有部分林木所有权和林地的使用权、收益权在林地所有者和合作社之间分配，森林资源产权主体并不是仅仅局限于农民，农业合作社虽然不具有所有权，但是对主体的收益权有很大的影响，林权的排他性进一步的降低。

（三）人民公社时期：山林集体所有、统一经营

1958 年 8 月，中共中央通过了《关于在农村建立人民公社的决议》，"一大二公"、"一平二调"的人民公社化运动迅速兴起，农业合作社所有的林权并入人民公社集体所有，形成了集体所有、统一经营的产权结构，实行了政社合一的管理体制。1960 年，《中共中央关于农村人民公社当前政策问题的紧急指示信》提出以队为基础的三级所

有制，对农村劳力、土地、耕畜、农具必须实行"四固定"，固定给生产小队使用，并且登记造册。这次制度变迁主要是基于传统赶超战略的需要，通过林业集体所有的形式将林业经营剩余转移到工业和城市建设中，为新中国的工业化开辟了广阔的道路，而在制度变革中广大农民的利益却受到频繁损害。从长远发展来看，高度共有产权，产生高昂的劳动组织成本和监督成本，林业效率明显下降，林业资源受到严重破坏。

（四）改革开放时期：林权改革探索

1981 年，中共中央、国务院颁布了《关于保护森林发展林业若干问题的决定》，全国开展了以稳定山权林权、划定自留山和确定林业生产责任制为主要内容的林业"三定"工作。1985 年，《中共中央、国务院关于进一步活跃农村经济的十项政策》颁布，确定"取消木材统购、放开木材市场，允许集体的木材自由上市，实行议购议销"。农民获得了完整的收益权，但由于农民对政策的长期性缺乏信心，相关的政策不配套，随即出现了大规模的乱砍滥伐现象。1987 年，中共中央、国务院发出了《关于加强南方集体林区森林资源管理，坚决制止乱砍滥伐的指示》，要求"集体所有集中成片的用材林，凡没有分到户的不得再分"，"重点产材县，由林业部门统一管理和进山收购"。1992 年，党的十四大明确提出中国经济改革的目标是建立社会主义市场经济体制。以山地开发、资源林政管理、木材税费、林产品流通市场、林业股份合作等不同类型的改革试验区，为推进集体林权制度改革，探索了路子，积累了经验。

（五）集体林权制度改革全面推进阶段

2003 年，中共中央、国务院下发《关于加快林业发展的决定》（以下简称《决定》）和《农村土地承包法》实施以后，福建、江西、浙江、辽宁等地率先开展了以"明晰产权、放活经营、落实处置、保障收益"为主要内容的新一轮集体林权制度改革，取得了明显成效，为在全国范围内推进集体林权制度改革积累了经验。2008 年 6 月，中共中央、国务院在总结先行省份经验的基础上，颁发了《关于全面推进集体林权制度改革的意见》（以下简称《意见》），全面开启了农村经营体制的又一次重大变革，掀起了一场涉及广大农村的绿色革命，为林业科学发展注入新的活力。

二　全面推进集体林权制度改革的背景

（一）集体林权制度改革是市场经济建设的必然趋势

有效而可强制执行的产权是市场经济的命根子。纵观集体林权制度变革的历程，集体和农民对于森林、林木和林地的权益，在"分与统"、"放与收"中几经调整，但是由于受计划经济体制及其思想观念的长期束缚，林业产权制度改革不到位，理想化的生产关系与生产力发展自身规律及经济社会发展客观实际之间的差距，始终是林业发展迈不过去的一道坎。伴随社会主义市场经济体制和制度的逐步完善，特别是党的十五大提出的以公有制为基础，多种所有制共同发展的社会主义初级阶段基本经济制度的确立，农村联产承包责任制把耕地的经营权、收益权和处置权实实在在落到了农户，而占耕地面积一倍以上的集体林业用地，还未将实质性的产权权益与农民的直接利益挂钩，尤其是农民对林地生产资料的需求没有得到满足，在农民收入的构成中来自林业的收益甚微，南方集体林区"大资源、小产业、低效益"的现象比较普遍。推进集体林权制度改革，真正实现"山有其主，主有其权，权有其责，责有其利"，"明晰所有权，放活经营权，落实处置权，确保收益权"，重新构建一个公正合理的利益分配格局，特别是对林地使用权，从而有效释放农村劳动力的巨大潜能和林地的巨大生产潜力。改革实践充分印证了一个现象：把"我们的"变成"我的"，一字之差，天壤之别；变"要我干"为"我要干"，顺序一变，就大不相同。

（二）集体林权制度改革是促进林业快速发展的根本出路

全国有集体林地 27.37 亿亩，占据林业的大半壁江山。由于不能盘活这些资源，其经济价值得不到充分体现；集体林地由于经营粗放，平均每公顷蓄积只有 45 立方米，应有的发展潜力没有得到发挥。有些山林名为集体林，实质上是"干部林"，采伐指标、林业收入、资金支出都为基层干部掌握，广大农民既没有经营权，也没有收益权，个别地方的集体林成了农村滋生腐败的土壤，导致干群关系紧张；有的地方过去借改革之名，由少数村干部"暗箱"操作，将集体山林一卖了之，一包了之，使得一些集体山林人为归"大户"所有，大多数有耕山营林意愿的农民因无山可耕而与"大户"之间纠纷不断，矛盾重重；还有的地方由于 20 世纪 80 年代林业"三定"时工作粗糙，造成许多山林权属不清、界限不明、责任不分，有山无证、有证无山、证山不符的现象十分普遍，山林纠纷隐患很多，山林经营承包责任无法落实，致使集体林业发展出现了"三难"：一是造林难，资源总量增长缓慢。由于集体林权责利不统一，林业与农民利益关系脱节，农民缺乏造林的积极性，营造林投入不足，致使造林步伐不快，质量不高。二是育林难，比较效益低。集中表现在林业产出率不高，林区发展落后，农民收入低，集体林业的比较优势和后发优势没有得到充分发挥。三是护林难，资源保护面临困境。群众对护林、防火、防病虫害漠不关心，少数地方乱砍滥伐林木、乱征滥占林地、乱采滥挖野生植物违法现象屡禁不止。推进集体林权制度改革是解决林业发展动力不足、效益不高、体制不顺、机制不活，促进林业长远发展的强大动力。

（三）集体林权制度改革是促进农民增收的有效途径

集体林权制度改革是农村分配关系的重大调整，其实质是"还山于民"、"还权于民"、"还利于民"。通过集体林权制度改革，把 27.37 亿亩集体林地承包到户，把数万亿元的林木资产落实到户，不仅使亿万农民获得了大量的生产资料和可观的家庭财产，而且为农民提供了重要的创业平台和广阔的致富空间。我国山区面积占国土面积的 69%，拥有全国 90% 以上的森林资源，山区人口占全国的 56%，全国 2000 多个行政县（市）有 70% 是山区县。同时山区大多是贫困人口聚集的林区，全国 592 个国家级贫困县，有 496 个分布在山区。因此，建设社会主义新农村，重点在山区，难点在山区。必须加快林权制度改革，将原来粗放经营的 27.37 亿亩集体林地的使用权落实到农户，实行集约经营，无论是提供木材还是增加农民收入，都将产生难以估量的经济效益，创造巨大的物质财富，使我国农村改革取得重大突破。

（四）推进集体林权制度改革是促进农村和谐稳定的有力保障

集体林权制度改革，是农民群众广泛参与、自主决策的过程，也是推进依法行政、科学管理的过程。全面推进集体林权制度改革，有利于解决农民最关心的林地使用权和利益分配问题，化解长期存在的历史遗留问题和矛盾纠纷，推进农村基层民主政治建设，进一步融洽党群干群关系，营造农民安居乐业的良好氛围。过去一些地方的乡村干部，暗箱操作，私下交易，流转林权，在本次改革中各地按照《村民委员会组织法》中的民主议事规则，坚持公平、公正、公开，走群众路线，化解了历史遗留问题，提升了基层民主政治建设的水平，促进了农村和谐社会的建设。各地借集体林权制度改革的契机，普遍修订了乡规民约，完善了村务管理，健全了村务公开制度。据统计，集体林权制度改革以来已解决各类山林纠纷 57 万起，有效消除了农村大量不稳定因素。由于农民潜心林业经营，许多"贫困村"变成了"富裕村"，一些"上访村"变成了"稳定村"。同时，集体林权制度改革还催生了多种新型林业专业合作组织，对帮助农民形成互助合作的良好风气也产生了推动作用。

三　全面推进集体林权制度改革的内涵

集体林权制度改革是明晰林地使用权和林木所有权、放活经营权、落实处置权、保障收益权的综合性改革。主要包括两层含义：一是依法实行农村集体林地承包经营制度，确立本集体经济组织的农户作为林地承包经营权和林木所有权的主体地位，逐步解决集体林权纠纷和林权流转等历史遗留问题，维护农民和其他林业经营者的合法权益；二是依照《物权法》、《森林法》等法律规定，完善法律制度建设和深化林业体制机制改革，保障农民和其他林业经营者依法占有、使用、收益、处分林地林木的权利。通常也将明晰集体林地使用权和林木所有权简称为基础改革，放活经营权、落实处置权、保障收益权简称为深化改革。

（一）集体林权制度改革的指导思想、基本原则和总体目标

集体林权制度改革的指导思想是：全面贯彻党的十七大精神，高举中国特色社会主义伟大旗帜，以邓小平理论和"三个代表"重要思想为指导，深入贯彻落实科学发展观，大力实施以生态建设为主的林业发展战略，不断创新集体林业经营的体制机制，依法明晰产权、放活经营、规范流转、减轻税费，进一步解放和发展林业生产力，促进传统林业向现代林业转变，为建设社会主义新农村和构建社会主义和谐社会作出贡献。

集体林权制度改革的基本原则是：坚持农村基本经营制度，确保农民平等享有集体林地承包经营权；坚持统筹兼顾各方利益，确保农民得实惠、生态受保护；坚持尊重农民意愿，确保农民的知情权、参与权、决策权；坚持依法办事，确保改革规范有序；坚持分类指导，确保改革符合实际。

集体林权制度改革总体目标是：用5年左右时间，基本完成明晰产权、承包到户的改革任务。在此基础上，通过深化改革，放活经营，完

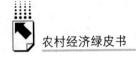

善服务，规范管理，形成集体林业的良性发展机制，逐步实现资源增长、农民增收、生态良好、林区和谐的目标。

（二）集体林权制度改革的主要任务

集体林权制度改革的主要任务概括地说，就是要做到"四权"有效落实。

1. 明晰产权

在坚持集体林地所有权不变的前提下，将集体林地承包经营权和林木所有权落实到本集体经济组织的农户，确立农民作为林地承包经营权人的主体地位。村集体经济组织可以保留少量集体林地，由本集体经济组织依法实行民主经营管理。依法实行林地承包经营制度，农民集体所有的林地，采取农村集体经济组织内部的家庭承包方式，也就是通常所说的"按户承包，按人分地"，也叫"人人有份、均山到户"。不宜采取家庭承包经营的林地，可以采取招标、拍卖、公开协商等其他方式承包。林地的承包期为70年。承包期届满，由林地承包经营权人按照国家有关规定继续承包。已承包到户或流转的集体林地，符合法律规定、承包或流转合同规范的，要予以维护；合同不规范的，要予以完善；不符合法律规定的，要依法纠正。按林业"三定"政策划定的自留山，由农户长期无偿使用，不得强行收回，不得随意调整。对权属有争议的林地、林木，要依法调处，纠纷解决后再落实经营主体。承包方案必须经本集体经济组织成员的村民会议三分之二以上成员或者三分之二以上村民代表的同意。自然保护区、森林公园、风景名胜区、河道湖泊等管理机构和国有林（农）场、垦殖场等单位经营管理的集体林地、林木，要明晰权属关系，依法维护经营管理区的稳定和林权权利人的合法权益。明晰产权要依法进行林权勘界、登记，确认宗地的四至和面积。承包经营权人要申请林权登记发证，核发全国统一式样的林权证，做到林权登记内容齐全规范，数据准确无误，图、表、册一致，人、地、证相符。对原有的山林权证和其他土地权属证明依法予以注销。各级林业主管部门应明确专门的林权管理机构，承办同级人民政府交办的林权登记造册、核发证书、档案管理、流转管理、林地承包纠纷仲裁、林权纠纷调处等工作。林业主管部门要加强对承包合同的管理。承发包方签订书面承包合同，要明确规定并落实双方的造林育林、保护管理、山林防火、病虫害防治等责任，促进森林资源可持续经营。

2. 放活经营权

实行商品林、公益林分类管理。依法把立地条件好、采伐和经营利用不会对生态平衡和生物多样性造成危害区域的森林和林木，划定为商品林；把生态区位重要或生态状况脆弱区域的森林和林木，划定为公益林。对商品林，农民可依法自主决定经营方向和经营模式，生产的木材自主销售。对公益林，在不破坏生态功能的前提下，可依法合理利用林地资源，开发林下种养业，利用森林景观开发森林旅游业等。

3. 落实处置权

在不改变林地用途的前提下，林地承包经营权人可依法对拥有的林地承包经营权和林木所有权进行转包、出租、转让、入股、抵押或作为出资、合作条件，林地承包经营权人对其承包的林地、林木可依法开发利用。

4. 保障收益权

农户承包经营林地的收益，归农户所有。征收集体所有的林地，要依法足额支付林地补偿费、安置补助费、地上附着物和林木的补偿费等费用，安排被征林地农民的社会保障费用。经政府区划界定的公益林，要落实森林生态效益补偿政策。严格禁止乱收费、乱摊派。

（三）集体林权制度改革政策措施

1. 完善林木采伐管理机制

编制森林经营方案，改进商品林采伐限额管理，实行林木采伐公示制度，简化审批程序，提供便捷服务。严格控制公益林采伐，依法进行抚育和更新性质的采伐，要合理控制采伐方式和强度。

2. 规范集体林地、林木流转

林地承包经营权人在依法、自愿、有偿的前提下，可依法采取多种方式流转林地承包经营权和林木所有权。流转期限不得超过承包期的剩余期限，流转后，不得改变林地用途。集体统一经营管理的林地经营权和林木所有权需要流转的，要在本集体经济组织内提前公示，依法经本集体经济组织成员的村民会议三分之二以上成员或者三分之二以上村民代表同意。集体林地、林木流转的收益应用于本集体经济组织内部成员分配和公益事业。加快制定林地、林木流转条例。加强林权流转管理，引导依法流转，保障公平交易，防止农民失山失地。加强森林资源资产评估管理，健全评估制度，规范评估行为。

3. 建立支持集体林业发展的公共财政制度

各级政府要建立和完善森林生态效益补偿基金制度，按照"谁开发谁保护、谁受益谁补偿"的原则，多渠道筹集公益林补偿基金，逐步提高中央和地方财政对森林生态效益的补偿标准。建立造林、抚育、保护、管理投入补贴制度，对森林防火、病虫害防治、林木良种、沼气建设给予补贴，对森林抚育、木本粮油、生物质能源林、珍贵树种及大径材培育给予扶持。改革育林基金管理办法，逐步降低育林基金征收比例、规范用途，各级政府将林业部门行政事业经费纳入财政预算。森林防火、病虫害防治以及林业行政执法体系等基础设施建设要纳入各级政府基本建设规划，林区的交通、供水、供电、通讯等基础设施建设要依法纳入相关行业的发展规划，特别要加大对偏远山区、沙区和少数民族地区林业基础设施的投入。集体林权制度改革工作经费，主要由地方财政承担，中央财政给予适当补助。对财政困难县乡，中央和省级财政要加大转移支付力度。

4. 推进林业投融资改革

金融机构要拓宽林业融资渠道，开发适合林业特点的信贷产品，完善林业财政贴息政策，加大林业信贷投放，大力发展对林业的小额贷款。探索林业信贷担保方式，健全林权抵押贷款制度，加快建立政策性森林保险制度，提高农户抵御自然灾害的能力。妥善处理林业债务。

5. 加强林业社会化服务

扶持发展农民专业合作组织，培育一批辐射面广、带动力强的龙头企业，促进林业规模化、标准化、集约化经营。发展林业专业协会，充分发挥政策咨询、信息服务、科技推广、行业自律等作用。引导和规范森林资源资产评估、森林经营方案编制等中介服务机构发展。

四　2009 年集体林权制度改革的进展和成效

（一）明晰产权有了新进展

据统计，截至 2009 年 6 月初，全国已确权的林地面积达 15.14 亿亩，占集体林地总面积的 59.42%，核发林权证的林地面积为 11.36 亿亩，占已确权林地面积的 75%。发放林权证 4000 多万本，涉及上亿农民。

（二）完善政策有了新突破

国家林业局把完善政策作为重点工作来抓，各地积极作为，有力推动了改革的深化。

在完善林木采伐管理机制上，福建省按照"以森林资源为基础，以森林经营方案为依据，科学安排林木采伐"的思路，在全省 38 个县（市、区）启动采伐改革试点，取得了初步成效。江西省采取"计划前置审批、管理双线运行、分配两榜公示、指标确保到户"的计划分配方式，确保有可采资源的农户能够及时采伐。

在规范林地林木流转上，林权管理服务体系逐步建立。全国已建立林权管理交易服务机构 480 多个，集体林权流转面积达 7270 万亩，流转金额达 192 亿元；林权登记、档案管理日趋规范，并提供了科技信息、政策咨询等服务。

林业金融支撑体系初步建立。中国人民银行、财政部、银监会、保监会、国家林业局联合制定出台了《关于做好集体林权制度改革与林业发展金融服务工作的指导意见》，江西、辽宁、福建等省都出台了本省的具体实施意见，支持农民获得林权抵押贷款。全国林权抵押面积达2260万亩，获得贷款132亿元。森林保险投保面积达1.77亿亩，保险金额820亿元。

农民林业专业合作组织不断发展。国家林业局制定出台了《关于促进农民林业专业合作社发展的指导意见》，提出了进一步扶持发展农民林业专业合作社的具体措施。全国已建立各类林业专业合作组织3.6万多个，1300万农户加入合作组织，经营林地面积达到1.26亿亩，有效地解决了单家独户分散经营的困难。

中央财政对改革的支持力度明显加强。中央财政共安排林改工作经费补助25.48亿元，完善了中央财政森林生态效益补偿基金制度，将补偿资金规模由2008年的34.95亿元提高到2009年的52.45亿元，纳入补偿范围的公益林面积扩大到10.49亿亩。自2010年起集体和个人所有的国家级公益林补偿标准将提高到每亩10元。财政部与国家林业局联合修订了《育林基金征收使用管理办法》，将育林基金征收标准由20%降低到10%以下。

（三）改革成效初步显现

目前，在已经推进林权制度改革的省份，取得了"优一方生态，活一方经济，富一方百姓，促一方和谐"的效果。

1. 林业发展加快

各种生产要素大量向林业流动。2008年，河南省投入林业资金61.3亿元，造林601万亩，比上年增加337万亩；云南省投入林业资金35亿元。林改解放了林业生产力，实现了从"要我造林"到"我要造林"的可喜转变，许多农户"把山当田耕，把树当菜种"，福建、江西两省造林面积达到改革前的2倍左右。江西省实施"一大四小"工程，2008年共造林560万亩，创历史新高。福建省近5年来森林覆盖率增长

2.44 个百分点，达 62.96%；活立木蓄积量达 4.97 亿立方米，净增加 7910 万立方米。有效带动了林业和林下经济发展。

2. 农民就业增收明显

亿万农民真正成了山林的主人，获得了重要的生产资料和发家致富的创业平台，不少山区农民的家庭财产增加了几万元甚至几十万元。林改为农民开辟了耕山致富的途径，为农村富余劳动力提供了就地就业的机会。林改扩大了农村就业空间，呈现出"城里下岗、山上创业"，"一户承包、全家就业"的可喜局面。据不完全统计，已经全面推进集体林权制度改革的 13 个省，林改开展以来已吸纳劳动力 3689.3 万人，农民人均纯收入 4922.7 元，其中来自林业的收入 613.9 元，有的地区农民来自林业的收入占到人均收入的 60% 以上，高的可达 90%。

3. 林业管理职能转变

林改后，新的林业合作经济组织、社会化服务组织应运而生，增强了农民自我管理、自我服务的能力，推动了林业部门转变职能。目前，各地相继建立了一批林权交易服务中心，促进和规范了林权流转。改革有力推动了农村的政治文明建设，促进了社会和谐稳定。

林改为农民增加了物质财富，也为农民提供了本地就业的生产资料。在改革过程中，广大基层干部积极帮助群众排忧解难，赢得了广大群众的信赖，广大农民群众充分行使自己的民主权利，有力推动了农村的政治文明建设，促进了林区社会和谐稳定。据统计，全国已调处林权纠纷 57 万起，调处率为开展林改的县发生林权纠纷案件的 83.8%。

五 全面推进集体林权制度改革的主要做法

（一）加强领导，组织有力，为推进集体林权制度改革提供重要保障

各地党委和政府把加快推进集体林权制度改革作为贯彻落实科学发展观的重大实践，真正摆上了重要的位置。目前，全国已有 29 个省份

召开了省委或全省林业工作会议。各省（区、市）党委书记、省长参与调研、参与谋划、参与部署，形成了五级书记抓林业、五大班子搞林改的良好局面。目前，全国有30个省（区、市）、296个地市、2261个县和2.89万个乡镇成立了林改领导小组，出台了林改政策文件和实施方案。山西、河南、甘肃、重庆、陕西、广西等省、自治区、直辖市将林改纳入了区县党政目标考核和干部政绩考核内容。全国已有18个省份林业主管部门增设了农村林业改革发展处，加强了林改组织实施的力量。广东、福建、江苏、湖北、北京等省（市）决定将公益林补偿标准提高到每亩每年15~60元。湖南省将林业部门行政事业经费全额纳入财政预算。地方各级财政投入林改工作经费84.6亿元。

（二）积极参与，全力支持，推进集体林权制度改革形成合力

各部门高度重视，积极主动围绕林改开展工作，提供服务。中央办公厅、国务院办公厅积极督促中央林业工作会议精神的贯彻落实。中央农村工作领导小组办公室认真研究林改重大问题，积极协调有关政策。国务院办公厅在2009年底组织发改委、财政部、国家林业局、人民银行等部门，重点对福建、广西等10省份的集体林权制度改革工作进行了督察。财政部启动了中幼林抚育和森林保险保费补贴试点，完善了林业贷款中央财政贴息政策，降低了育林基金征收比例。人民银行、财政部、银监会、保监会与国家林业局联合印发了《关于做好集体林权制度改革与林业发展金融服务工作的指导意见》，开发银行、农业银行、农发行据此下发了具体实施意见，明确了林业贷款、林权抵押贷款等优惠政策。工商部门大力支持农民林业专业合作社建设，并允许跨地区、跨所有制、跨行业经营。统计部门建立了林改情况统计报表制度，档案部门加强了林改档案管理工作的指导。

（三）全力主抓，精心指导，推进集体林权制度改革工作扎实有力

林业主管部门将全面推进林改作为学习实践科学发展观活动见实效

的重要内容和国家林业局的核心工作，主要负责同志亲赴 10 多个省（区、市）宣讲中央林业工作会议精神，派出了 31 个工作组赴各地进行中央林业工作会议精神的宣讲和林改调研。在西北地区，召开了北方地区集体林权制度改革现场会，针对林业特点与南方不同的实际，提出了有利于保护生态的改革思路和办法，改革进展扎实顺利，西北地区农民表现出与南方农民一样的热情和积极性。在民族地区，为使改革进一步促进民族团结，遵循了"积极稳妥，确保稳定"原则，做到了宣传政策更加透彻、发扬民主更加充分、工作程序更加细致，呈现出少数民族衷心拥护林改、积极投身林改、林改促进和谐的生动景象。国家林业局出台了《关于改革和完善集体林采伐管理的意见》、《关于促进农民林业专业合作社发展的指导意见》、《关于切实加强集体林权流转管理工作的意见》等文件，完善集体林采伐制度，引导各地建立农民林业专业合作社，加强林权交易平台建设。广大林改工作人员不辞千辛万苦，踏遍千山万水，走进千家万户，费尽千言万语，深入宣讲政策，指导方案制订、解答疑难问题、调处林权纠纷、进行现场勘界，强化了对农民的生产服务和技术指导。

（四）广泛宣传，大力培训，为推进集体林权制度改革营造良好氛围

政策宣传和业务培训是顺利推进林改的一项基础性和保障性工作，各地都采取多层次、多渠道、广覆盖，大规模地开展宣传培训工作。国家林业局编写了《集体林权制度改革实践 100 例》和有关培训教材，采取"部级培训、部省联合培训，省培训市、县两级领导干部，市培训县、乡业务骨干，县（市、区）培训基层操作人员"的方式，共完成林改培训任务 3058 万人次。电视台、《人民日报》、《经济日报》、广播电台、人民网、政府网等各大主流媒体集中宣传报道，强势营造舆论氛围。各地以县委、县政府的名义印发《告农民朋友林改公开信》，编制话剧、小品、歌舞等，宣传林改政策、程序及其基本要求，把中央和

省委的政策原原本本交给群众。陕西省共印发公开信 360 万份，基本做到户均一份，宁陕县印发林改公开信 2.3 万份，户均 1.43 份，真正做到了林改政策家喻户晓。

（五）民主决策，确权发证，保障农民土地的承包经营权

各地依照法律规定，坚持尊重农民意愿，公开、公平、公正搞林改，把改革的知情权、参与权、决策权和监督权交给农民，创造了"群众对情况不清楚不实施、意见不一致不票决、公示有异议不分配"，以及"干部深入到户、资料发放到户、法规宣传到户、政策解释到户、问题解决到户"，"每个村设立一块固定宣传牌、为每个农户发送一张林改政策明白卡、每个村社制订一个切实可行的林改承包方案、准确勾绘一张林地林木分布图纸、与每个农户签订一份承包合同、颁发一本林权证"等鲜活经验。以均山为主，均山、均股、均利相结合，对不宜实行家庭承包经营的林地，也按照大多数群众的意愿，通过均股、均利等其他方式落实了产权。干部、技术人员与农民一道进行实地勘界，明确四至范围和权属关系，核发全国统一式样的林权证，做到图、表、册一致，人、地、证相符。

六　集体林权制度改革存在的主要问题

（一）对改革的认识不到位，工作力度不够

一些地方对集体林权制度改革的重大意义认识不足，对政策理解不到位，有畏难情绪，工作不主动、不深入、不扎实。有的地方执行政策出现偏差，存在大户承包、以股代改、以卖代改等问题。例如，某村将 1750 亩林地经营权转让给一家企业，占全村林地的 90%。有的省一些地方合同承包期偏短，有的不到 20 年。有的省一些地方工作不够细致，勘界变成了"看界"。有的地方林权证登记要素不齐全，

发放不规范，林权明晰到联户，但没有标明全体联户人，留下了一些隐患。

（二）林权纠纷问题仍较突出

林权纠纷是影响林改的一个重要因素。一些地方林改前流转出去的林地面积过大、期限过长、价格过低，使得现在可分的林地很少，农民意见大。吉林省东南部的一些县市，林改前 60%以上的林地都流转出去了。许多地方因为行政边界不清造成了林权纠纷，解决难度大。一些地方在 20 世纪 80 年代林业"三定"时，存在面积不实、四至不清、有山无证、有证无山、重证错证等问题，随着林改的深入推进，林权纠纷逐渐暴露出来。据广西壮族自治区统计，目前林权纠纷数量超过 20 万起，调解的难度很大。

（三）相关配套政策措施滞后

林改工作在不断深入，但相关的配套政策措施滞后。很多农户反映，集体林地确权到户后，急需生产发展资金，但难以获得抵押贷款。一些地方反映，金融机构以林权抵押贷款周期长、成本高、风险大、效率低为由，普遍存在"惜贷"现象。此外，现行的林木采伐管理机制不适应，林权流转和交易不规范，这些问题影响了农民发展林业生产的积极性。

（四）林改工作经费和资金缺口较大

一些市、县反映，中央财政对林改经费补贴每亩 1 元，省级补贴不到 1 元，其余所需资金由市、县配套。云南、广西很多地方地形地貌复杂，林地零星分散，勘界、确权、发证等工作量大，林改的实际成本每亩达到 4~7 元，地方资金配套压力大，云南省一些地方甚至负债搞林改。此外，许多地方反映，育林基金征收标准由 20%降到 10%以后，地方财政对减收的资金缺口无力承担或补得不够，影响到林业的建设和发展。内蒙古、陕西等省（区）反映，公益林地补偿标准偏低，难以调动农民管护公益林的积极性。在已经开展森林保险保费补贴试点的省份，农民普遍感到个人承担保费的比例过高，投保积极性不高。

七 集体林权制度改革的政策建议

为全面贯彻落实 2008 年中央 10 号文件和中央林业工作会议精神，确保集体林权制度改革顺利进行，我们提出以下建议。

（一）进一步加强组织领导，提高林改工作质量

林改工作进度较慢的地方，要认真对照 2008 年中央 10 号文件的要求，查找原因，抓紧进行整改，该补课的补课，该纠正的纠正，确保林改质量和进度。各地要对林改工作组织开展"回头看"，研究解决改革中出现的新情况、新问题，加强全过程的监督检查，落实责任，完善林改质量监督管理制度，坚持进度服从质量。林业等部门要加强工作指导，切实抓好宣传培训、典型引路、跟踪督办，必要时再次组织开展督促检查。

（二）加强林权管理和纠纷调处工作

扶持各地建立林权管理服务中心，加强林改档案管理标准化建设。加大林权纠纷调处力度，开展林地承包经营纠纷的仲裁。民政、林业等部门要协调处理跨县、市、省林权纠纷工作。要把解决面积过大、时间过长、租金过低的"三过"问题作为林改的一项重要工作来抓，对承包或流转合同不规范的要予以完善，不符合法律规定的要予以纠正。

（三）抓紧出台有关配套政策措施

国家林业局、财政部等部门要尽快出台森林资源资产评估的相关政策，明确评估机构设立、评估人员资质认定的管理机构和程序。应尽快

修改完善《森林法》。地方金融机构要认真落实人民银行等五部门《关于做好集体林权制度改革与林业发展金融服务工作的指导意见》，切实解决"惜贷"问题，为农民发展林业生产提供资金支持。扩大政策性森林保险保费补贴试点范围，提高保费补贴标准，逐步建立森林保险制度。

（四）进一步加大对林改工作的财政支持力度

各级财政要在已有支持的基础上，适当增加林改工作经费。中央财政要对中西部地区在经费补助上给予倾斜，对林业重点省（区）因育林基金减征造成的地方财政减收，要通过转移支付给予适当支持。中央财政逐步提高公益林地补偿标准，在现有基础上逐步增加到 20 元/亩。针对广大农民群众提出国家对林业生产给予扶持的要求，建议有关部门比照现行的强农惠农政策，研究制定林业补贴政策。

专题二

集体林权制度改革的经验与启示

从土地改革时期的山林到户——农业合作化时期的山林入社——人民公社时期的山林集体所有、集体经营——改革开放初期的林业"三定"——市场经济时期的林权市场化改革,既是我国集体林产权制度形成与改革历程的表达,也反映了集体林产权安排频繁更迭、不断"洗牌"以及统与分反复"试错"的过程,其结果致使稳定而有效的中国集体林基本经营制度缺失,林业发展和农民利益严重受损。

始于2003年的新一轮集体林权制度改革受到社会各界的高度关注,被誉为第二次或第三次农村土地改革,中共中央、国务院也寄予厚望,将此次集体林权制度改革作为农村改革的延伸和突破。那么这次以家庭承包经营为基础的集体林权制度改革与土改时的分山分林、林业三定时的林业生产责任制有何本质区别?我国集体林基本经营制度能否就此建立且长久不变?改革的制度设计与改革实践对于建立我国集体林基本经营制度有何启示?集体林权制度改革以及衍生的一系列问题需要我们冷静的思考和理性的分析。本文拟从我国农村土地制度和集体林权制度改革历程、新一轮改革的制度设计、改革实践等方面总结本次改革的经验和成效,为建立我国集体林基本经营制度提供必要的启示。

一 集体林权制度改革的背景

与耕地承包责任制同步,1981年,《中共中央、国务院关于保护森林发展林业若干问题的决定》部署了以"稳定山林权、划定自留山、确定林业生产责任制"为内容的林业三定工作。到 1984 年，全国已有 3/4 的县、4/5 的乡村完成了林业三定工作，共划定自留山 3133 多万公顷，涉及 5000 多万农户，4000 多万公顷的山林承包到户。① 以福建省为代表的一些省份在重点林区对有林山实行以"分股不分山、分利不分林"为特征的林业股份合作制改革，或维持原集体统一经营制度；以安徽岳西为代表的部分集体林区域，在林业三定后随即开展了"并山"运动，即将已经划定的自留山、责任山和集体统管山通过"两山并一山"或"三山并一山"政策变为"自营山"经营。在全国范围内，出现了各种类型的林业生产责任制形式。

1985 年《中共中央、国务院关于进一步活跃农村经济的十项政策》在取消农副产品统购统销的同时取消了集体林区木材统购。一些地方出现较为严重的超量采伐现象。1987 年 6 月 30 日，中共中央、国务院发布《关于加强南方集体林区森林资源管理坚决制止乱砍滥伐的指示》，指出："近一两年来，超量采伐普遍存在，乱砍滥伐屡禁不止，愈演愈烈。造成这种状况的直接原因，主要是林业改革中某些具体政策失调和存在漏洞"。因此，要求"凡没有分到户的不得再分，已经分到户的，要以乡或村为单位组织专人统一护林。积极引导农民实行多种形式的联合采伐、联合更新、造林。"该政策出台后，以江西省为代表的一些省份将分到户的山林重新收回由集体统一经营。林业家庭承包经营取向改革就此停止。

1993 年党的十四届三中全会以后，全国进入市场经济迅速发展阶段。1995 年原国家体改委和林业部联合下发《林业经济体制改革总体纲要》，在全国范围内推行林权市场化改革：允许流转集体宜林"四荒"地使用权；允许投资者跨所有制、跨行业、跨地区到林区投资开发，允许基层林业部门运用多种方式与农民、乡村林业合作经济组织联营，允许通过招标、拍卖、租赁、抵押、委托经营等形式使森林资源资

---

① 《中国林业年鉴（1949～1986）》，中国林业出版社，1987。

产变现、开辟人工林活立木市场等。这一政策使实际拥有山林资源的以村委会为代表的村集体组织通过买卖青山、合作经营、林地租赁等方式解决入不敷出的村财政问题以及各种摊派，其中也不乏中饱私囊的现象；形式公平的招投标等市场运作方式使山林资源流入具有投资能力的大户、木材商甚至国家机关工作人员手中，而获取采伐指标成为投资能力的关键考量因素，普通农民因资金或社会资源不足而往往被排除在外；农村基层政府与林业部门也通过合作经营等方式获取一定的山林资源。笔者在南方集体林区的实证研究结果显示，一方面，林权市场化改革促使村集体山林由最初的"四荒"拍卖、成熟林转让发展到中幼林、林地使用权的流转，村集体山林已所剩无几。另一方面，随着农村和林业税费改革以及木材市场的开放，林地、木竹价格开始上涨，农民对山林经营权的需求加大，但在投资能力无法与其他强势主体抗衡的情况下，农民通过上访甚至占地经营等方式主张诉求。

综上所述，在林业家庭承包经营取向改革停止后，集体统一经营模式在市场化改革中导致各种行政权力与市场强势主体对集体所有山林资源的索取，村委会的泛行政化无法对抗地方政府和林业部门对林业剩余权的索取；不规定农民享有所有权的方式，只规定由以村委会为代表的村集体经济组织经营管理的政策法律，[①] 实际上赋予了村干部对集体林的处置权，为村干部提供了弥补村财政漏洞、应付各类摊派甚至中饱私囊的制度依据。因此，理论上属于农民集体所有的山林资源逐步被国有林场、地方政府和商人、大户所拥有或享有，而作为集体经济组织成员的农民来自于集体山林经营的直接收入几乎为零，集体山林的可采资源量显著下降、盗伐滥伐屡禁不止，重点林区矛盾加剧。集体所有、集体经营制度到了非改不可的地步。

---

① 在《物权法》颁布实施之前，我国法律将集体林所有权界定为"农民集体所有"，但没有进一步规定作为共同所有人的农民个体以什么方式享有集体林所有权，而规定由村集体经济组织或村民委员会或村民小组经营管理。详见《民法通则》第 74 条，《土地管理法》第 10 条，《农村土地承包法》第 12 条等。

2003 年《中共中央、国务院关于加快林业发展的决定》和《农村土地承包法》实施后，以集体统一经营为主的福建省、江西省率先试行"以明晰产权，放活经营权，落实处置权，保障收益权"为主要内容的集体林权制度改革，取得了较为显著的成效。2007 年，新中国成立后第一部《物权法》将林地在内的农村土地所有权明确为"成员集体所有"、将农民土地承包经营权定性为用益物权。2008 年，中共中央、国务院出台《关于全面推进集体林权制度改革的意见》（下简称《意见》），明确将农业家庭承包经营制度延伸到林业中，并于 2009 年召开新中国成立以来首次林业工作会议，全面部署推进集体林权制度改革工作。至此，在林业三定时期不彻底的林业家庭承包制基础上，新一轮集体林权制度改革最终确立林业家庭承包经营制度，并在全国范围内逐步实施。从 2008 年《意见》颁布起到 2009 年底，在全国 34 个省级行政区中，包括福建、江西、浙江、湖北、安徽在内等 9 省（市）基本完成了明晰产权、承包到户的主体改革任务，贵州、湖南、广西、海南、广东等 14 省（区）改革已全面铺开，天津、北京、山东、青海、新疆、宁夏、西藏、上海等省（区、市）正在进行林改试点。[①]

二　集体林权制度改革的重要经验

（一）林业家庭承包经营制度是农村基本经营制度的有机组成部分

在经历了土地改革和合作化道路之后，农村土地集体所有制在人民公社时期形成并成为我国社会主义公有制经济的重要组成部分。"政社合一"的人民公社管理体制理所当然地将"三级所有，队为基础"的生产活动纳入全社会的计划体制内，而在公社体制内部，长期实行的集

---

① 《2009 年全国林业经济运行状况报告》，中国林业网，2010 年 1 月 14 日。

体劳动、统一经营的生产组织方式和工分制计酬分配方式直接导致和强化成员间的外部性，偷懒、"搭便车"成为社员的理性选择。新中国成立后30年，农村土地集体所有、集体经营模式最终导致中国农民生活处于极端贫困状态。

20世纪70年代末到80年代初的农业承包责任制通过包干到户、包产到户等方式确立农村集体经济组织成员间的产权排他性，以此激发农民从事农业生产的积极性。然而，从农业承包责任制发展到以家庭承包经营为基础、统分结合的农村基本经营制度，经历了萌芽—形成—稳定的过程。

在整个80年代，中共中央对家庭承包制的认识停留在解决温饱问题上，1980年中共中央《关于进一步加强和完善农业生产责任制的几个问题》中提出"实行包产到户，是解决温饱问题的一种必要的措施"；1988年《中共中央、国务院关于夺取明年农业丰收的决定》进一步指出"以家庭经营为主的联产承包责任制，符合目前我国大多数地区农业生产力的发展水平，应保持稳定并不断完善"。到90年代以后，中共中央逐步认识到家庭承包经营方式的适应性和生命力，于1998年发布《关于农业和农村工作若干重大问题的决定》，明确指出：实行土地集体所有、家庭承包经营，使用权同所有权分离，建立统分结合的双层经营体制，理顺了农村最基本的生产关系。这种经营方式不仅适应以手工劳动为主的传统农业，也能适应采用先进科学技术和生产手段的现代农业，具有广泛的适应性和旺盛的生命力，必须长期坚持。

经过20年农业家庭承包制的改革实践与不断完善，1999年《宪法修正案》第15条明确将《宪法》第8条第1款规定的"农村中的家庭联产承包为主的责任制是社会主义劳动群众集体所有制经济"修改为"农村集体经济组织实行家庭承包经营为基础、统分结合的双层经营体制"。之后，2003年生效的《农村土地承包法》、2007年实施的《物权法》以及2008年颁布的《中共中央关于推进农村改革发展若干重大问题的决定》等一系列政策法律逐步完善农用地家庭承包经营制度。《农村土地承包法》赋予了农民家庭承包经营权可以对抗以村委会为代表的发包方的法律权利：承包期内，发包方不得收回承包地，即便是承包方给承包地造成永久性损害的，发包方也只能制止和要求承包方赔偿损失，① 《物权法》在此基础上进一步通过"成员集体所有"② 和"土地承包经营用益物权"的制度设计，一方面保证了农村土地公有制性质不变，另一方面，给予农户可以对抗包括所有权人在内任何第三人、与所有权具有同等完备性与排他性的家庭承包经营权。③ 而《中共中央关于推进农村改革发展若干重大问题的决定》关于"现有土地承包关系要保持稳定并长久不变"的规定，从中央政策层面肯定了家庭承包经营权等同于所有权的物权地位。至此，以家庭承包经营为基础、统分结合的双层经营体制真正成为具有产权界定与法律保护的农村基本经营制度。

然而，在新一轮集体林权制度改革之前，25 亿亩的农村集体林地尚未彻底实施家庭承包经营制度。没有林业家庭承包经营制度的落实，农村基本经营制度难以真正建立。因此，仅限于农业改革的农村改革是不全面、不彻底和不完善的，只有推行集体林权制度改革，才能从根本上解决占全国总人口 56% 的山区人民的致富问题，才能有效解决涵盖"三林"问题的"三农"问题。④ 因此，新一轮集体林权制度改革将业

---

① 当然，承包方给承包地造成永久性损害应该承担包括刑事责任的法律责任，但不能构成发包方收回承包地的法律理由，这就是《农村土地承包法》所规定的债权设计优于政策的制度价值。参见《农村土地承包法》第 26 条第 1 款：承包期内，发包方不得收回承包地。第 60 条第 2 款：承包方给承包地造成永久性损害的，发包方有权制止，并有权要求承包方赔偿由此造成的损失。

② 《物权法》第 59 条第 1 款：农民集体所有的不动产和动产，属于本集体成员集体所有。

③ 物权分为自物权和他物权，自物权即所有权，他物权包括用益物权和担保物权。在财产所有与财产利用高度分离的现代社会，财产的利用权越来越受到重视，现代物权法理论和各国立法中，他物权与自物权具有同等的物权完备性与排他性。我国《物权法》也接纳了这一理论，第 2 条明确规定：因物的归属和利用而产生的民事关系，适用本法。本法所称物，包括不动产和动产。法律规定权利作为物权客体的，依照其规定。本法所称物权，是指权利人依法对特定的物享有直接支配和排他的权利，包括所有权、用益物权和担保物权。

④ 贾治邦：《推进林权改革，全面解放农村生产力》，《新华文摘》2006 年第 17 期。

已成为我国农村基本经营制度的家庭承包经营制度切实落实到林业中，全面解放农村生产力。

与此同时，与农业家庭承包经营制度实现农民温饱与国家粮食安全目标相比，集体林权制度改革成为深化农村改革和社会发展的突破口。

首先，集体林权制度改革涉及产权市场、组织制度、管理体制等一系列改革，其改革实践必将为推动新一轮农业乃至农村改革提供思路与路径。其次，经过30年改革开放的中国社会又到了挑战与机遇并存的发展阶段。在国际社会，国际金融危机和气候变化一方面带给中国巨大的发展压力和国际责任，另一方面也给我国带来了扩大内需、深化社会改革和树立国际形象的发展机会；在国内，二元结构体制下的中国城市经济已经表现出典型的金融过剩特征，经济发展到了工业反哺农业、城市带动乡村的阶段，而围绕着土地问题引发的城市拆迁、农村征地冲突已成为危害社会稳定的首要因素。最后，林业是集生态、经济、社会三大效益于一体的朝阳产业。因此集体林权制度改革有利于发挥林业在低碳经济、城乡统筹、生态建设、社会可持续发展以及应对国际气候变化中的战略作用。"在稳定耕地到户的同时，以山地和林业资产落实到村社和农民家庭的农村财产关系的稳定来替代危机发生时政府临时性应对政策"，[①] 成为我国进行农村改革和社会发展的重大战略之一。

（二）渐进式是新一轮集体林权制度改革的路径依赖

《中共中央、国务院关于全面推进集体林权制度改革的意见》（以下简称《意见》）将"明晰产权"列为集体林权制度改革的首要任务，结合《农村土地承包法》和《物权法》相关规定，具体要求：除少量（5% ~ 10%）的集体山林可以由村集体经济组织直接支配以外，通过

---

① 温铁军：《我国集体林权制度三次改革解读》，2009 年 8 月 12 日《经济参考报》。

家庭承包方式将集体林地承包经营权和林木所有权，在集体经济组织内"按人分地，按户承包"，承包期为70年，并通过林权登记发证赋予农户具有物权保障的林地承包经营权和林木所有权。对于大多数农户不愿经营的"四荒地"或其他林地，经本集体经济组织成员的村民会议三分之二以上成员或者三分之二以上村民代表的同意，可以通过招标、拍卖、公开协商等方式发包给其他主体经营并通过均股、均利等其他方式落实产权，在同等条件下，本集体经济组织成员享有优先承包权。

与以往改革不同，《意见》吸取推倒重来的历史教训，对历次改革引起的经营主体多元化的事实产权状况采取尊重历史、循序渐进的改革方法：符合法律规定的予以维护或完善，待合同期满后村集体收回进行家庭承包；违反法律规定、大多数成员要求解除合同的，村集体予以收回进行家庭承包。①

在《意见》精神指导下，各地地方政府根据本行政区域具体情况因地制宜地落实家庭承包改革任务，并根据改革进程不断完善与深化改革。

2003年福建省政府出台《关于推进集体林权制度改革意见》，明确提出"每个村民均平等享有承包经营集体山林的权利"，要求按照"耕者有其山"原则，"将林地使用权、林木所有权和经营权落实到户、到联户或其他经营实体"，而对于不宜家庭承包的山林，通过招投标等方式进行流转的"需经村民会议或村民代表大会通过，所得收入应大部分分配给集体内部成员"。2006年，《中共福建省委、福建省人民政府关于深化集体林权制度改革的意见》针对历史遗留问题进一步提出"对承包期满的林地属于家庭承包的，要按照'大稳定、小调整'的原则进行延包；属于其他方式承包的，特别是在明晰产权改革时因其承包期未满而未落实家庭承包的，待承包期满后，原则上必须按照'均山、

---

① 详见《中共中央、国务院关于全面推进集体林权制度改革的意见》第8条；《农村土地承包法》第47条、第48条。

均权、均利'的要求落实家庭承包政策"。2009 年,福建省全面开展明晰产权"回头看"的工作,对改革中没有切实落实家庭承包经营的情况分类提出具体要求:林地只承包到村民小组、自然村的,农民有承包到户要求的,要将林地承包到户,农民愿意实行联合经营的,要将股份明晰到户,并建立健全联合经营管理制度;对尚未完成明晰产权任务的村,要查找原因,落实产权;对森林资源过度流转且多数农民有耕山要求的地方,可以采取预期均山的办法。①

江西省在 2004 年开始林改时详细规定"对集体统一经营的山林,可按人口折算人均山林面积,以户为单位划片承包经营,或自由组合联户承包经营",对于家庭承包以外的各种形式,包括历史上已经流转的集体山林、改革中流转或折股经营的集体山林要求 70% 以上的收益平均或按股分配给本集体经济组织内部成员。② 2009 年《江西省人民政府关于深化林业产权制度改革的若干意见》进一步提出:林改时采取"分股不分山"、现在农民要求承包到户的,应当分山到户;联营合同到期后,林农强烈要求归还山林的,应当尊重农民意愿。对联营以来一直未进行人工造林的荒山荒地,应当归还给原集体经济组织或林农。

随着林业家庭承包经营制度的逐步落实,农民成为真正的经营主体,营林生产明显加快。2009 年国家林业局经济发展研究中心等单位对福建三明、龙岩、南平等地区 10 个样本县的集体林改跟踪监测结果显示:①包括自留山在内的已承包到户的林地占整个林地的 60.24%,集体统一经营占 12.96%,其他占 26.80%;②与林改前 2002 年和林改后 2008 年样本县营林生产相比,荒山造林、更新造林、幼林与成林抚育均呈现增长态势(见表 1)。

---

① 详见《中共福建省委、福建省人民政府关于持续深化林改建设海西现代林业的意见》,2009 年 12 月 9 日。
② 详见《中共江西省委、江西省人民政府关于深化林业产权制度改革的意见》,2004 年 8 月 27 日。

表1 林改前后样本县营林生产变化

单位：万亩

年 份	荒山荒地造林	有林地造林	更新造林	低产低效林改造	幼林抚育	成林抚育
2002	0.79	0.15	2.77	1.03	13.16	12.04
2008	1.85	0.09	5.39	0.05	14.91	14.48

据统计，截至2009年9月底，全国已确权的林地面积达15.14亿亩，占集体林地总面积的59.42%，其中承包到户林地面积为9.96亿亩，占确权面积的65.7%。[①] 也就是说，目前承包到户林地面积占25亿集体林地总面积的39.84%。而2008年结束的第七次全国森林资源清查结果显示，通过集体林地的承包经营权和林木所有权落实到农户，个体承包经营的有林地面积比例上升11.39个百分点，达到32.08%。人工林中，个体经营的面积比例上升了17.88个百分点，达59.21%。未成林造林地中，个体经营的面积比例提高了27.37个百分点，达到68.51%。作为经营主体的农户已经成为我国林业建设的骨干力量，随着集体林权制度改革的全面推进与深入，林业家庭承包经营制度绩效会更加显著。

（三）落实村民自治制度是建立林业家庭承包经营长效机制的重要基础

集体林权历次改革失败原因之一是改革内容、过程或结果与所有权人——农民集体的愿望和利益相悖，新一轮集体林权制度改革吸取历史教训，从制度设计到改革实践都比较重视落实农民民主决策权。《中共中央、国务院关于全面推进集体林权制度改革的意见》在坚持家庭承包这一农民基本愿望与利益诉求的基础上，规定：不宜实行家庭承包经营的林地，依法经本集体经济组织成员同意，可以通过均股、均利等其

---

① 《2009年全国林业经济运行状况报告》，中国林业网，2010年1月14日。

他方式落实产权；村集体组织保留的少量山林流转时，要在本集体经济组织内提前公示，依法经本集体经济组织成员同意。① 这里的"依法"，是指依照规定村民民主决策权的法律法规，主要散见于《村民委员会组织法》、《物权法》、《农村土地承包法》中。《村民委员会组织法》关于村民委员会是村民自我管理基层群众性自治组织的法律定性、包括承包经营方案在内的涉及村民利益事项必须提请村民会议决定，以及村民会议与村民代表大会的组成等规定奠定了村民民主决策权的制度基础。② 而《农村土地承包法》明确规定：承包方案应当依法经本集体经济组织成员的村民会议三分之二以上成员或者三分之二以上村民代表的同意；发包方将农村土地发包给本集体经济组织以外的单位或者个人承包，应当事先经本集体经济组织成员的村民会议三分之二以上成员或者三分之二以上村民代表的同意。③《物权法》则将包括土地承包事项在内的村民民主决策权上升为农民集体所有权的体现。④《意见》要求各地改革严格按照上述法律法规的规定，在改革方案与改革过程中切实落实村民民主决策权。

　　已经出台的各省集体林权制度改革实施意见严格按照《意见》的规定，注重林改方案制订过程中村民民主决策权的落实。福建省在2003年就要求各地"在改革中实施'阳光作业'，做到程序、方法、内容三公开；以村为单位，制订具体实施方案。方案要经村民会议或村民代表大会讨论通过后方可付诸实施"，⑤ 2006年进一步要求"林地使用费收取标准和使用必须经村民会议三分之二以上成员或三分之二以上村

---

① 详见《中共中央、国务院关于全面推进集体林权制度改革的意见》第8条、第15条。

② 详见《村民委员会组织法》第1条、第17条、第19条、第21条。

③ 详见《农村土地承包法》第18条第1款、第48条第1款。

④《物权法》第59条：农民集体所有的不动产和动产，属于本集体成员集体所有。下列事项应当依照法定程序经本集体成员决定：（一）土地承包方案以及将土地发包给本集体以外的单位或者个人承包；（二）个别土地承包经营权人之间承包地的调整；（三）土地补偿费等费用的使用、分配办法；（四）集体出资的企业的所有权变动等事项；（五）法律规定的其他事项。

⑤ 详见《福建省人民政府关于推进集体林权制度改革的意见》，2003年4月4日。

民代表同意",① 同样,江西省林改要求"无论采取何种形式,都要召开村民会议或村民代表大会,经村民会议三分之二以上成员或村民代表大会三分之二以上代表同意"、"各集体经济组织的改革方案经村民大会或村民会议讨论通过后经乡镇政府审核,报县政府批准"。②

切实落实林改方案制订过程的村民民主决策权的做法值得提倡和推广。一方面可以吸取历史教训,避免或减少因改革而引发新的林权纠纷;另一方面,反映大多数农民愿望的林改方案实施成本低、效果好,而且随着村民民主法制意识的增强,林改方案的法律效力逐步被村民所认识。这一点在笔者所做的林改村级案例研究中已经得到证明,大多数村庄(特别是林业收入占农民收入结构比例较高的村庄)的村民重视林改方案的讨论与拟订,村级林改方案较好地体现了大多数村民的意见,以致出现一个行政村内相邻两个村组产生不同的林改方案。而对于林改方案的效力,许多村民意识到签字意味着承诺,经过签字的林改方案是取得林权的依据,而且可以为以后可能发生的纠纷提供可查询的具有法律效力的处理依据。当然,也有不少村庄存在村民民主决策形式化、走过场的现象,村民意见较大。这样不仅会阻碍林改的进行,引起新的纠纷,而且如此操作,根据《物权法》关于"集体经济组织、村民委员会或者其负责人作出的决定侵害集体成员合法权益的,受侵害的集体成员可以请求人民法院予以撤销"的规定,③ 存在被农民提起撤销林改方案诉讼的法律风险,人为地增加改革成本。

(四)落实配套改革措施是实现农民利益与林业发展双赢的战略举措

本次集体林权制度改革是以明晰产权、放活经营权、落实处置权、

---

① 详见《中共福建省委、福建省人民政府关于深化集体林权制度改革的意见》,2006 年 11 月7 日。
② 详见《中共江西省委、江西省人民政府关于深化林业产权制度改革的意见》,2004 年 8 月27 日。
③ 《物权法》第 63 条第 2 款。

保障收益权为内容的综合性改革。其中，"明晰产权"是基础改革，"放活经营权、落实处置权、保障收益权"是深化改革。也就是说，改革的第一步是在坚持集体林地所有权不变的前提下，通过家庭承包方式将林地承包经营权和林木所有权落实到农户，解决长期制约集体林业发展的所有权与初始经营权的制度瓶颈，为森林资源优化配置奠定产权基础。但初始产权的公平、效率与稳定只是实现农民利益与森林持续经营双赢目标的必要条件，而非充分条件。因此，在完成承包到户任务后，更为重要和长期的任务是"放活经营权、落实处置权、保障收益权"。具体来说，就是通过制度变革与创新在落实农民林地承包经营用益物权的同时，促进农民采取有利于森林资源优化配置的经营方式，解决可能出现的因林地破碎化带来的经营低效与环境服务功能下降问题，其中，建立健全林地承包经营权流转制度与鼓励农民合作经营是重要举措。

林权流转政策与法律制度集中体现在《中共中央、国务院关于全面推进集体林权制度改革的意见》和《农村土地承包法》中。第一，关于农民林地承包经营权流转。按照《物权法》规定，林地承包经营权是用益物权，意味着在承包期内的林地承包经营权是获得承包权农民所拥有的财产，因此只要不改变林地用途，林地承包经营权人可以根据自己的意愿采取转让、互换、转包、出租、入股等多种方式流转其林地经营权和林木所有权。第二，集体统一经营的林地经营权和林木所有权依法属于"成员集体所有"，按照《物权法》第59条的规定，属于应当依照法定程序经本集体成员决定的事项，[①] 因此在流转前必须公示，经村民会议三分之二以上成员或村民代表大会三分之二以上代表同意方可流转，流转收益用于成员分配和公益事业。第三，关于政府和林业部门在林权流转中的定位。流转是家庭承包经营物权人行使其处置权的过程和结果，因此，作为非物权人和有义务防止市场失灵的政府和林业部

---

① 见《物权法》第59条。

门，其定位应该也只能是建立健全服务于流转市场需要的产权交易平台、森林资源资产评估等业务，为保障交易公平而规范交易双方行为，而不得强迫或阻碍农民进行林地承包经营权流转，否则按照《农村土地承包法》第61条的规定，因此给承包方造成损失的，可以根据性质与情节追究其民事、行政乃至刑事责任。

由此可见，新一轮集体林权制度改革吸取了1990年代基于村集体统管方式基础上市场化改革的历史教训，对农民、村集体组织以及政府在山林权流转中的定位作了符合现代市场规律与法治精神的规定。已经完成承包到户基础改革的省份在林权流转配套改革方面，重点进行制度建设和服务工作，取得了一定的成绩。

福建省在完成基础改革后，于2005年修订了1997年制定的《福建省森林资源流转条例》，以地方性法规的位级规范福建省省内林权流转行为，突出农民自愿流转、村集体规范流转以及政府服务定位的内容。全省建立了66个县级林业服务平台和200多家森林资源资产评估、木材检尺、伐区设计等中介机构，为林农提供较为方便、优质的服务。[1]

江西省为全面推进集体林权制度改革，从2004年11月1日开始施行《江西省森林资源转让条例》，到2007年底，全省共组建县（市）林业产权交易中心38个，交易山林3598宗，金额11.13亿元。[2] 截至2009年底，全国已建立林权管理交易服务机构480多个，集体林权流转面积达7270万亩，流转金额达192亿元。[3]

在林权流转制度建设取得初步成绩的同时，改革实践中也存在与政策法律不相符合的认识与做法，其中比较普遍的是要求农民进行承包经

---

[1] 岳永德、范光辉等：《在深化林权制度改革中不断推动现代林业发展——福建省贯彻中央林业工作会议精神情况调研报告》，《林业工作研究》2009年第7期。

[2] 国家林业局林业改革领导小组办公室编著《江西省集体林权制度改革实践》，《中国集体林权制度改革培训教材》，化学工业出版社，2009年第3期。

[3] 《2009年全国林业经济运行状况报告》，中国林业网，2010年1月14日。

营权流转时必须进行林权登记变更，这样的规定或做法一方面违背尊重农民承包经营用益物权的政策精神与法律规定，[①] 另一方面加大农民交易成本，不利于促进林地规模经营，应引起各地政府和林业部门在进行配套改革时高度重视。

与林地承包经营权流转密切相关，建立由农民自己组织的各种类型林业合作经济组织是帮助农户解决生产经营中存在的单家独户办不了或办不好、不划算、政府又不能办的事情的有效途径。[②] 与 20 世纪 50 年代初建立在消灭农民土地私有制基础上的社会主义合作化道路不同，国家林业局在 2009 年 8 月 18 日出台的《关于促进农民林业专业合作社发展的指导意见》，明确指出"农民林业专业合作社是在明晰产权、承包到户的基础上，同类林产品的生产经营者或者同类林业生产经营服务的提供者、利用者，自愿联合，民主管理的互助性经济组织"、"发展农民林业专业合作社，是促进林农互助合作、推进适度规模经营、促进农民增收的重要途径"；在坚持"以服务农民为宗旨、以尊重农民意愿为核心"的基本原则前提下通过实行财政和税收优惠政策、优先安排林业建设项目和享受国家各项扶持政策、开展多渠道融资和森林保险等措施引导农民按照《农民专业合作社法》组建与管理农民专业合作社，开展森林可持续经营活动。

据统计，全国已建立各类林业专业合作组织 3.6 万多个，1300 万农户加入合作组织，经营林地面积达到 1.26 亿亩。[③] 同时，根据笔者的初步调研，在承包到户基础改革实施时间不长的现阶段，农民自愿合作的意愿尚不明显，已经成立的合作社普遍存在机构不健全、运行机制不合理、服务功能不完善的问题，发挥合作社效应的比例较低。

---

① 《农村土地承包法》第 38 条：土地承包经营权采取互换、转让方式流转，当事人要求登记的，应当向县级以上地方人民政府申请登记。未经登记，不得对抗善意第三人。

② 孔祥智、何安华、史冰清、池成春：《关于集体林权制度改革和林业合作经济组织建设——基于三明市、南平市、丽水市的调研》，《林业经济》2009 年第 5 期。

③ 《2009 年全国林业经济运行状况报告》，中国林业网，2010 年 1 月 14 日。

因此，在发展林农合作经济组织过程中应避免形式化、数量化的倾向。

（五）林业政策法律体系完善是构建集体林经营制度的重要保障

在以《农村土地承包法》和《物权法》为主构成的农村家庭承包经营制度法律环境下，随着集体林权制度改革的全面推进与深入，建立在山林集体所有集体经营基础上的包括《森林法》在内的一系列林业政策与法律制度已经凸显其滞后性，急需建立健全以家庭承包经营为基础的集体林经营制度体系来调整新时期集体林业建设中发生的各类经济关系。

法律与政策是现代社会制度建设不可缺少、相互作用的两种基本制度形式，尤其在我国社会主义市场经济制度建设阶段，以政策推动改革，在改革中将成熟的政策上升为法律，通过政策实施法律，对滞后的政策法律进行修改与完善，已经成为我国建立健全各项制度的必经过程。《农村土地承包法》和《物权法》关于家庭承包经营制度是 30 年农业家庭承包经营政策实施成功基础上的一次法律提升，新一轮集体林权制度改革的系列政策是《农村土地承包法》与《物权法》在集体林业中的具体实施。随着改革进程的推进，政策法律的修改与完善也成为改革的重要组成部分。

2009 年，国家林业局陆续制定和出台了《关于切实加强集体林权流转管理工作的意见》、《关于改革和完善集体林采伐管理的意见》、联合财政部修订并出台《育林基金征收使用管理办法》、《中央财政森林生态效益补偿基金管理办法》等政策。从新颁布的一系列政策来看，中央特别重视落实农民对承包林地的处置权和收益权。

《关于改革和完善集体林采伐管理的意见》针对集体林地承包到户后原有森林采伐管理制度剥夺农民处置权、不适应森林可持续经营规律和林业科学发展的需要的状况，从九个方面改革和完善集体林采伐管理制度，包括：将非林业用地林木采伐不纳入限额管理、鼓励森林经营者编制森林经营方案、简化森林采伐的类型和管理环节、改变森林采伐管理方式、推行森林采伐公示制度、实行采伐限额"蓄积量"单项控制、允许经营期内采伐指标结转、实行年度木材生产计划备案制等。

《育林基金征收使用管理办法》则明确规定育林基金征收标准由现行的20%降低为不超过10%，减轻了林农的负担，《中央财政森林生态效益补偿基金管理办法》则从2010年起将集体和个人所有的国家级公益林补偿标准提高为每年每亩10元，其中管护补助支出9.75元，公共管护支出0.25元。

这些政策的出台，一方面说明中央政府和林业主管部门建立以家庭承包经营为基础的集体林经营制度体系的决心与力度，另一方面也为即将修订出台的《森林法》积累符合改革目标、经过实践检验的具体制度。随着集体林权制度改革的深入，包括政策和法律在内的以家庭经营为基础的集体林经营制度体系必将建立健全。

三 结论与启示

（1）改革开放初期，林业承包责任制改革未能发展为家庭承包经营制度的有机组成部分，集体所有、集体经营模式在市场化改革中致使农民利益与集体林业严重受损，到了非改不可的地步，新一轮集体林权制度改革将以家庭承包经营为基础、统分结合的农村土地双层经营体制应用到集体林业中，确立了林业家庭承包经营制度。

（2）30年的农业承包制改革实践逐步发展成为我国农村基本经营制度，但没有林业家庭承包经营制度的农村改革是不完整的，新一轮集体林权制度改革在完善农村基本经营制度的同时，成为深化农村改革与社会发展的突破口。

（3）新一轮集体林权制度改革吸取推翻重来的历史教训，在制度设计与各地实践中循序渐进地推行林业家庭承包经营制度，农民已经成为主要的集体林业经营主体，林业生产积极性空前高涨。

（4）村级林改方案是村集体经济组织成员依照法定程序进行广泛协商并达成一致意见的具有法律效力的书面文件。新一轮集体林权制度改革重视落实村民民主决策权，为实现改革目标和建立林业家庭承包经营长效机制奠定良好的群众基础。

（5）以规范林权流转和鼓励林农合作经营为主的新一轮集体林权制度配套改革是在明晰产权、承包到户基础上促进集体林规模经营的重要措施，但必须遵守农民意愿和市场规律原则。

（6）政策和法律是现代社会调整各类社会关系、缺一不可的两种基本制度形式。新一轮集体林权制度改革推动包括森林法在内的一系列林业政策法律的修改，建立健全以家庭承包经营为基础的我国集体林经营制度体系。

（7）与土改时期的农民土地私有制、林业三定时期的林业生产责任制不同，以家庭承包经营为基础的集体林权制度改革具备了政治、法律与社会的制度环境。林业工作者应珍惜这一发展机会，全面推进现代林业建设。

参考文献

贾治邦：《推动林权改革，全面解放农村生产力》，《新华文摘》2006 年第 17 期。

陈锡文：《坚持集体林权制度改革，推进新农村建设》，《林业经济》2006 年第 6 期。

国家林业局林业改革领导小组办公室编著：《中国集体林权制度改革培训教材》，化学工业出版社，2009 年第 3 期。

孔祥智、何安华、史冰清、池成春：《关于集体林权制度改革和林业合作经济组织建设——基于三明市、南平市、丽水市的调研》，《林业经济》2009 年第 5 期。

厉以宁：《集体林权制度改革的思考》，由北京大学、国家林业局联合主办的"集体林权制度改革论坛"上的发言，2008 年 9 月 28 日。

李周、许勤：《林业改革 30 年的进展与评价》，《林业经济》2009 年第 1 期。

刘璨、吕金芝、王礼权、林海燕：《集体林产权制度分析——安排、变迁与绩效》，

《林业经济》2006 年第 11、12 期，2007 年第 1、2 期。

温铁军：《我国集体林权制度三次改革解读》，2009 年 8 月 12 日《经济参考报》。

徐晋涛、孙妍、姜雪梅、李劼：《我国集体林区林权制度改革模式和绩效分析》，《林业经济》2008 年第 9 期。

岳永德、范光辉等：《在深化林权制度改革中不断推动现代林业发展——福建省贯彻中央林业工作会议精神情况调研报告》，《林业工作研究》2009 年第 7 期。

张春霞、郑晶：《林权改革 30 年回顾——集体林权改革研究之二》，《林业经济》2009 年第 1 期。

张红霄：《我国集体林权制度改革的法律解析》，《林业经济》2008 年第 9 期。

张红霄：《论农用地产权结构的物权法功能与制度安排——兼论农用地物权结构在均山制集体林产权改革中的应用》，《东南学术》2009 年第 5 期。

张红霄、张敏新：《集体林权安排与农民行为取向——福建省建瓯市叶坊村案例研究》，《中国农村经济》2005 年第 7 期。

张红霄、张敏新、刘金龙：《集体林权制度改革中均山制的制度机理与效应分析——基于上坪村的案例研究》，《林业经济问题》2007 年第 4 期。

张红霄、张敏新：《我国集体林产权内容的法律界定》，《林业经济》2006 年第 11 期。

张敏新、张红霄、刘金龙：《集体林产权制度改革动因研究——兼论南方集体林产权制度内在机理》，《林业经济》2008 年第 5 期。

《中国林业年鉴（1949~1986）》，中国林业出版社，1987。

《2009 年全国林业经济运行状况报告》，中国林业网，2010 年 1 月 14 日。

《第七次全国森林资源清查结果》，中国林业网，2010 年 1 月 28 日。

专题三
集体林权制度改革效果评价
——基于 8 省微观调查数据的分析

　　2003 年，始于福建省的新一轮集体林权制度改革（以下简称林权改革）正式拉开序幕。此次改革被认为是继家庭联产承包制之后，中国农村经营制度的又一次重大变革，甚至被称为是中国的"第三次土改"，必将对林业发展、农村发展乃至经济社会发展产生重大而深远的影响。[①] 由于受到了各级政府的大力支持和积极推动，林权改革工作进展迅速，社会影响也越来越大。根据国家林业局的数据，截至目前，全国已确权林地面积 15.14 亿亩，占集体林地的 59.4%；发证面积 11.36 亿亩，占已确权面积的 75%，林权改革已经在全国范围内全面推开。[②] 与此同时，随着林权改革进程的不断深入，出现了许多质疑林权改革本身及其绩效的声音。针对官方和媒体的一些宣传，有观点认为，林权改革的绩效事实上是被夸大了。那么，林权改革的社会经济影响到底如何？2006～2007 年期间，北京大学环境科学与工程学院集体林权改革研究小组针对林权改革政策开展了一系列实地调查。此次调查的范围涉及 8 个省份，调查的对象包括 288 个村的 3180 户农户。本文的目的就是利用以上这些实地调查数据，从农户的角度对林权改革的社会经济影响进行实证性分析，以期为林权改革的政策研究和理论探索提供一些有价值的信息。

[①]　李炳坤、叶兴庆：《以林权制度改革促进林业健康快速发展——福建深化集体林权制度改革取得明显成效》，《林业经济》2006 年第 10 期；贾治邦：《中国农村经营制度的又一重大变革——对集体林权制度改革的几点认识》，《求是》2007 年第 17 期。

[②]　2010 年 1 月 21 日，贾治邦在全国林业厅局长会议上的讲话。

一 实地调查及数据说明

此次调查从 2006 年 3 月开始，一直持续到 2007 年 9 月结束，前后历时 1 年半。调查涵盖的 8 个省份按照时间顺序依次是福建省、江西省、浙江省、安徽省、湖南省、山东省、辽宁省和云南省。其中，在福建省的调查选取了 12 个县（市），是此次调查包括样本最多的省份；其他 7 个省份的调查一般是在 5~6 个县（市）开展的。福建省既是此次林权改革的始作俑者，又是国家林业局确定的林权改革试点省份，因此，吸引了全社会格外的关注；而且，针对林权改革的各种调查研究也大多是基于福建省的案例进行的。增加福建省的样本在总样本中的比重，既能提高实地调查数据的代表性，又增强了与相关研究的可比性。

在调查样本的选取上，此次调查严格遵循随机抽样原则。具体来说，在 8 个被调查省份选取的每个县抽取 3 个乡，每个乡抽取 2 个村，每个村抽取 10 个农户，总共抽取村样本 288 个，农户样本 3180 户（见表 1）。

表 1　林权改革调查抽样统计情况

调查时间（年）	省份	县（市）（个）	乡（个）	村（个）	户（户）	数据时间（年）
2006	福建省	12	36	72	720	2000、2005
2006	江西省	5	15	30	300	2000、2005
2006	浙江省	6	18	36	360	2000、2005
2007	安徽省	5	15	30	300	2000、2006
2007	湖南省	5	15	30	300	2000、2006
2007	辽宁省	5	15	30	300	2000、2006
2007	山东省	5	15	30	300	2000、2006
2007	云南省	6	12	30	600	2000、2006
合　计	8	49	141	288	3180	—

说明：实地调查时湖南省和云南省还没有开始正式的林权改革。

调查数据的收集同时在村级和农户两个层面上展开。针对农户的调查采取的是入户访谈的形式，即，通过调查员与农户之间面对面的访谈完成调查数据的收集。农户调查问卷的内容涵盖了农户家庭基本信息，林权改革参与情况，林地、农地投入产出情况，生活消费情况，资产变化情况，家庭财务状况以及社会关系，等等。另外，为了捕捉林权改革的社会经济影响，访谈时要求农户同时提供以上各项指标林权改革前（2000 年）和林权改革后（2005 年、2006 年）的数据。

二　农户参与林权改革情况

　　根据实地调查资料，在此次林权改革当中，农户表现出了较高的参与热情，但仍有相当数量的农户没有参与到林权改革当中。福建省、江西省、辽宁省和浙江省由于开展林权改革工作较早，因而也被国家林业局确定为林权改革试点省份。在实地调查时，这 4 个试点省份的林权改革工作基本上已经在全省范围内铺开。从调查结果来看，试点省份的农户在林权改革中的参与程度较高，参与林权改革的农户平均占到了调查农户总数的 66% 以上。其中，江西省参与林权改革的农户占到该省调查农户总数的 86%，这一比例是试点省份当中最高的，比最早开展林权改革的福建省还高出大约 12 个百分点（见图 1）。相比较而言，辽宁

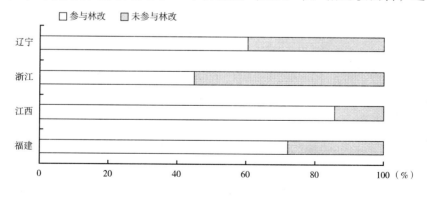

图 1　农户参与林权改革情况

省和浙江省农户参与林权改革的程度有些偏低，尤其是浙江省参与林权改革的农户只占到该省调查农户总数的45%，这可能和这两个省份林权改革工作开展的相对较晚，调查时林权改革还正在推进有关。可以预计，随着林权改革进程的继续深入，辽宁省和浙江省的农户在林权改革中的参与程度还会有所提高。

可是，剔除了由于林权改革进程缓慢而造成部分农户未能参与到林权改革中以外，仍旧有相当数量的农户没有参与到林权改革当中。例如，截至2006年6月，福建省99%的林地完成了明晰产权的工作，[①]而该省还有28%的农户没有参与到林权改革当中。这部分农户没有参与林权改革，既有农户自身的主观原因，也存在阻碍农户参与林权改革的客观原因。以福建省的实地调查为例（见表2），"家里主要从事其他经营"、"家里缺少劳动力"、"在村外生活"等农户自身特征，使农户不愿意或者是不能够参与到林权改革中去。这是农户在没有外力强制的条件下，基于自身利益最大化目标而做出的理性选择。对于这种现象，在目前没有必要也不应该过多的干涉，但是要继续观察其发展趋势。

表2　福建省农户没有参与林权改革的原因

单位：户，%

原因	户数	比例	原因	户数	比例
没有资金承包林地	20	19.80	村里没有林子	2	1.98
村或小组没分林子	19	18.81	在村外生活	2	1.98
不知道	18	17.82	存在林权争议	2	1.98
家里主要从事其他经营	12	11.88	存在户籍问题	2	1.98
原有林地是自留山	7	6.93	缺少林业生产技术	1	0.99
家里缺少劳动力	4	3.96	林地质量差	1	0.99
山林集体出租或承包	4	3.96	其他原因	7	6.93

---

① 柴喜堂：《福建省集体林权改革》，"中国集体林区林权改革国际会议"上的发言，2006年9月21日，友谊宾馆。

　　但是，对于一些阻碍农户参加林权改革的客观原因，则需要引起足够的重视，如果听任其继续滋生，必然会对社会公平产生严重的负面影响。在福建省，"没有资金承包林地"是造成农户没有参加林权改革的首要原因，显然这是由于林权制度设计中过多地强调经济效率，忽视了社会的公平效益，从而造成一部分处于弱势地位的农户被排除在了林权改革之外，是林权改革政策的制度缺漏。另外，林权改革政策在实施过程中的违规操作，也会造成林权的集中。① 此次林权改革的一个显著特点是改革方案的决策权被下放到了村级，但由于村级民主在各个村的发展状况是不平衡的，这就难免出现少数地区存在"村或小组没分林子"，或者是没有经过村民代表大会甚至在村民不知情的情况下，擅自转让、出卖山林的情形。

　　另外值得注意的是，由于"三维护"② 政策把林权改革之前已经转让的山场排斥在改革之外，从而造成村子无林可分的现象，在实地调查中表现得并不是很严重，这部分农户只占到没有参与林权改革农户总数的1.98%。虽然这一现象所占的比重不高，但是，在林权改革实践中却是矛盾最集中，也是农户反映最强烈的，因此，在林权改革政策设计中需要引起足够的重视。

三　林权改革过程评价

　　林权改革决策的方式直接影响到林权改革方案的内容以及参与各方

---

① 朱冬亮：《集体林权制度改革中的社会排斥机制分析》，《厦门大学学报（哲学社会科学版）》2007 年第 3 期。

② 2003 年，福建省出台的《关于推进集体林权制度改革的意见》规定，此次林改要"坚持分类指导，尊重历史"的原则，为了尽量保持政策的稳定性和连续性，必须坚持"三维护"政策：一是对已明确林权的予以维护，不打乱重来或借机无偿平调；二是对在改革前签订的合同，只要是符合国家法律政策，转让行为规范，合同真实有效并依约履行的，均予以维护；三是对合同有不完善和不规范的地方，也采取"动钱不动山"的办法进行利益调整并加以完善规范，尽量维护原业主的利益。"三维护"政策的实施实际上把林改之前已经通过各种途径转让的山场排斥在林改之外（朱冬亮、程玥：《福建集体林权制度改革中的农民抗争及对策分析》，《中共福建省委党校学报》2008 年第 6 期）。

的利益分享，并最终决定林权改革的实际效果。此次林权改革中，各个省在发布的林权改革政策文件中，都有关于新分配的林地经营模式由村民代表大会或村民大会决策的条文。也就是说，林权改革决策被下放到了村一级，而且决策过程要充分体现农户的权利和意愿。从实地调查资料来看，调查省份召开林权改革村民代表大会的平均次数达到了 2.93次，召开林改村民大会的平均次数达到了 1.67 次（见表 3）。从形式上来看，林权改革政策的这一要求在实践中得到了普遍执行，这将有利于实现林权改革过程的公平和公正。事实上，林权改革政策的这一要求，还在一定程度上促进了村级民主的发展。

表 3　农户在林权改革方案制定中的参与情况

单位：%，次

省　份	林改中被征求意见	召开林改村民代表大会	家里参加林改村民代表大会次数	召开林改村民大会	家里参加林改村民大会次数
福建省	38.75	3.28	1.75	1.36	1.24
江西省	59.00	2.76	1.58	1.48	1.32
浙江省	16.94	1.42	0.88	0.48	0.45
安徽省	7.33	3.05	1.54	2.31	2.10
湖南省	4.97	2.12	1.35	1.60	1.55
辽宁省	56.67	4.45	2.68	3.54	3.33
山东省	0.33	7.00	7.00	3.50	3.50
云南省	30.00	2.62	0.74	1.73	1.66
合　计	28.36	2.93	1.45	1.67	1.55

可是，实地调查资料显示，村民代表大会或者村民大会并不是林权改革方案的唯一决策方式，除此之外还存在其他多种方式。其中，一部分村的林权改革方案是由"村里说了算"的，绝大多数省份这一方式占到了 20% 以上的比例，浙江省这一比例甚至达到了 41.18%（见表 4）。林权改革中众多非民主决策方式的存在，是造成林权改革中诸多不公平问题出现的根源。

表4　林权改革方案通过方式

单位：%

省　份	村里说了算	村民代表大会通过	村民大会通过	其他
福建省	22.69	52.52	16.18	8.61
江西省	17.96	20.82	34.29	26.94
浙江省	41.18	18.91	5.88	34.03
安徽省	13.11	40.98	14.75	31.15
湖南省	35.48	45.16	9.68	9.68
辽宁省	23.05	36.63	25.93	14.40
山东省	33.33	33.33	33.33	0.00
云南省	26.44	16.83	23.56	33.17

说明：其他包括户主大会投票通过、上级政府政策、林业部门、群众意见、未定，或有争议、村小组以及村党支部决定等。

那么，林权改革过程的公平性到底如何？农户对林权改革公平性的评价是一个重要的衡量指标。基于此次实地调查数据的分析结果表明，在福建省有71%的调查农户对本村的林权改革觉得满意、公平；而明确表示本村林权改革不公平的占调查农户数的8.9%；其余的则对林权改革提出了各种建议或看法。表明此次林权改革过程还是比较公平的（见表5）。

表5　农户对林权改革的评价

单位：户，%

对林权改革的评价	频数	有效百分比	累计百分比
觉得满意、公平	396	71.0	71.0
林改还需要改进和完善	114	20.1	91.1
觉得不公平	50	8.9	100
合　计	560	100	—

资料来源：参见王文烂《福建集体林产权制度改革的公平与效率》，《林业科学》2008年第8期。

四　林权改革效果评价

林业生产周期长以及制度变迁效果释放慢的特点，使林权改革的绩效很难骤然显现，也就是说，对林权改革进行全面评价还为时尚早。但是，实地调查数据依然能够反映出一些林权改革的初步效果。

（一）林地家庭经营的份额上升

20世纪80年代的林业"三定"改革虽然被中途废止，甚至出现了反复，但是"三定"改革使家庭经营成为绝大多数省份林地的主要经营模式。党的十四届三中全会以后，国家又出台了一系列允许和鼓励个人参与林业生产经营活动的政策，林权结构进一步发生变化，从而在此次林权改革之前，已经形成了以家庭经营为主导，多种产权模式共存的林权结构体系。这一点得到了实地调查数据的印证，此次实地调查就收集了12种林业产权模式（林业经营模式）。依据经营主体的不同进一步将其归为5大类：单户经营、联户经营、小组经营、外部经营和集体经营。其中，单户经营和联户经营又可以归属于农户家庭经营。

从实地调查资料来看，林权改革之后，林地的经营模式并没有出现一边倒的情形，各种产权模式增减互现。除安徽省以外，其余省份的家庭经营份额都有所增加，福建、辽宁、山东和云南4省在这一方面的成就尤为显著；与此同时，除安徽省和云南省以外，其余省份的集体经营面积都有所减少（见表6）。安徽省之所以出现家庭经营转为集体经营

表6　集体林权改革前后林地经营模式变化

单位：%

省　份	单户经营	联户经营	小组经营	外部经营	集体经营
福建省	50.63(7.02)	7.81(4.86)	5.61(1.65)	4.72(0.43)	31.21(−13.98)
江西省	62.97(0.74)	2.77(0.46)	4.15(−4.77)	9.95(4.46)	20.14(−0.91)
浙江省	82.65(0.20)	1.37(0.00)	7.48(0.04)	0.25(−0.02)	8.23(−0.25)
安徽省	85.06(−6.75)	0.39(−0.01)	3.05(−0.02)	1.28(−0.30)	10.19(7.06)
湖南省	92.43(1.53)	0.27(−3.15)	4.46(2.80)	0.74(0.36)	2.09(−1.57)
辽宁省	55.21(12.28)	7.04(−0.48)	3.07(−16.20)	11.89(9.95)	22.77(−5.57)
山东省	54.29(7.71)	0.00(0.00)	0.00(0.00)	7.05(−1.72)	38.64(−6.00)
云南省	69.87(10.65)	3.67(3.67)	16.62(−15.81)	0.44(0.44)	9.37(1.03)
平　均	69.14(4.17)	2.92(0.67)	5.56(−4.04)	4.54(1.70)	17.83(−2.52)

说明：括号外数字是当前比例，括号内数字是改革前后的比例变化。

的情形，可能与安徽省南部是重要的旅游区有关，为了保护森林旅游价值，政府将较大份额的林地划为了生态公益林。云南省集体经营面积比例上升则源于大面积的森林资源受到天保工程的影响，相当多的集体林划归为生态公益林，因此，有些村甚至不得不将已经划归农户经营的林地收回集体经营。如果将林业产权的私有化、个体化作为此次林权改革工作的目标的话，可以认为，林权改革工作取得了较好的效果。

（二）农户的林木采伐量大幅上升

已有的研究表明，林地的家庭经营能够促进木材的供给。根据实地调查数据，林权改革以后，农户的林木采伐量在某些林权改革动作较大的省份的确有所上升。2000 年以后的 5～6 年间，在福建省、江西省、安徽省和湖南省，农户的林木采伐量都有不同程度的增加。进一步观察可以发现，木材采伐量的增长率高于竹材采伐量的增长，之所以出现这一现象则要归功于林权改革中的配套改革。林权改革以前，木材的采伐要受到采伐限额和采伐审批制度的严格控制，而竹材的采伐则不受限制；林权改革以后，施加于木材采伐的管理束缚有所放松，从而导致木材的采伐量有较大幅度的增长（见图 2）。由于家庭单户经营和联户经营已成为木材生产的主力军，因此，采伐量增加的趋势与森林资源经营

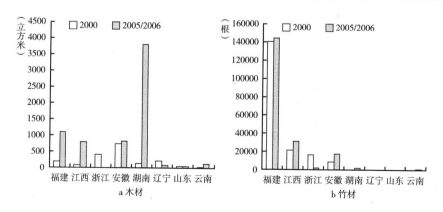

图 2　农户林木采伐情况

个体化的趋势相一致。另外，木材生产与林地流转经营有显著的相关性，尤其是在福建省和辽宁省。这与调查中观察到的大部分林地流转经营是以采伐为目的的情况相一致。[①]

(三) 农户的林业收入明显增加

此次林权改革的目标是通过增加农民收入，提高用材林的生长量进而增加林木的蓄积量，[②] 能否增加农户收入就成为关乎此次林权改革成败的核心问题。实际调查数据显示，2000 年以后的 5～6 年期间，8 个省份农户家庭净收入都有显著的提高，而且，林业收入是各项收入中增长速度较快的一项（见表 7）。除了安徽省以外，其余各省的林业收入在农户家庭总收入中的比重都有所上升，对农户家庭收入的贡献在增大。尤其是 4 个林权改革试点省份相对于其他省份，农户林业收入在家庭总收入中的比重上升更为明显。以上变化初步表明林权改革和农户收入增长之间存在着正向的关系。

表 7　调查省份农户家庭平均收入变化

单位：元，%

省 份	2000 年			2005/2006 年		
	林业收入	总收入	林业收入/总收入	林业收入	总收入	林业收入/总收入
福建省	685.29	9173.37	7.47	2532.07	15770.84	16.06
江西省	188.29	7074.57	2.66	1607.15	12734.06	12.62
浙江省	1133.91	17656.62	6.42	3075.26	32515.05	9.46
安徽省	5206.50	13932.52	37.37	6265.88	35161.22	17.82
湖南省	386.66	9813.94	3.94	751.55	19022.18	3.95
辽宁省	497.07	9663.90	5.14	3215.57	20812.63	15.45
山东省	361.67	8031.45	4.50	926.07	18557.41	4.99
云南省	476.26	15628.25	3.05	1356.72	30184.22	4.49

① 徐晋涛、孙妍等：《我国集体林区林权制度改革模式和绩效分析》，《林业经济》2008 年第 9 期。

② 李周：《林权改革的评价和思考》，《林业经济》2008 年第 9 期。

虽然林权改革在短期内较为明显地提高了农户林业收入的增长，但是，农户收入增长的可持续性依然受到质疑。结合实地调查和相关的研究成果，林权改革以后农户林业收入增长来自三方面：一是木材销售价格的上涨；二是林业税费的下降；三是森林资源（包括林地和林木）流转价格的上涨。可是，这些措施只是农户林业收入持续增长的必要条件而非充分条件，[①] 在长期中，这些措施对农户林业收入增长的贡献将明显减弱，农户收入增长的可持续性也就能得到保证。从理论上来讲，林权改革促进农户林业收入可持续增长，只能依靠产权明晰对农民经营林业的劳动与资本等要素投入产生正激励，通过林地生产力提高给农户带来收入的增加。[②] 由于林权改革开展的时间较短，这种效果还有待于进一步的观察。

（四）农户自发造林面积增加

根据实地调查资料，林权改革对农户林业投资的促进作用开始显现（见表8），所有调查省份的农户自发造林面积都有不同程度的增加。采伐量和新增造林面积的同步增长，意味着林业经营在增加农户收入的同时实现了森林资源的更新和发展，可以说，林业经营可持续增长的趋势初步显现。[③] 值得注意的是，2000年以后的5~6年期间，调查省份的造林总面积都出现了较为明显的增长，可是只有福建省、浙江省、辽宁省和云南省农户自发造林面积占造林总面积的比重略有上升，其他省份的这一比例还有所下降。这说明，除了林权改革这一影响因素外，还有其他因素对近年造林投入的增长起到了促进作用。[④]

---

① 孔凡斌：《集体林权制度改革绩效评价理论与实证研究——基于江西省2484户林农收入增长的视角》，《林业科学》2008年第10期。

② 王文烂：《集体林权制度改革对农民林业收入的影响》，《林业科学》2009年第8期。

③ 裘菊、孙妍等：《林权改革对林地经营模式影响分析——福建林权改革调查报告》，《林业经济》2007年第1期。

④ 徐晋涛、孙妍等：《我国集体林区林权制度改革模式和绩效分析》，《林业经济》2008年第9期。

表8　村级农户自发造林面积变化

单位：公顷，%

省　份	年份	单户造林	联户造林	造林总面积	（单户＋联户）/造林总面积
福建省	2000	1.85	1.49	9.00	37.11
	2005	7.15	2.71	23.28	42.35
江西省	2000	5.71	0.00	6.27	91.07
	2005	7.51	0.00	9.36	80.24
浙江省	2000	3.16	0.00	3.53	89.52
	2005	9.29	0.00	10.12	91.80
安徽省	2000	0.86	0.00	1.23	69.92
	2006	1.85	0.00	3.50	52.86
湖南省	2000	1.30	0.00	1.41	92.20
	2006	5.33	0.00	6.66	80.03
辽宁省	2000	18.08	0.24	21.88	83.73
	2006	25.38	0.69	30.32	85.98
山东省	2000	1.40	0.00	1.85	75.68
	2006	2.27	0.00	4.86	46.71
云南省	2000	16.22	0.00	16.55	98.01
	2006	57.52	0.00	57.63	99.81

　　林权改革提高了农户投资林业的积极性，但是，在某些制度性障碍的限制下，农户的林业投资方向偏离了社会最优目标。实地调查中发现，林权改革主要是促进了农户对经济林的投资，而对生态林和用材林的投资意愿并不强烈。造成这一结果的原因在于，影响农户对不同林种投入意愿的因素存在差异：农民对经济林的投入意愿主要受资金、林地条件等因素的影响，政策性限制较小；农民对生态林和用材林的投入意愿除了受农民自身特征、资金、林地面积的影响以外，还分别受限额采伐制度和生态补偿制度的影响，政策性限制较强。[①] 可见，农户在不同林种投资上的差异是对现行的制度安排做出的理性反应。因而，林权改革中配套改革的相对滞后，尤其是采伐制度改革缓慢，将会扭曲农民的林业投资行为，无法实现木材供给平衡的目标。

---

　　① 张俊清：《集体林产权制度改革下林农对不同林种的投入意愿行为分析》，沈阳农业大学硕士学位论文，2008。

专题四
集体林权制度改革模式及绩效比较[*]

——以福建、江西为例

福建省、江西省地理位置相近，是我国南方集体林区中森林资源最为丰富的两大省份。在本次林权制度改革中，福建省和江西省同属于第一批宣布进行林权制度改革的省份。诸多的相似性为我们的比较研究提供了良好的基础，对两个相近省份的比较研究有助于理解产权改革模式的不同对产权制度安排和绩效的影响。本文运用2006年福建、江西实地调研的数据对两省林权制度改革明晰产权后村级产权结构安排变化情况及所产生的初步影响进行比较分析。

一 林权制度改革前产权状况比较

2003～2006年林权制度改革第一阶段的工作主要围绕"明晰产权"展开，即在保持林地集体所有制的前提下，将集体林地的使用权、林木所有权和使用权归还给老百姓，实现"山有其主"的改革目标。"明晰产权"阶段的工作根据林地既有产权类型的不同大体上可分为：确认产权和重新划定产权两部分工作。具体而言，对于在本次林改前已经划分给村民的林地，在本次林改中主要通过确权发证的形式进一步明晰产权；而对于林改前由村集体或小组经营的林地则需要在本次林改中通过村民代表大会决议的形式对这部分林地的产权进行重新划分、界定。因

＊ 本文图表如无特别注明，数据来源均为2006年福建、江西实地调研。

此，各省份集体林地本次林改之前的产权状况决定"明晰产权"阶段的工作内容和工作重点。在林地产权较为明晰的省份，第一阶段林改中所发生的产权变革较小，改革的空间也较为有限；反之，在村、组集体经营比例越高的省份，第一阶段改革的空间相对较大，改革所带来的变革也相应较为强烈。

表1展示了林权改革之前（2000年）福建省和江西省调查样本村集体林地产权构成情况。可以看出在本次林权制度改革之前，江西省集体林地的产权明晰状况整体优于福建省，表现为较高的家庭经营比例和较低的集体经营比例。造成这一差异的主要原因与两个省份在林业"三定"时"分林到户"改革的力度差异有关。江西省是南方集体林区"分林到户"改革最为彻底的省份，"三定"结束时家庭经营所占的比例达93%（见表2）。虽然江西省家庭经营的比例在1987年中共中央、国务院颁布《关于加强南方集体林区森林资源管理，坚决制止乱砍滥伐的指示》出台后有较大幅度的缩减，但在调查样本村中，在本次林改前依然有六成以上的集体林地由家庭经营。相比之下，福建省林改前由家庭经营的林地所占的比例较低，仅有43.61%；而有近三成的林地由村集体或小组集体经营（见表3）。

表1 2000年调查样本村村级产权构成

单位：亩，%

产权模式	福 建		江 西	
	面 积	所占比例	面 积	所占比例
单户经营	6003.20	43.61	7548.70	62.23
联户经营	404.90	2.94	279.74	2.31
小组经营	545.93	3.97	1082.80	8.93
市场流转	590.33	4.29	666.42	5.49
集体经营	4029.38	29.27	2175.45	17.93
公益林	2192.38	15.93	377.97	3.12
合 计	13766.12	100.00	12131.08	100.00

由此可以推测，在本次以个体化、私有化为目标的林权制度改革中，家庭经营程度较低、集体直接经营林地比例较大的福建省的改革空

表 2　1986 年集体林中家庭经营所占比重

单位：百万公顷，%

省　份	集体林面积	家庭经营面积	家庭经营所占的比例
浙　江	5.73	4.37	76.3
安　徽	3.79	2.80	73.9
福　建	8.19	2.65	32.4
江　西	9.27	8.58	92.6
湖　北	7.04	5.75	81.7
湖　南	11.14	8.33	74.8
广　东	9.27	8.17	88.1
云　南	20.31	11.17	55.0
总面积	74.74	51.82	69.3

资料来源：《中国林业年鉴 1987》，中国林业出版社。

表 3　村级产权安排变化

单位：亩，%

经营模式	福　建		江　西	
	2000 年	2005 年	2000 年	2005 年
单户经营	6003.20 (43.61)	6983.08 (50.63)	7548.70 (62.23)	7854.83 (63.32)
联户经营	404.90 (2.94)	1077.28 (7.81)	279.74 (2.31)	340.46 (2.74)
小组经营	545.93 (3.97)	775.08 (5.62)	1082.80 (8.92)	510.66 (4.12)
市场流转	590.33 (4.29)	651.08 (4.72)	666.42 (5.49)	1222.65 (9.86)
集体经营	4029.38 (29.27)	1900.68 (13.78)	2175.45 (17.93)	1531.89 (12.35)
公　益　林	2192.38 (15.93)	2404.93 (17.44)	377.97 (3.12)	942.73 (7.6)
合　　计	13766.12 (100)	13792.13 (100)	12131.08 (100)	12403.22 (100)

说明：括号内数字为各种产权经营模式所占比例。

间大于江西省。再加之，福建省在 20 世纪 80 年代末还进行过一次林业股份制改革，从某种程度上加剧了产权的复杂性和多样性，增加了本次林权制度改革的难度。因此，本次林改对福建省产权模式的调整程度大于江西省。

二　林权制度改革前后产权安排变化及相关因素分析

本次林权制度改革中，福建省和江西省采取的改革模式基本类似，主要通过均山到户、农户联合经营或有偿转让的模式对集体林地的产权进行重新划分。由于两个省份都为林改的前行省份，在2006年实地调查前，所有90个调查样本村（福建60个，江西30个）都已经完成第一阶段"明晰产权"的改革任务。表3展示了两省调查样本村"明晰产权"前后（2000年、2005年）村级林地产权结构的变化情况。图1、图2则分别展示了两省各村各类产权经营模式的比例变化情况。比较后发现，两省产权安排变化的模式存在较大的差异，主要体现在以下几方面。

（一）福建省集体林产权结构变化幅度大于江西省

福建省在明晰产权工作完成后，集体林的产权结构发生了较大幅度的调整，除了市场流转模式外，各类产权经营模式所占的比例都有较大幅度的变化。林改后福建省集体经营林地显著减少，家庭经营林地显著增加，小组经营林地有所增加，市场流转林地基本维持不变。江西省集体林的产权结构在明晰产权前后变化不大，除了市场流转和小组经营出现互替的现象外，其他产权经营模式所占的比例基本维持不变。

由此可见，虽然同为第一批实施林权制度改革的省份，但由于历史林权明晰程度的不同，影响了两个省份在明晰产权阶段改革空间的差异，最终导致两省林改前后集体林产权结构调整的幅度上存在较大的差异。改革空间较大的福建省产权结构变化的幅度显著高于江西省。

（二）福建省村集体经营林地经营权让渡力度高于江西省

首先，从让渡出林地构成上看，福建省所有让渡出的集体林地均为改革前由村集体直接经营的林地；而江西省让渡出的林地中仅有一半属于村集体经营的林地，剩下一半来自小组经营的林地。其次，从数值上分析，在本阶段明晰产权工作完成之后，福建省村集体经营林地所占的比例下调了15.5个百分点，而江西省集体经营林地减少的幅度仅为5.6个百分点。第三，从村级经营比例变化差异程度分析，福建省60

个样本村中有 19 个村村集体经营林地下调的比例在 20% 以上，最大下调幅度达 86.8%；而江西省所有 30 个样本村村集体经营林地的调整比例都在 20% 以下，最大下调幅度为 18.60%。各村各类产权经营模式调整水平样本分布情况详见图 1、图 2。因此，整体上看，在本次林改过程中福建省村级组织的积极性普遍高于江西省。

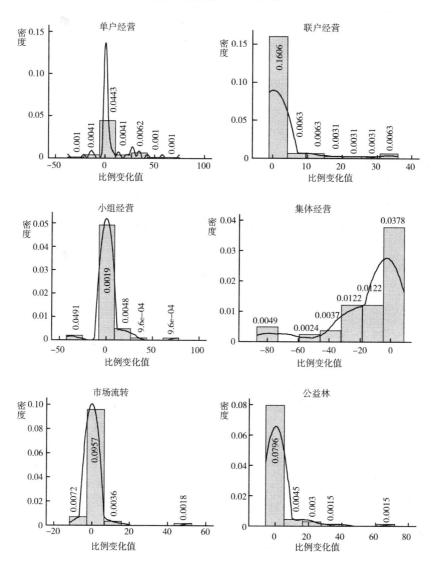

图 1　福建省各类产权经营模式比例变化

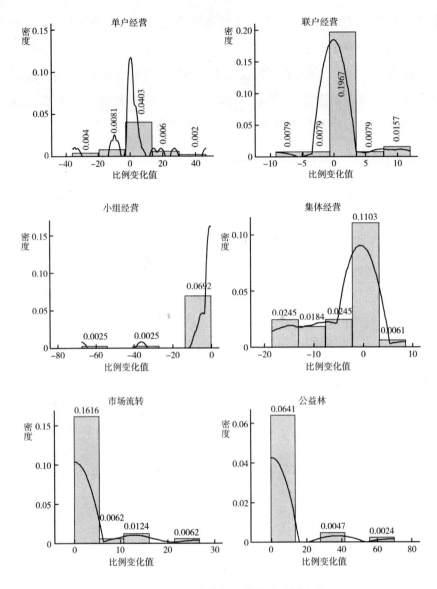

图2　江西省各类产权经营模式比例变化

通过比较两个省关于林权制度改革的规定后发现，福建省和江西省在是否收取林地承包费问题上采取了截然不同的做法。福建省允许村集体经济组织向获取林地的本村村民收取一定数额的林地承包费，而这一行为在江西省则被明令禁止。从某种程度上说，允许收取林地承包费实际上是降低了村集体经济组织进行林权制度改革的机会成本。使得基层经济组织能够在让渡林地经营权的同时获取一定的经济补偿，鼓励他们让渡集体林地经营权。从简单的统计数值比较上，我们确实观察到了两省村集体经济组织在让渡林地经营权力度上的差异。而徐晋涛等人则通过计量模型回归的方法对这一假设进行了验证，结果表明禁止收取林地使用费从某种程度上减缓了林改的进度。[①]

（三）福建省家庭经营模式增加水平高于江西省

江西省在第一阶段产权明晰工作完成之后，村级家庭经营林地所占的比例平均增加了 1.54%，比福建省 7.02% 的增加幅度低了近 6 个百分点。从让渡出集体林地的流向上分析，福建省让渡出的村集体林地中有 45% 调整为本村农民家庭经营的模式；而江西省只有 11% 的集体转让经营林地转为家庭经营。因此，在本阶段以家庭化经营为目标的改革中，福建省家庭化进程的调整力度高于江西省。

（四）市场资源介入程度不同

在本次林权制度改革过程中，在村民代表大会表决同意之后，外村的个人或组织可以通过订立经营合同的方式获取林地的经营权。在本阶段林改工作完成后，福建省市场流转林地所占的比例基本维持在改革前的水平，略微增加了 0.43 个百分点；而江西省市场流转林地所占的比例平均增加了 4.37 个百分点，增长幅度是福建省的 10 倍。换而言之，林改中江西省集体让渡出的林地有 42% 流转给了非本村的经营主体，市场主体介入本地林业生产的程度远远高于福建省。

出现市场经营主体取代本村家庭经营主体成为林地最大的转入对象的原因是多方面的。与当地农户收入结构、劳动力供给情况、市场发育

---

① 徐晋涛、孙妍、姜雪梅等：《我国集体林区林权制度改革模式和绩效分析》，《林业经济》2008 年第 9 期。

程度、社会资本等条件都有关联，但作为集体林地的管理者，村集体经济组织的改革意愿无疑会成为左右改革模式选择的重要影响因素。在不允许向本地经营者收取林地承包费的前提下，选择市场流转模式无疑是江西省各村集体经济组织在最短时间内获取经济收入、弥补改革"损失"最有效方式。因此，在江西省出现大量集体林地以市场流转模式明晰产权也就不足为奇了。

整体上看，在本阶段林权制度改革过程中，福建省和江西省在村集体组织林地经营权让渡力度以及林地产权经营模式转变方向上都有较大的差异。在改革成本较低的福建省，村集体在让渡林地经营权的力度较大，更多的农户家庭成为林地经营者。而在改革成本相对高的江西省，村集体让渡林地经营权的幅度较小，并且更倾向于选择市场流转的模式。

三 林权制度改革初步成效比较分析

（一）木材采伐量大幅增加，家庭经营采伐比例扩大

第一阶段"明晰产权"工作完成后，福建省木材采伐总量显著增加，而江西省的采伐总量则几乎没有变化。以产权经营模式分类，福建省采伐量增加主要来自于以家庭单户或联户经营及市场流转的林地；江西省家庭经营林地的采伐量在林改后也有所增加，2005 年采伐量中有92.77% 来自家庭经营的林地，但市场流转林地的采伐量不升反降（见图 3）。

在实地调查中发现，一般情况下市场经营主体购买林地是为了短期内获取木材资源，购买林地大都是成熟林或近熟林。福建省林改后采伐量大幅度增加的现象与调查中观察到的以获取木材资源为目的的市场流转行为相一致。市场流转林地采伐量在江西省不升反降的现象，则从侧面说明了此类市场流转的林地并非以短期采伐为目的的活立木转让，而

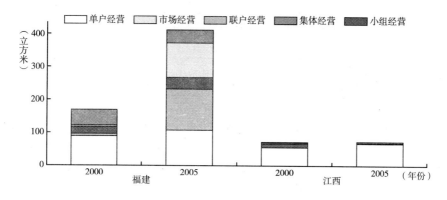

图 3　木材采伐量变化

是类似于林地承包，只是林地经营权转让的对象由本村农民变为外村经营主体。

整体上看两省采伐量的变化趋势基本上与产权安排变化的情况一致。在产权结构变动较大的福建省采伐量变化较大，而在产权结构变化较小的江西省采伐量的变化也较小。两省家庭经营林地的木材采伐量在林权改革之后都有所增加，家庭经营者已经逐渐成为南方集体林区木材生产主力军。

（二）福建省农户林业投入积极性高于江西省

由于福建、江西三大林种中的经济林和竹林在本次林权改革之前绝大部分已经以家庭承包的形式划分给农户，因此本次改革的林地类型主要是原来由村集体经营的用材林地，可以通过比较农户在用材林地上投入的差异对改革推动社会投资林业的效果进行初步评价。表 4 展示了两省农户在用材林地上的投入情况，比较后发现两省农户在家庭经营用材林地上的投入水平在产权明晰之后都有所增加。但从绝对数值上看，江西省农户单位用材林地上的资金投入水平远远低于福建省。2005 年，在江西省农户经营的用材林地上，平均每亩的资金投入为 0.57 元，而福建省农户在用材林地上的平均每亩的资金投入为 11.6 元。

231

表4 2000 年、2005 年用材林资金投入变化

单位：元/亩

经营模式	福　　建		江　　西	
	2000 年	2005 年	2000 年	2005 年
单户经营	8.67	11.60	0.034	0.57
联户经营	0.70	1.73	0	0
小组经营	1.50	0	0	0
村集体经营	0	0	0	0

进一步对农户在用材林地上造林投入进行分析发现，产权明晰之后两省农户在造林方面的投入都有较大幅度增加。福建省单户经营用材林地上的造林投入增加了5倍，江西省单户经营用材林地上的造林投入实现了从无到有的转变。从绝对数值上看，福建省在造林方面的投入水平远远高于江西省（见表5）。

表5 2000 年、2005 年用材林造林投入变化

单位：元/亩

经营模式	福　　建		江　　西	
	2000 年	2005 年	2000 年	2005 年
单户经营	0.64	4.19	0	0.09
联户经营	0.12	0.61	0	0
小组经营	0	0	0	0
村集体经营	0	0	0	0

表6展示了村级造林面积林改前后的变化情况。从村级的造林面积上看，两省的造林面积在明晰产权改革工作完成后都有所增加，家庭单户经营林地上造林面积的增加尤为显著。两省比较之下，福建省以各类模式经营林地的造林面积及造林面积增长幅度均高于江西省。

虽然林业投入的水平受到劳动力分配、木材市场价格等各种因素的影响，但从统计数字上看，林地产权明晰之后两省家庭投资林业的力度确实有所提高，呈现出社会投资林业放大的良好趋势。从省份层面上比较，在林改中农户受益较多的福建省，林改后家庭投资林业的积极性高于江西省。

表6　2000年、2005年村级造林面积变化

单位：亩

经营模式	福　　建		江　　西	
	2000年	2005年	2000年	2005年
单户经营	1233.21	4766.83	3809.31	5009.47
联户经营	990.87	1806.09	0	0
小组经营	420.95	898.23	0	0
市场经营	218.63	1700.85	0	177.87
集体经营	2922.94	6355.03	370.56	222.33
生 态 林	218.63	0	0	0
小　　计	6005.22	15527.03	4179.87	5409.67

（三）林业收入占家庭收入比重增加，江西省增长速度高于福建省

林权改革之后，福建省和江西省家庭收入中林业收入所占的比重都有8个百分点以上的增加，林业收入对家庭收入的贡献程度逐渐扩大。尤其值得注意的是，在5年间两省农户种植业收入中，农业收入所占的比重减少，林业收入所占的比重增加，林业收入与农业收入呈现出互替的趋势。此外，林业收入增长速度位居两省农户所有收入项目之首。相比较之下，林业收入占总收入的比重福建省高于江西省，但林业收入的增长速度江西省高于福建省（见表7）。

表7　2000年、2005年家庭收入构成

单位：元，%

收入构成	福　　建		江　　西	
	2000年	2005年	2000年	2005年
林业收入	685.29（7.47）	2532.07（16.06）	188.29（2.66）	1607.15（12.62）
农业收入	3054.99（33.30）	5494.25（34.84）	2641.64（37.37）	4157.40（32.65）
非农收入	4759.07（51.88）	5952.87（37.75）	3873.22（54.75）	5919.44（46.49）
其他收入	674.02（7.35）	1791.64（11.36）	371.42（5.25）	1050.06（8.25）
小　　计	9173.37（100）	15770.83（100）	7074.57（100）	12734.05（100）

说明：括号内数字为各类收入所占比重。

四　小结

（1）改革前的产权明晰状况决定了本次林改的空间和改革后产权构成的变化程度，在一些家庭经营比例较高、集体经营林地比例较低的省份，林改对于产权结构调整的作用并不显著。

（2）村集体经济组织参与改革的机会成本从一定程度上影响了林改的进程和林改模式的选择。在以家庭经营为目标模式的林权制度改革过程中，只有充分考虑林改基层操作组织村集体的利益才能有效推动林权制度改革的进程，保证广大农户能够通过林改获取林地的经营权。

（3）产权明晰之后农户采伐和造林都有显著的增加，出现了社会投资林业可持续发展的趋势。但目前我国林业管理制度中还存在诸多阻碍社会力量投资林业的政策法规，林业管理部门须尽快对现有的林业管理模式作出调整，建立一套适应于小规模经营模式的政策法规体系。

（4）林权改革之后，福建省、江西省都出现了本地劳动力在农业和林业重新分配的迹象，林业对农户家庭经济收入的贡献程度逐渐增加。但目前农户在林业生产方面的经验和技术水平都相对较低，林业管理部门应加大林业生产技能培训，增加农户投资林业的信心，提高农户的林业投资回报率，引导本地劳动力进一步转向林业生产领域。

参考文献

刘伟平、张建国：《集体山林经营方式改革：股份与合作制》，《林业经济》1994 年第 2 期。

裘菊、孙妍、李凌、徐晋涛：《林权改革对林地经营模式影响分析——福建林权改革调查报告》，《林业经济》2007 年第 1 期。

孙妍、徐晋涛、李凌：《林权改革及其对林地管理的影响：江西省林权改革研究报告》，《林业经济》2006 年第 8 期。

徐晋涛、孙妍、姜雪梅等：《我国集体林区林权制度改革模式和绩效分析》，《林业经济》2008 年第 9 期。

张蕾、奉国强：《南方集体林业产权问题研究》，《林业经济》2002 年第 3 期。

专题五
集体林权改革的评价与思考

一　20世纪80年代集体林权改革
未获成功的原因

20世纪80年代初，农村改革不仅分了田，分了牲畜，也分了山林。而且与自留地、责任田的做法相对应，山也分成了自留山、责任山，不少地方接着又将自留山、责任山并为自营山。从表1可以看出，此时的林业改革并不太滞后。

表1　1986年集体林中家庭经营面积及所占比重

单位：万公顷，%

省　份	集体林	家庭经营	家庭经营所占比重
福　建	8119	2165	32
江　西	9127	8158	93
浙　江	5173	4137	76
安　徽	3179	2180	74
湖　北	7104	5175	82
湖　南	11114	8133	75
广　东	9127	8117	88
云　南	20131	11117	55
合　计	73074	49182	67.3

资料来源：参见陆文明、刘金龙等《中国私营林业政策研究》，中国环境科学出版社，2002，第56页。

但是，该阶段的集体林权制度改革并没有像农业改革那样获得了成功，其主要原因表现在以下几方面。

（一）路径依赖不一样

在中国，耕地的家庭所有、家庭经营持续了几千年。耕地联产承包的实质，是恢复被中断了20多年的家庭生产经营方式。虽然在历史上也有林地家庭所有、家庭经营形式，但它并不是普遍采用的做法。这是耕地实行家庭联产承包，迅即就把被人民公社体制压抑的生产力释放出来了，而林地承包却没有带来显著效果的原因之一。

（二）营销难度不一样

第一，20世纪80年代初，农业生产以解决农民的温饱为主，农产品的商品率较低，农户搞好生产就可以了，不需要太强的营销能力；林业生产以增加收入为主，木材的商品率极高，需要较强的营销能力与之配套。

第二，粮食装运的可分性极强，平均运输距离很短，对道路的要求相对较低；木材装运的可分性较弱，平均运输距离很长，对道路的要求相对较高。

第三，当时国有粮食经销体系很强，在运输计划配置中的地位很高，从而车辆和车皮的保证率很高；国有木材公司的经销体系较弱，在运输计划配置中的地位较低，从而车辆和车皮的保证率很低。

第四，当时林区道路密度很低，路况很差。林区的农产品商品率极低，道路对农业生产的制约并不明显，木材的商品率极高，道路对木材生产的制约极为显著。因此，农户对林权的诉求与林区交通条件具有相关性，即林区交通条件越好，农户的林权诉求越强，林区交通条件越差，农户的林权诉求越低。[1]

---

[1] 我们于1996年在福建、江西、广西和云南四省（区）所做的农户调查表明，在木材经营权的诉求上，福建强于江西，江西强于广西，广西强于云南。

（三） 政策倾向不一样

第一，虽然当时的粮食价格很低，但并没有专门针对粮食的税费，木材不仅价格很低，而且有许多专门针对木材的税费。例如，张蕾等对海南省琼山市的调查表明，木麻黄的售价为 230 元/吨，9 种税费合计110.66 元/吨，扣除采伐、装车成本 50 元，运输成本 50 元，林农所得19.34 元/吨，仅占木材销售价格的 8.4%（张蕾等，2002）。高额的木材税费抑制了农民培育森林的积极性，进而造成森林生产率的低下。农民经营经济林而不经营用材林，除了表达出农民偏好生产周期短的产品的信息外，还表达出农民不容忍被垄断的木材收购市场盘剥的信息。

第二，粮食生产是没有政策限制的，木材生产是有政策限制的，具体包括采伐数量的限制、木材进入采伐所需年限的限制和产区木材必须卖给指定木材经营企业的限制。例如，海南省木麻黄只需 6 年即可采伐，而采伐期限规定为 8 年，不仅延长了投资回收期，还要增加管护成本（张蕾等，2002）。严格的采伐管理是森林资源持续、稳定增长的基本举措，但是，农户的木材必须卖给指定木材经营企业是变相的垄断，而垄断必然压价，压价必然挫伤农民培育森林的积极性。

第三，当时大多数农户对政策走向是不清楚的。农业生产周期较短，农户能及时做出适应政策变化的行为调整，因而对农业投入的影响不是太大；林业生产周期很长，农户难以做出适应政策变化的调整，因而在做林业投入决策时会有诸多的顾虑。

（四） 改革方式不一样

中国农业改革采取的是渐进式改革方式。20 世纪 80 年代，只是赋予农民自主支配承包地的权利，粮食的统购统销制度并没有变化，国有粮食企业并没有受到冲击。中国农村集体林业改革采取的是激进式改革方式。1985 年，国家实施了开放南方集体林区木材市场的政策。这项冲击了国有木材公司既得利益的改革遭到了林业主管部门的强烈抵制。抵制这项改革的主要做法就是通过各种途径反映集体林区出现的乱砍滥伐，给中央造成集体林区将趋于无林化的印象。中央派出的调查组观察不到木材价格上涨引发的农户节约使用木材的行为，却能观察到堆积在路边待售的木材。当时运材汽车奇缺，将木材运出林区的难度是很大的。大量木材堆积在路边，确实会给调查人员带来如此下去森林将被砍光的感受。鉴于反映的情况与调查的结果一致，中央终止了这场改革，国有木材公司获得了一度失去的权力，林业改革陷入了停滞状态。从图1和表2中可以看出，80年代中期中国森林面积、蓄积并没有出现急剧下降。基于此，我们必须牢牢记取这场准备不充分、既不具有帕累托改进的性质也不具有卡尔多改进的性质的激进式改革所带来的欲速则不达的教训。

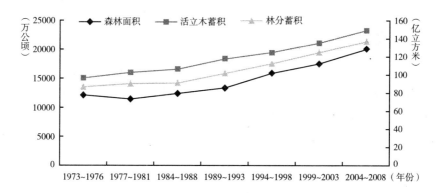

图1　1973～1976年以来历次森林资源清查的主要数据

表2　中国森林面积、蓄积和森林覆盖率的变化

年　份	森林覆盖率（％）	森林面积（万公顷）	林分蓄积（亿立方米）	活立木蓄积（亿立方米）
1973～1976	12.70	12186	86.55	96.32
1977～1981	12.00	11528	90.28	102.61
1984～1988	12.98	12465	91.41	105.72
1989～1993	13.92	13370	101.37	117.85
1994～1998	16.55	15894	112.67	124.88
1999～2003	18.21	17491	124.56	135.18
2004～2008	20.36	19545	137.21	149.13

资料来源：国家林业局公布的历次森林资源清查数据。

二 新一轮集体林权改革的评价

(一) 新一轮集体林权改革得以推广的条件

上一轮集体林权改革后，绝大多数农户没有采取经营山林的行为，新一轮集体林权改革后，不少农户采取了经营山林的行为。对于这种变化，较为普遍的说法是，新一轮林权改革使林权更清晰了，更有保障了。这种就产权论产权的说法是有道理的，但不全面。我认为，两轮集体林权改革的时代背景的差异，是农户行为变化的主要原因。从宏观角度看，新一轮林权改革能够获得成功的条件表现在以下几方面。

第一，经济体制转型基本完成。中国经济已经基本上完成了由计划配置机制到市场配置机制的转型，由国内资源、国内市场的封闭性经济到国内、国外两种资源、两种市场的开放性经济的转型。其间，木材市场得到了充分的发育，国有木材公司完成了转型。

第二，林业发展的外部环境显著改善。经过近30年的持续、快速发展，中国已经彻底告别了短缺经济时代。对于集体林区来说，无论运材汽车和车皮不足的问题还是道路制约木材运输的问题，都已经不复存在了。

第三，木材价格显著上升，木材税费种类显著减少、数量显著下降。中国已是世界上木材价格最高的地区，各国木材和纸制品纷纷进入中国，这样的价格足以诱发出中国农民培育森林的积极性。从表3可以看出，林改后，农业特产税、木材经销公司管理费、县级收费、乡镇收费、村组收费和其他收费都没有了。只剩下育林基金和木材检疫费两项。税费占木材售价的份额下降了近40个百分点。

第四，林业政策取向越来越好。具体包括三个方面，一是保护林权的政策安排越来越好；二是对农村林业发展的扶持力度越来越大；三是

表3　林改前后林农税费负担的变化

单位：元，%

项　目	1 立方米 12 厘米杉条		1 立方米 12 厘米松原木		1 根眉围 33 厘米毛竹	
	林改前	林改后	林改前	林改后	林改前	林改后
税费合计	230.91	73.60	204.37	72.72	3.17	1.02
1. 农业特产税	35.90	0.00	37.02	0.00	0.63	0.00
2. 育林基金	95.81	71.66	88.06	70.78	1.27	1.00
3. 木材检疫费	1.98	1.94	1.98	1.94	0.12	0.02
4. 木材经销公司管理费	5.52	0.00	5.52	0.00	0.13	0.00
5. 县级平均收费	41.17	0.00	31.02	0.00	0.35	0.00
6. 乡镇平均收费	25.01	0.00	20.52	0.00	0.27	0.00
7. 村组平均收费	19.02	0.00	14.19	0.00	0.19	0.00
8. 其他收费	6.50	0.00	6.06	0.00	0.21	0.00
税费占木材销价的比例	54.90	15.30	48.80	16.70	46.80	10.30

资料来源：参见刘璨等《中国集体林制度变迁新进展研究》，《林业经济》2008 年第5期。

对木材采伐的管制越来越松。[①] 第三个方面可以从福建省和江西省的木材产量的增长速度高于全国平均水平速度加以说明（见表4）。

表4　林改期间全国木材产量变化情况

单位：万立方米，%

地区	2002 年	2003 年		2004 年		2005 年		2006 年		2007 年	
	产量	产量	增幅	产量	增幅	产量	增幅	产量	增幅	产量	增幅
全国	4436	4758	7.3	5197	19.4	5560	25.3	6611	49.1	6970	57.1
福建	459	525	14.5	582	26.8	627	36.8	729	58.8	1457	217.3
江西	279	301	7.7	459	64.3	503	79.8	483	72.6	491	75.7

说明：表中数据由国家统计局、福建省统计局、江西省统计局相关统计资料整理而来。转引自孔凡斌、杜丽《新时期集体林权制度改革政策进程与综合绩效评价——基于福建、江西、浙江和辽宁四省的改革实践》，《农业技术经济》2009 年第6期。

第五，林业主管部门的官员把其他领域的成功经验引入林业的偏好增强。非林业系统的官员调入林业部门后，大多把熟悉和延续

---

① 按照渐进式改革的逻辑，采伐管制应该采取逐渐放松的方式。

常规的林业管理方法作为其做好管理工作的首要任务。他们把其他领域的成功经验进入林业的做法很可能要遭到不懂林业特殊性的批评，但毕竟有些官员勇敢地做出了这样的选择。新一轮集体林改率先在福建、江西展开并得到国家林业局的有力支持，与上述的状况具有相关性。

第六，农民可投入林业的资本增多，对市场变动的心理承受能力和应对能力增强，对林业政策的预期，包括对木材采伐管理制度改革的预期越来越好。

从微观角度看，也有两个值得关注的变化。

第一，改革初期，极少数有办法争取到政府造林资金和采伐指标的乡镇干部和村庄精英，以极低的价格承包了集体宜林荒山荒地和集体山林，20多年过去以后，这些林木都长大了，木材价格又有显著上升，他们可获得的林业收入很多，林业投入的盈利率很高，这些都表现得越来越清楚了。这是农户对林权的重视程度提高的原因之一。

第二，由于经营林业有很好的收益，一些大公司进入了集体林区。以税收最大化为目标、以招商引资为首要任务的地方政府又极力支持大公司购买集体林权。于是，出现了公司和地方政府齐心协力征用农村集体林地使用权的问题。为了有效地抵制这种做法，农民对明晰集体林权的诉求变得越来越强烈了。这是农户对林权的重视程度提高的另一个原因。

（二）新一轮集体林权改革的评价

总体上看，大多数农民对这次林改是满意的，依据有三方面。

第一，新一轮集体林改是农民的自主选择。这次林改，其程序、方案、内容是由村民会议或者村民代表大会讨论决定的，最终结果是向全体村民公开的，得到本村2/3的村民代表或村民同意方可施行。农民的知情权、参与权和决策权得到了充分尊重，经济层面上的民主管理的作用得到了充分发挥，集体林权改革的实施结果也得到了农民的充分认同。林改后，与林权交易相关的腐败案件明显减少，有效改善了干群关系。

第二，新一轮集体林改后农民的收益权趋于改善。例如，江西省统计局的调查显示，集体林权制度改革前，全省农民人均年林业纯收入278元，集体林权制度改革后，农民人均林业纯收入大幅增长，2005年为370元，2006年为491元。随着集体林权制度改革效益的逐步显现，农民收入还将逐年加速增长（张国明、朱介石，2007）。

第三，新一轮集体林改后，集体林地管理的主要指标都趋于改善。从表5可以看出，2005年，虽然森林火灾发生次数上升了10.3%，但森林受灾面积下降了83.7%。受理的林政案件和破坏野生动植物案件都有较为显著的下降。林权纠纷调处的任务量显著增大，这说明上一轮林改遗留问题较多；新一轮林改为解决上一轮林改的遗留问题做了大量的工作。

表5 林权制度改革前后全国和改革先行省的若干林业统计指标的变化

类 别	全 国		辽 宁		浙 江		福 建		江 西	
	2000年	2005年	2000年	2005年	2000年	2005年	2000年	2005年	2000年	2005年
森林火灾次数（次）	10463	11542	323	230	866	718	522	309	882	90
增减（%）		10.3	—	28.79		-17.09		-40.8		-89.8
受灾森林面积（公顷）	451020	73701	328	130	5258	6945	4634	3429	6408	243
增减（%）		-83.7		-60.37		32.08		-26		-96.21
受理林政案件（件）	197093	107069	4615	838	47265	5278	9364	3016	7153	5551
增减（%）		-45.7		-81.8		-88.8		-67.8		-22.4
破坏野生动植物案（件）	17638	8254	670	322	4358	137	261	21	555	322
增减（%）		-53.2		-51.9		-96.9		-92		-42
调处林权纠纷（件）	24811	48619	2163	321	517	791	347	2463	1208	16163
增减（%）		96		-85.2		53		609.8		1238

说明：森林火灾次数和面积为2003年和2005年的比较。转引自孔凡斌、杜丽《新时期集体林权制度改革政策进程与综合绩效评价——基于福建、江西、浙江和辽宁四省的改革实践》，《农业技术经济》2009年第6期。

（三）林改研究中若干观点的评价

1. 林改后首先刺激的是木材生产，而不是森林培育

第一，农民在自己可支配的森林里生产木材，既是他的权利，也是正常的现象。

第二，农民取之于林的意愿和投资于林的意愿有很强的关联性。有关的调查表明，林改后获取过林业收入的农户要比未获取过林业收入的农户多投资 155.14%；受过采伐指标限制的林农会比未受过采伐指标限制的林农减少 43.58% 的林业投资（罗金、张广胜，2009）。前者说明，允许农民取之于林，将会激励农民投资于林的意愿；后者说明，限制农民取之于林，将会制约农民投资于林的意愿。

第三，投资于林的效果是个慢变量，其对山林的正面影响要慢慢体现出来，取之于林的效果是个快变量，其对山林的负面影响会即时体现出来。我们不能只看到即时造成的负面影响而看不到慢慢体现出来的正面影响，更不能据此严格限制农民在自己可支配的森林里生产木材。

总之，林业政策要以农民先从山林里得到收入再投资于山林这种常态为切入点，而不宜以农民先投资于林几十年后再取之于林的非常态为切入点。农民的常态行为有可能造成森林资源的波动，然而，只要保持政策的稳定性，这种波动是会逐渐消失的。如果采取有波动就调控的策略，则会陷入一放就活，一活就乱，一乱就收，一收就死的循环之中。农民也有可能采取"非理性"的采伐行为。农民采取"非理性"的采伐行为主要有两个原因。一是政策预期不好，急于通过采伐获得收入。对于这种情况，政策管制越严，农户反弹越强，造成的问题越大。更好的选择是实施有利于农户的林业政策，使农民改变政策预期。二是林权存在纠纷，急于通过采伐获得利益。对于这种情况，更好的选择是尽快把林权纠纷调处好。概言之，对于可能发生的"非理性"采伐，实施有利于农户的林业政策和及时解决林权纠纷是釜底抽薪之策，而加强采伐管制只是扬汤止沸之举。

2. 林地流转会造成新的社会不公平

关于林地流转，本文的基本观点有以下几方面。

（1）农村近期不会出现大量的农户自主的林权流转。如果没有强制力的干预，近期内不可能发生大面积、大范围的林地流转。首先，林地所有权是集体共有的，林地使用权在集体成员内部流转不会受到制约，流到外部则有可能受到集体的制约，否则集体共有就是一句空话。其次，采伐量的分配在近期内能做到以村为单位就很不错了，不可能做到以农户为单位。由于集体成员在分配采伐指标时不可能把指标分给外人，外人即便得到农户的林地使用权，也难以取之于林。所以，在诸多关系尚未理顺之前，林权先在集体内部流转是比较适宜的选择。事实上，这也是农民自主的林地流转的主要做法。

农户自主的林地流转需要满足两个条件，一是流出户必须要有稳定的非林收入且非林收入高于其从事林业的收入；二是流入户给流出户的流转费必须显著大于森林自然生产力带来的收入（这是流出户不做流转也能得到的潜在收入）。在集体林区，具备第一个条件的流出户不多，由于林业是自然生产力贡献率极大的产业，具备第二个条件的流入户也不会很多，所以在近期内农户的流转意愿不会很强，林地流转的总量不会很大。

（2）对农户自主的林权流转不宜过于担忧。尽管近期不会出现大量的林地流转，但总有一些农户会作出将自己可支配的林地流转出去的选择。一些关注公平目标的社会学家担心林地流转背后的不公平，包括对家庭急需用钱而被迫让渡林权的贫困群体的不公平，以及未能准确预期林地和森林资源价格变动趋势而低价转让林权的农民群体的不公平。他们据此认为，在社会保障体系尚未建成之前，林地和林木的流转要适度，应对非农资本进入林权竞争市场加以适当的限制，防止农民失地，防止农民因缺乏维持生计的基本条件而造成社会动荡（贺东航、朱冬亮，2008）。这种提醒是极为重要的。然而，尽管自主的林地流转行为也存在风险，但农户采取的这类行为必须得到尊重，也不必过于担忧。

我们要按如何提高生产效率的正和博弈思维考虑问题，而不宜按如何化解弱者决策失误风险的零和博弈思维考虑问题。如果弱者决策失误的损失可以得到补偿，决策的随意性就无法得到制约，决策的随意性就会越来越大，决策失误就会越来越多，弱者就不会有提升素质的激励，也就无法摆脱弱者的状态。这才是更令人担忧的后果。对于决策失误造成的问题，应由社会或社区来解决，比如通过低保体系为他们提供一段时间的生活保障。

（3）政府不宜推动激进式改革。林地流转是实现林业规模经营、提高林地经营效率的重要途径。然而，政府的职责不是参与和促进林地流转，而是构建合乎市场化要求的政策环境，确保集体林地流转的规范有序。政府在林地流转方面表现保持中庸的立场，既不保守，也不激进，顺其自然。目前的主要风险是一些政府官员有急于求成的偏好，试图以激进的方式加速林权流动。

宏观上的主要做法有三，一是启动金融工具促进流转市场的发育；二是培育林权流转中介组织，加强林权流转服务；三是建立区域性林权交易中心，实现跨区域性的林权交易（文彩云、张蕾，2008）。如果农户和农村社区有评估山林资产的需求，就会发育出这样的服务机构。对于这类机构，政府的职责是监管，而不是提供支持，更不能做出林地流转必须通过有资质的评估机构评估的规定。这是因为，对于集体山林资产评估，树种、树高、胸径、蓄积等确定性因素是能够把握的，而林木市场走势等不确定性因素是难以把握的。在长达数十年的时间里，林木市场走势究竟会发生什么样的变化，农户和村委会把握不了，山林资产评估机构也把握不了。所以，政府与这类机构在业务上不能有联系；林权流转要不要做资产评估，应该由交易双方协商决定，政府不宜做强制性的规定，以免留下后患。

微观上的主要做法是支持外部资本和林业大户兼并农民的林地。一些地方政府还制定了鼓励外部资本进入和培植林业大户的政策。但对由此可能导致农民失地的后果估计不足、防范不力（沈孝辉，2009）。农户持有的资本量很小，无法同外来资本竞争，招投标的结果肯定是乡镇干部或他们引来的外部资本中标。问题在于，一旦追求政绩最大化且把招商引资作为基本手段的地方官员和追求利润最大化且把兼并集体林地作为基本手段的企业家成为利益共同体，由此产生的林权重组将会对乡村社会造成强大的冲击。对于农户来说，得到的林地流转收益与林地预期收益的差距越大，与公司产生纠纷的概率就越大，采取的维权手段就越严厉。对于公司来说，其购买林地经营权的价格越偏离实际价格，其保护林地收益权的成本就越高。随着冲突升级，不仅是两败俱伤，而且外来资本会因为无法支付林权纠纷带来的成本增加而放弃长期经营的打算，由此做出的尽快把山林变为现金的短期行为还会对生态环境造成伤害。

简言之，林权明晰到农户只是林权改革的第一步，下一步要引导农村林业走向规模经营。农村林业走向规模经营是一个很长的过程，我们对它要有足够的耐心，切切不要有急于求成的心态。在政策上要允许农民自主的林地流转，同时要制止拔苗助长式的林地流转。林业主管部门为推进林地流转采取了一系列措施，但对保障林地公平流转和流转结果长期稳定的关注不够（侯元兆，2009）。鉴于集体林区已经有过一次欲速而不达的激进式改革的教训，在当前的策略选择上必须消除部分官员的激进式改革倾向对政策的影响。林业的规模经营可以通过林权流转市场来实现，也可以通过基于农户志愿的社区合作来实现。现实中已经出现了农户共同决定将林权落实到自然村，并由村民共同确定经营方案的做法。按照渐进式改革的理念，最初应该提倡这种对社会和社区振荡更小的做法。

三　国内外林权改革的评价

从全球看，不仅中国搞林权改革，其他经济转型国家和发展中国家也搞林权改革。这意味着经济转型国家和发展中国家的林业生产经营，普遍地存在着提升效率的空间。林权安排不当，无疑是较为重要的影响因素。如果效率已接近生产可能性曲线，没有必要进行改革，如果效率损失与产权安排不当无关，则不会都从林权改革入手。

（一）林权改革的含义：还权与赋权

经济转型国家的林权改革的基本做法是把农业集体化前属于农户的森林归还给农户。从表6可以看出，1995年，除亚美尼亚外，其余国家都有私有林了。其中，斯拉维尼亚的私有林占森林总面积的份额提高到68%，增加了5.6个百分点。斯洛伐克、立陶宛和罗马尼亚的私有林占森林总面积的份额由0分别提高到23.7%和9%和5.5%；波兰和捷克的私有林占森林总面积的份额没有变化，拉脱维亚的私有林占森林总面积的份额由2%提高到18.1%，增加了16.1个百分点。

表6 1985年和1995年私有林份额的变化

单位：%

国家	亚美尼亚	捷克	波兰	拉脱维亚	立陶宛	罗马尼亚	斯洛伐克	斯拉维尼亚
1985年	0	13.8	16.0	2	0	0	0	62.4
1995年	0	13.8	16.0	18.1	9	5.5	23.7	68.0
变化	0	0	0	16.1	9	5.5	23.7	5.6

值得关注的两个现象是：

（1）1985年私有林份额就较大的三个国家，私有林的变化率很小，反之则反是。由此产生的联想是：政府越不限制私有制，人们对私有制的期望越小；政府越限制私有制，人们对私有制的期望越大。

（2）不管是选择渐进式改革方式的转型国家，还是选择激进式改革方式的转型国家，对林权都没有实行彻底的私有化。

其实，就是坚持市场取向的发达国家也不认为林权私有便能解决森林效率问题，所以它们的做法不是将国有林私有化，而且将小私有林引向共同经营，例如美国的标准化林场运动，欧洲的森林合作化，日本的森林组合（侯元兆，2009）。

其他发展中国家没有经历过森林集体化的过程，他们的林权改革没有还权于民的内容。他们的做法是把一部分森林的经营管理权赋予农村社区和农户。通过参与式方法，让利益相关者充分了解和运用所得到的权利，通过能力建设，提高社区经营管理森林的能力。基本经验是：能力建设是确保林权改革获得成功的最重要因素，赋权必须与能力建设相配套。存在的问题是：林业主管部门和地方政府对管理权下放有抵触，给社区的大多是价值低下的森林资源，在融资和技术方面对农村社区和农户支持不够。

（二）林权的性质：完整林权与不完整林权

在林权改革当中，林权有完整和不完整之差异。这种差异是由各国政府的政策差异造成的，而不是农户或社区选择的结果。产权包括所有权、经营权、处置权和收益权，林地的 4 个权利和林木的 4 个权利加在一起一共有 8 个权利。完整的林权包括上述的 8 个权利，而不完整的林权包括除林地所有权外的 7 个权利，它们的差异并不像想象中的那么大。从林业发展的实际效果看，这种差异的影响是较为有限的。

（三）森林经营管理的主体：农户本位与社区本位

关于林权的安排，中国强调的是农户本位和产权私有的重要性。其他发展中国家强调的是社区本位和农户合作、共享的重要性。农户本位和社区本位具有互补性，缺一不可，不存在哪个本位更好的结论。特定地区适宜采用何种本位，应该由特定地区的人们根据他们的特定情况来决定。

农民普遍希望把社区资源尽可能分到户是中国农村的现实，并不是中国农村的传统。在传统中，中国的农村社区是拥有资源的，包括公共活动的场所，如祠堂，共同使用的生产设施，如公共池塘，共同利用的资源，如森林、草地，甚至有公共的耕地，如族地。在现实中，也有不少拥有资源和资产的农村社区，例如预留的宅基地、机动耕地、集体山林和草地等。

社区资源和资产的使用和受益能充分贯彻均等化原则，是农户赞同社区拥有资源或资产的关键，现实中农户普遍要求把社区资源和资产都分掉，一定是社区资源和资产使用和受益的均等化原则遭到了破坏。既然这是问题的症结所在，修复社区资源和资产使用和受益均等化原则，就必须成为农村社区发展的题中应有之义。

广大农民是认同社区本位的。这是把部分森林留给社区的林权改革方案能得到农民普遍认同的重要原因。社区本位的功能完善，有助于更充分地发挥"赋权"、"参与式管理"和"能力建设"的作用，这也是国际上强调这几个概念的重要原因。

四　深化农村林业改革的基本思路

中国的木材需求会随着经济总量的增长而继续增大，依靠国外资源实现木材供需平衡的难度会越来越大，增加国内木材供给能力将会变得越来越迫切。国有林区要承担维护国土生态安全的责任，而且位置相对偏远，其对木材供给的贡献会趋于下降；集体林区的林木生长条件更优越，距木材销区更近，其对木材供给的贡献会趋于上升。

明晰界定林权和提高财政扶持力度，都是促进农村林业发展的重要手段，然而，它们并不是促进农村林业发展和深化农村林业改革的全部措施。为了更加有效地促进农村林业发展，还必须把旨在弥补林业公共经费不足的育林基金制度、过于严格的采伐管理制度和难以激励林农培育森林积极性的生态补偿制度，作为深化农村林业改革的主要内容。

（一）改革育林基金制度的思路

设置育林基金制度的本意是为了确保更新造林的资金需求。一旦林农按规定完成了更新造林任务，林业部门就要把计提的育林基金返还给林农。然而，现行的育林基金制度成了弥补林业发展公共经费不足的制度，其使用范围包括种苗培育、造林、森林抚育、森林病虫害预防和救治、森林防火和扑救、森林资源监测、林业技术推广、林区道路维护以及相关基础设施建设和设备购置等。上述内容大多是与林业发展相关的公共事务。公共事务不仅林业有，工业、农业、牧业、渔业也有，工人、农民、牧民、渔民都不承担这类责任，为什么林农要承担这类责任呢？这样的制度显然需要改革。有意思的是，林业主管部门一方面主张向林农征收育林基金，用以处理与林业发展相关的公共事务；另一方面主张国家扶持林农发展林业。我们不仅要问，如果林业不是一个高盈利产业，为什么要让农民承担与林业发展相关的公共费用；如果林业是一个高盈利产业，为什么国家要给林业提供各种扶持。何况，政府主管部门还要为做好这两项工作付出大量的行政经费。

较为简便的做法应该是，林业公共费用由中央财政承担，农民不再承担与林业发展相关的公共费用，同时减少对农民发展商品型林业的扶持。育林基金制度可以保留，林农按规定完成更新造林任务后，计提的育林基金应全数返还给林农。

（二）改革采伐制度的思路

设置采伐限额制度的本意是为了实现采育平衡，这项制度在森林产权不清的情形下尤为重要。在森林产权已经界定得非常清楚的情形下，该制度的作用就相对有限了。在现实中，过于严格的采伐管理制度使采伐指标成为稀缺资源，以致农民购买采伐指标成为屡见不鲜的现象。农民缺乏在自有林地里生产木材的自主性，甚至要为获得采伐指标而支付费用，极大地影响了他们培育森林的积极性。过于严格的采伐限额制度产生的少砍多少林木的积极影响是容易算出来的，并能成为林业主管部门坚持该制度的理由，而造成的少长多少林木蓄积的负面影响却往往被忽视。农民针对现实中采伐难的现象调侃地说，"林权证像结婚证，采伐证像准生证"。领"结婚证"不难，而领"准生证"却很难。政府对采伐管制越严格，农民就越不会把培育森林作为一种长期投资（西南地区集体林权制度改革课题组，2008），受法律保护的林权证的作用就会大打折扣。

鉴于中国林业的主要问题不是采伐率过高而是生长率太低，林业管理的重点必须从采伐限制转移到森林培育上。鉴于采伐管制无法使森林这个绿色银行由存款容易取款难的银行转变为存款容易取款也不难的银行，现行的采伐管理制度必须尽快调整。鉴于农民申请采伐的手续非常烦琐，管理部门做好采伐管理的成本很高，集体林业的采伐管理程序必须大大简化。鉴于采伐管制是导致森林培育投入少的重要原因，采伐限额制度的改革不宜慢慢来。

放松采伐管制的建议是：采伐管理由自上而下的定额制改为自下而上的备案制。林业部门可以根据备案情况的变化，采取相应的管理策略。

（三）改革森林生态补偿制度的思路

中国已经实施了森林生态补偿制度。这是一项非常重要的制度，但现行的森林生态补偿仅与森林面积挂钩，而不与森林投入、森林质量和森林生态效益挂钩，这种森林培育投入多投入少一个样，幼林成林一个样，高效林低效林一个样的补偿标准，制约了农民培育森林的积极性。以致在一些地方，政府出了钱，农民并不领情。遗憾的是，林业主管部门只关注补偿总量和补偿标准的提高，而不关注现有制度缺陷的改进。

一个好的森林生态补偿制度应能把农民培育森林的积极性激发

出来，而按照现行的补偿方式，农民不培育森林就能拿到补偿金，培育森林力度再大也不能对森林进行商品性利用，如何会有抚育森林的激励呢。简言之，只要坚持按面积发放森林生态补偿金和不允许农民对森林进行商业性利用的做法，补偿标准再高，农民也不会有抚育森林的激励，所以最重要的不是提高补偿标准，而是改进补偿制度。

为了激励农民抚育森林，必须按照增加的森林生态效益发放森林生态补偿金，且估算方法必须极为简单。一般来说，森林蓄积量越多，生态效益越好，所以根据森林蓄积增量发放森林培育补贴（或生态补偿）是较为适宜的做法。为了确保政策的连续性，现行每亩每年补贴 5 元的做法可以保留，今后的补贴增量按蓄积增量发放。这种做法的实施，需要得到基线调查和细化森林清查两项工作的支持，而它们恰恰是政府主管部门完善森林资源管理必须要做的工作。按森林蓄积增量发放森林培育补贴（或生态补偿）加大了采伐的机会成本，所以它还会有控制采伐量的政策效果。

森林生态补偿制度拓展为森林培育补助制度，它和造林补助制度合在一起，中国的林业补助政策就比较完整了。

把集体林权界定给农户，影响的是村干部的利益，操作难度不会很大。改革育林基金制度、采伐管理制度和森林生态补偿制度，影响的是政府主管部门的利益，操作难度会很大。对于林业改革的深化，我们既要有信心，又要有耐心。

参考文献

贺东航、朱冬亮：《新集体林权制度改革对村级民主发展进程的影响——兼论新集体林改中的群体决策失误》，《当代世界与社会主义》2008 年第 6 期。

侯元兆：《从国外的私有林发展看我国的林权改革》，《世界林业研究》2009 年第 2 期。

罗金、张广胜：《集体林权改革后的林农生产投资行为》，《林业经济问题》2009 年第 1 期。

沈孝辉：《集体林权改革中的农民权益与生态安全》，《群言》2009 年第 9 期。

文彩云、张蕾：《集体林权制度改革背景下的农户林地流转行为分析》，《林业经济》2008 年第 11 期。

西南地区集体林权制度改革课题组：《对西南地区集体林权制度改革的思考》，《经济体制改革》2008 年第 4 期。

张国明、朱介石：《关于江西省集体林权制度改革的调查》，《林业经济》2007 年第 6 期。

张蕾、奉国强、崔平：南方集体林业产权问题研究》，《林业经济》2002 年第 3 期。

图书在版编目（CIP）数据

中国农村经济形势分析与预测.2009~2010/中国社会科学院农村发展研究所，国家统计局农村社会经济调查司著. —北京：社会科学文献出版社，2010.4
（农村经济绿皮书）
ISBN 978 - 7 - 5097 - 1409 - 6

Ⅰ.①中…　Ⅱ.①中…②国…　Ⅲ.①农村经济 - 经济发展 - 分析 - 中国 - 2009~2010②农村经济 - 经济发展 - 经济预测 - 中国 - 2009~2010　Ⅳ.①F323

中国版本图书馆 CIP 数据核字（2010）第 051413 号

农村经济绿皮书
中国农村经济形势分析与预测（2009~2010）

著　　者 / 中国社会科学院农村发展研究所
　　　　　 国家统计局农村社会经济调查司

出 版 人 / 谢寿光
总 编 辑 / 邹东涛
出 版 者 / 社会科学文献出版社
地　　址 / 北京市西城区北三环中路甲 29 号院 3 号楼华龙大厦
邮政编码 / 100029
网　　址 / http：//www. ssap. com. cn
网站支持 / （010）59367077
责任部门 / 皮书出版中心（010）59367127
电子信箱 / pishubu@ ssap. cn
项目经理 / 邓泳红
责任编辑 / 丁　凡
责任校对 / 黄　芬　郭红生
责任印制 / 蔡　静　董　然　米　扬
品牌推广 / 蔡继辉

总 经 销 / 社会科学文献出版社发行部
　　　　　 （010）59367080　59367097
经　　销 / 各地书店
读者服务 / 读者服务中心（010）59367028
排　　版 / 北京中文天地文化艺术有限公司
印　　刷 / 北京季蜂印刷有限公司

开　　本 / 787mm×1092mm　1/16
印　　张 / 18.5　字数 / 259 千字
版　　次 / 2010 年 4 月第 1 版
印　　次 / 2010 年 4 月第 1 次印刷

书　　号 / ISBN 978 - 7 - 5097 - 1409 - 6
定　　价 / 49.00 元

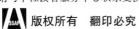

专家数据解析　权威资讯发布

社会科学文献出版社　皮书系列

皮书是非常珍贵实用的资讯，对社会各个阶层、各种职业的人士都能提供有益的帮助，适宜各级党政部门决策人员、科研机构研究人员、企事业单位领导、管理工作者、媒体记者、国外驻华商社和使领事馆工作人员，以及关注中国和世界经济、社会形势的各界人士阅读。

及时　准确　更新

"皮书系列"是社会科学文献出版社十多年来连续推出的大型系列图书，由一系列权威研究报告组成，在每年的岁末年初对每一年度有关中国与世界的经济、社会、文化、法治、国际形势、区域等各个领域以及各个行业的现状和发展态势进行分析和预测，年出版百余种。

该系列图书的作者以中国社会科学院的专家为主，多为国内一流研究机构的一流专家，他们的看法和观点体现和反映了对中国与世界的现实和未来最高水平的解读与分析，具有不容置疑的权威性。

咨询电话：010-59367028

邮　　箱：duzhe@ssap.cn

邮购地址：北京市西城区北三环中路
　　　　　甲29号院3号楼华龙大厦
　　　　社会科学文献出版社　学术传播中心

银行户名：社会科学文献出版社发行部

开户银行：工商银行北京东四南支行

账　　号：0200001009066109151

中国皮书网全新改版，增值服务大众

规划皮书行业标准，引领皮书出版潮流
发布皮书重要资讯，打造皮书服务平台

中国皮书网开通于2005年，作为皮书出版资讯的主要发布平台，在发布皮书相关资讯，推广皮书研究成果，以及促进皮书读者与编写者之间互动交流等方面发挥了重要的作用。2008年10月，中国出版工作者协会、中国出版科学研究所组织的"2008年全国出版业网站评选"中，中国皮书网荣获"最具商业价值网站奖"。

2010年，在皮书品牌化运作十年之后，随着皮书系列的品牌价值的不断提升、社会影响力的不断加大，社会科学文献出版社精益求精，力求为众多的皮书用户提供更加优质的服务。出版社在原有中国皮书网平台的基础上进行全新改版。新改版的中国皮书网在皮书内容资讯、出版资讯等信息的发布方面更加系统全面，在皮书数据库的登录方面更加便捷，同时，引入众多皮书编写单位参与该网站的内容更新维护，能够为广大用户提供更加增值的服务。

www.pishu.cn

盘点年度资讯，预测时代前程

从"盘阅读"到全程在线，使用更方便
品牌创新又一启程

- **产品更多样**

  从纸书到电子书，再到全程在线网络阅读，皮书系列产品更加多样化。2010年开始，皮书系列随书附赠产品将从原先的电子光盘改为更具价值的皮书数据库阅读卡。纸书的购买者凭借附赠的阅读卡将获得皮书数据库高价值的免费阅读服务。

- **内容更丰富**

  皮书数据库以皮书系列为基础，整合国内外其他相关资讯构建而成，下设六个子库，内容包括建社以来的700余种皮书、近20000篇文章，并且每年以120种皮书、4000篇文章的数量增加。可以为读者提供更加广泛的资讯服务；皮书数据库开创便捷的检索系统，可以实现精确查找与模糊匹配，为读者提供更加准确的资讯服务。

- **流程更方便**

  登录皮书数据库网站www.i-ssdb.cn，注册、登录、充值后，即可实现下载阅读，购买本书赠送您100元充值卡。请按以下方法进行充值。

充值卡使用步骤：

第一步
- 刮开下面密码涂层
- 登录 www.i-ssdb.cn 点击"注册"进行用户注册

社会科学文献出版社 SOCIAL SCIENCES ACADEMIC PRESS (CHINA) 皮书系列
卡号：54422514631805
密码：

（本卡为图书内容的一部分，不购书刮卡，视为盗书）

第二步
登录后点击"会员中心"进入会员中心。

SSDB
社科文献资源库
SOCIAL SCIENCE DATABASE

第三步
- 点击"在线充值"的"充值卡充值"，
- 输入正确的"卡号"和"密码"，即可使用。

如果您还有疑问，可以点击网站的"使用帮助"或电话垂询010-59367071。